Betriebswirtschaft im öffentlichen Sektor

Michael Mroß

Betriebswirtschaft im öffentlichen Sektor

Eine Einführung

2., aktualisierte und überarbeitete Auflage

 Springer Gabler

Prof. Dr. Michael Mroß
Lehrgebiet Sozialmanagement
Technische Hochschule Köln –
University of Technology,
Arts and Sciences
Köln
Deutschland

ISBN 978-3-658-07120-2   ISBN 978-3-658-07121-9 (eBook)
DOI 10.1007/978-3-658-07121-9

Die Deutsche Nationalbibliothek verzeichnet diese Publikation in der Deutschen Nationalbibliografie; detaillierte bibliografische Daten sind im Internet über http://dnb.d-nb.de abrufbar.

Springer Gabler
© Springer Fachmedien Wiesbaden 2011, 2015

Lektorat: Susanne Kramer

Gedruckt auf säurefreiem und chlorfrei gebleichtem Papier

Springer Fachmedien Wiesbaden ist Teil der Fachverlagsgruppe Springer Science+Business Media (www.springer.com)

Vorwort zur zweiten Auflage

Es fällt unmittelbar ins Auge, dass der Titel des Buches für die vorliegende zweite Auflage modifiziert wurde. Damit soll dem hauptsächlichen Anliegen, betriebswirtschaftliche Bezüge für den öffentlichen Sektor zu behandeln, bereits in der Hauptüberschrift noch deutlicher Rechnung getragen werden. Die einzelnen Kapitel wurden durchgesehen, zum Teil überarbeitet und ergänzt. Der bewährte Aufbau des Buches blieb aber im Wesentlichen unverändert. Eine umfangreichere Ergänzung erhielt das Kapitel „Management", dem ein eigener Unterpunkt zum Thema „Qualitätsmanagement im öffentlichen Sektor" hinzugefügt wurde.

Prof. Dr. Michael Mroß

Vorwort zur ersten Auflage

Die vorliegende Einführung in die Betriebswirtschaftslehre richtet sich an Leser, die sich ohne Vorkenntnisse sowohl der Betriebswirtschaftslehre als auch den wirtschaftlich bedeutsamen Gegebenheiten des öffentlichen Sektors annähern wollen oder auch müssen. Der elementare Charakter dieses Lehrbuches liegt dabei insbesondere auf den Darstellungen der betriebswirtschaftlichen Zusammenhänge. Es soll dadurch auch für Leser, die bereits Wissen und Erfahrungen aus dem öffentlichen Sektor einbringen, aber keine betriebswirtschaftliche Ausbildung durchlaufen haben, den Brückenschlag zum betriebswirtschaftlichen Denken erleichtern.

Angesprochen sind vor allem Studierende an Hochschulen in entsprechenden Studiengängen (z. B. (z. B. Public Management, Sozialmanagement etc.) und (Fach-) Hochschulen für öffentliche Verwaltung sowie ähnlichen Ausbildungseinrichtungen (z. B. (z. B. an kommunalen Studieninstituten). Ihnen soll das Lehrbuch als Einstieg in die Öffentliche Betriebswirtschaftslehre hilfreich sein. Dazu ist allen Kapiteln zur allgemeinen Betriebswirtschaftslehre jeweils ein eigener Abschnitt mit ausdrücklichem Bezug zum öffentlichen Sektor gegeben – ein gewisser Schwerpunkt liegt dabei auf der kommunalen Ebene.

Der Aufbau des Lehrbuches entspricht weitgehend einer traditionellen Ordnung nach den betriebswirtschaftlichen Grundfunktionen Finanzierung, Beschaffung, Absatz, Rechnungswesen und Produktion sowie Fragen der Rechtsformwahl. Diesen vorangestellt ist das Kapitel „Ordnungen", in dem insbesondere der öffentliche Sektor eingegrenzt und beschrieben wird sowie das Kapitel „Grundlegende Begriffe und Zusammenhänge", welches dazu dient, elementare funktionenübergreifende Begrifflichkeiten zu klären. Das abschließende Kapitel „Management" orientiert sich am klassischen Management-Zyklus und betont die Querschnittfunktion von Management im Verhältnis zu den zuvor dargestellten Grundfunktionen. Am Ende der jeweiligen Hauptkapitel befinden sich schließlich Fragen, anhand derer die behandelten Inhalte einerseits wiederholt werden können. Daneben sollen die Fragen aber auch zu einer vertiefenden Beschäftigung und eigenen Überlegungen anregen.

Die Konzeption dieses Lehrbuchs basiert auf der Überzeugung, dass grundlegende Funktionen und Zusammenhänge der Betriebswirtschaftslehre für alle Formen von Betrieben gelten und die zum Teil energisch betonten Besonderheiten von öffentlichen Verwaltungen und verwaltungsnahen Organisationen, z. B. des Nonprofit-Sektors, nur bei sehr speziellen Fragestellungen von tatsächlich ausschlaggebender Bedeutung sind bzw. so interpretiert werden können.

Prof. Dr. Michael Mroß

Inhaltsverzeichnis

Abbildungsverzeichnis

Tabellenverzeichnis

Ordnungen

1

1.1 Einordnung der Betriebswirtschaftslehre in das Wissenschaftsgefüge

Während sich Menschen in Haushalten und Betrieben immer schon mit der Notwendigkeit des Wirtschaftens auseinander setzen mussten, ist die akademische Disziplin einer Lehre und theoretischen Durchdringung des Wirtschaftens noch vergleichsweise neu. Nimmt man Disziplinen wie die Physik, die Philosophie oder die Theologie zum Maßstab, dann wirkt der Zeitraum von etwas mehr als 100 Jahren, auf den die Betriebswirtschaftslehre als Teil Wirtschaftswissenschaft zurückblicken kann, recht bescheiden (vgl. dazu Schneider 1999).

Die Wirtschaftswissenschaft, die sich aus der Volks- und der Betriebswirtschaftslehre zusammensetzt, kann in einer möglichen Ordnung der verschiedenen Wissenschaften innerhalb der so genannten Realwissenschaften verordnet werden (vgl. Abb. 1.1). Die Realwissenschaften befassen sich mit i. w. S. tatsächlichen Gegenständen oder Zusammenhängen der vom Menschen wahrnehmbaren und/oder geschaffenen Wirklichkeit. Die Realwissenschaften lassen sich weiter unterscheiden nach Natur- und Geisteswissenschaften. Während sich die Naturwissenschaften mit natürlichen Sachverhalten befasst, also mit Teilen der Realität, die z. B. auch ohne den Menschen existieren (würden), befassen sich die Kultur- bzw. Geisteswissenschaften mit Bereichen der Wirklichkeit, die nur und vor allem in Abhängigkeit von Menschen Teil der Realität sind. So sind z. B. Gedanken über die Rechtsordnung von der Existenz eines von Menschen geschaffenem Kulturgut *Recht* abhängig, wie auch das Recht als solches Ausdruck und Abbild der kulturellen Normen menschlicher Gesellschaften ist. Die Frage nach dem Wirtschaften ist in analoger Weise einzuordnen. Wirtschaften, d. h. der planvolle Umgang mit Knappheit, ist dabei kein Gegenstand an sich, sondern das Ergebnis bzw. die Beurteilung von Menschen. Die

© Springer Fachmedien Wiesbaden 2015

M. Mroß, *Betriebswirtschaft im öffentlichen Sektor,*

DOI 10.1007/978-3-658-07121-9_1

Abb. 1.1 Einteilung der Wissenschaften

Wirtschaftswissenschaft und damit auch die Betriebswirtschaftslehre als Teilgebiet sind daher den Geisteswissenschaften zuzurechnen.

1.2 Betriebswirtschaftslehre und Wissenschaft

1.2.1 Wissenschaft

Oben ist die Betriebswirtschaftslehre den Realwissenschaften zu geordnet worden, womit im Grunde schon unterstellt wurde, dass es sich bei der Betriebswirtschaftslehre um eine Wissenschaft handelt. Um diesen Sachverhalt aber näher zu betrachten, ist es zunächst notwendig die Frage nach dem Verständnis von Wissenschaft aufzuwerfen (vgl. folgend Raffée 1974, S. 13 f.). Der Wissenschaftsbegriff kann auf drei Arten interpretiert werden: Wissenschaft als Tätigkeit, als Ergebnis und als Institution.

- Wissenschaft als Tätigkeit bezeichnet die systematische Erarbeitung von Kenntnissen – oder Wissen – über einen interessierenden Sachverhalt.
  - Diese Kenntnisse können sich sowohl auf bloße sachliche Aussagen, als auch auf Zusammenhänge, Abhängigkeitsbeziehungen etc. beziehen. Schließlich umfasst dieses Wissenschaftsverständnis auch die kritische Auseinandersetzung mit (wissenschaftlichen) Aussagen anderer sowie die Wiedergabe deren Kenntnisse.
- Als Ergebnis tritt Wissenschaft dann in Erscheinung, wenn Ergebnisse der Wissenschaft als Tätigkeit in Form von Forschungsergebnissen auf verschiedenste Arten präsentiert werden.

- Regelmäßig werden diese Ergebnisse nicht als schlichte Aussagen dargeboten, sondern zumeist werden mehrere Aussagen oder Annahmen zueinander in Bezug gesetzt, so dass schließlich ein System von Aussagen/Annahmen entsteht.
- Ist im Sprachgebrauch schließlich von der Wissenschaft die Rede, dann wird der Begriff i. S. v. Wissenschaft als Institution gebraucht.
  - In diesem Fall steht Wissenschaft für eine Mehrzahl von Personen („Wissenschaftlern") und Einrichtungen (z. B. Hochschulen), die wissenschaftlich tätig sind und Ergebnisse dieser Tätigkeit vorweisen können.

Im Weiteren soll als Definition von Wissenschaft von der folgenden Festlegung aus dem Handbuch wissenschaftstheoretischer Begriffe ausgegangen werden (Speck 1980, S. 726):

▶ Wissenschaft ist jede intersubjektiv überprüfbare Untersuchung von Tatbeständen und die auf ihr beruhende, systematische Beschreibung und – wenn möglich – Erklärung der untersuchten Tatbestände.

Die verwendete Definition hebt insbesondere zwei Aspekte hervor: Beschreibung und Erklärung. Auf diese Aufgliederung des Wissenschaftsbegriffs wird im Weiteren noch einzugehen sein.

1.2.2 Wissenschaftliche Theorie

Wissenschaft stellt gewöhnlich keinen Selbstzweck dar. In der Regel wird der Wunsch danach, über bestimmte Sachverhalte und Zusammenhänge Erkenntnisse zu gewinnen, von dem Ziel getragen sein, über dieses Erfahrungssubjekt eine Theorie bzw. ein Gebilde oder ein System von aufeinander abgestimmten Aussagen zu formulieren. Dabei können diese Aussagen sowohl einen erklärenden als auch beschreibenden Charakter besitzen. In diesem Sinne befasst sich die Wissenschaft sowohl mit der Beschreibung als auch der Erklärung von Sachverhalten.

Bevor auf elementare Methoden der Theoriebildung eingegangen wird, soll zunächst noch auf eine sehr viel grundsätzlichere Fragestellung eingegangen werden, die innerhalb der Wissenschaftstheorie lange Zeit eine große Rolle gespielt hat.

Wie bzw. woher entstammt die menschliche Erkenntnis? An dieser Frage lassen sich zwei Denkschulen der klassischen Wissenschaftstheorie unterscheiden (z. B. Wenturis et al. 1992, S. 56 ff. und 68 ff.).

Während die so genannten Rationalisten (z. B. Platon, Leibniz) davon ausgingen, dass das menschlichen Wissen aus dem menschlichen Verstand entstammt, gingen die so genannten Empiristen (wie etwa Aristoteles oder Bacon) davon aus, dass das Wissen aus den sinnlichen Erfahrungen, den i. w. S. körperlichen Erfahrungen des Menschen entstammt. Es ist das Verdienst des deutschen Philosophen Immanuel Kant, diese beiden bis dahin entgegengesetzten Positionen zu vereinen. In seiner „Kritik der reinen Vernunft"

Tab. 1.1 Positionierungen der Wissenschaftstheorie, Auswahl

Wissenschafts-theoretische Positionierung	Elementarer Aussagekern
Empirismus	Erkenntnisse (Wissen) werden aus Sinneserfahrungen abgeleitet
Rationalismus	Erkenntnisse werden aufgrund von vernünftigen Schlussfolgerungen gewonnen, die auch empirisch sein können
Induktivismus	Von einzelnen Beobachtungen soll auf allgemeingültige Gesetzmäßigkeiten geschlossen werden
Relativismus	Der Wahrheitsgehalt von Aussagen hängt von Bedingungen ab, die wiederum auch von anderen Bedingungen abhängen. Fazit: Es gibt keine absoluten Wahrheiten und auch keine allumfassend geltenden ethischen Werte
Deduktion	Aus allgemeinen Theorien sollen spezielle, einzelfallbezogene Erkenntnisse abgeleitet werden
Positivismus	Erkenntnisse werden durch positive Befunde gewonnen, d. h. Befunde, die aufgrund von ex-ante-fixierten Bedingungen einen entsprechenden Nachweis erbringen konnten
Falsifikationismus	Die Induktion wird als Begründungsprinzip abgelehnt, stattdessen sollen Theorien falsifizierbar sein. *Siehe:* Kritischer Rationalismus. Stellt eher eine Methode als eine wissenschaftliche Positionierung dar
Kritischer Rationalismus	Es gibt eine reale Umwelt, die vom menschlichen Erkennen unabhängig ist. Der Mensch ist in seiner Fähigkeit diese Realität zu erkennen durch seine Wahrnehmung begrenzt. *Fazit:* Fortwährende Unsicherheit darüber, ob (auch gesicherte) Erkenntnisse letztlich mit der (ggf. zukünftigen) Wirklichkeit übereinstimmen

erkannte Kant, dass ein rein abstrakter Zugang zu bestimmten Sachverhalten in Form von (gedanklichen) Beschreibungen und Annahmen gewissermaßen leer oder ohne Gegenstand und Wirklichkeitsbezug bleibt, wenn dieser rein gedankliche Zugang nicht auch mit empirischen Tatsachen verglichen wird. Andersherum erkannte Kant aber auch, dass es Tatsachen oder Dinge an sich gar nicht geben kann, denn die Beobachtung der Wirklichkeit setzt bereits (zumindest elementare) Kenntnisse voraus.

Neben diesen angerissenen wissenschaftstheoretischen Strömungen existieren eine Reihe weiterer Auffassungen, die im Rahmen dieser Einführungsschrift nicht näher erläutert werden können. Die Übersicht in Tab. 1.1 gibt einen exemplarischen Überblick über wichtige Richtungen der Wissenschaftstheorie.

1.2.3 Theoriebildung

Oben sind zwei Aspekte bzw. Aufgaben von Wissenschaft hervorgetreten: Erklärung und Beschreibung. An diese lässt sich die Frage anknüpfen, wie Theorien entstehen. Es ist in diesem Zusammenhang üblich die induktive Methode von der logisch-deduktiven Methode zu unterscheiden.

▶ Induktives Vorgehen kennzeichnet sich dadurch, dass aufgrund von Einzelfallbeobachtungen auf einen generellen Zusammenhang geschlossen wird.

Wird beispielsweise in vielen Fällen beobachtet, dass Beschäftigte des öffentlichen Dienstes in Folge von leistungsorientierter Entlohnung qualitativ hochwertiger und zügiger arbeiten, so ließe sich die Theorie aufstellen, dass ein enger Zusammenhang von Leistung und Lohn das Arbeitsergebnis positiv beeinflusst.

▶ Deduktives Vorgehen hingegen rollt das Feld, bildlich gesprochen, quasi von hinten auf. Auf der Basis von allgemeinen Beziehungen oder Gesetzmäßigkeiten werden weitere, auf Einzelfälle bezogene Erkenntnisse abgeleitet.

Einen Sachverhalt zu erklären bedeutet, in diesem Sinne ihn aus als allgemein gültig erachteten Gesetzmäßigkeiten und bestimmten Rand- bzw. Nebenbedingungen abzuleiten. Diese Randbedingungen und Gesetzmäßigkeiten werden in der Wissenschaftstheorie auch als Explanans bezeichnet. Der Sachverhalt, den es zu erklären gilt, wird demgegenüber als Explanandum bezeichnet. Das so genannte Hempel-Oppenheim-Schema wird in Abb. 1.2 dargestellt.

Unabhängig davon, aufgrund welchen Vorgehens wissenschaftliche Theorien zustande kommen, wird an sie – aufgrund der Arbeiten des deutschen Wissenschaftstheoretikers Karl. R. Popper (insbes. 1973) – die Anforderung gestellt, dass sie möglichst leicht falsifizierbar sein sollen.

▶ Falsifikation bedeutet, dass die Theorie widerlegbar sein muss. Während im Zuge der Verifikation versucht wird, möglichst viele (empirische) Belege zu finden, welche die Aussagen der Theorie bestätigen, geht es im Rahmen der Falsifikation darum, Sachverhalte zu finden, die die Aussage der Theorie widerlegen.

Dabei ist das Bestreben eines Forschers, seine Theorie so zu formulieren, dass sie (leicht) zu widerlegen ist, keineswegs paradox. Je leichter eine Theorie prinzipiell zu widerlegen ist und je häufiger sie einem solchen Versuch standgehalten hat, als desto stärker/fundier-

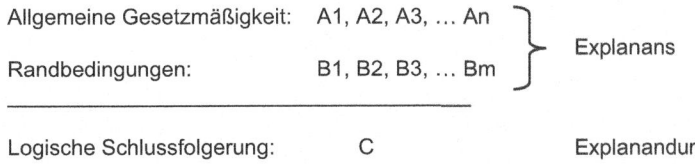

Abb. 1.2 Hempel-Oppenheim-Schema

ter kann diese Theorie angesehen werden – oder unscharf formuliert: Desto näher ist diese
Theorie an der „Wahrheit".

Es ist Ausdruck von wissenschaftlichem Fortschritt, wenn z. B. im Detail oder komplett
widerlegte Theorien modifiziert und/oder gänzlich neu formuliert werden und in diesem
Prozess erneuerte/neue Theorien formuliert werden, die letztlich immer schwieriger zu
widerlegen sind und folglich – aufgrund Falsifikation und Neuformulierung von Theorien
– permanent ein Stück Wahrheitsnähe gewonnen wird. Popper (1973, S. 31) formuliert
diesbezüglich sehr treffend: „Wir arbeiten daran, die Maschen des Netzes immer enger
zu machen".

1.3 Ordnung der Betriebswirtschaftslehre

1.3.1 Betriebs- und Volkswirtschaftslehre

Der Ursprung der Betriebswirtschaftslehre, wie wir sie heute im deutschsprachigen
Sprachraum weitgehend verstehen, wird gemeinhin in der Gründung der ersten so genannten Handelshochschulen kurz vor und um die vorletzte Jahrhundertwende gesehen:
So wurden im Jahre 1898 die erste Handelshochschule in Leipzig, 1901 in Frankfurt und
Köln, 1903 in Aachen, 1906 in Berlin und 1908 in Mannheim gegründet (Lingenfelder
1999). Weitere folgten in kurzen zeitlichen Abständen. Bis zu diesem Zeitpunkt wurden
betriebswirtschaftliche Sachverhalte von Forschern der damaligen Nationalökonomik,
heute Volkswirtschaftslehre, mit behandelt. Die Schwesterdisziplin der Betriebswirtschaftslehre, die Volkswirtschaftslehre, kann in dieser Hinsicht auch als Mutterdisziplin
verstanden werden. Heute besteht weitgehend Konsens darüber, die Wirtschaftswissenschaft zu unterteilen in zwei Teilbereiche: Volks- und Betriebswirtschaftslehre (VWL und
BWL) (Abb. 1.3).

Abb. 1.3 Einteilung der
Wirtschaftswissenschaft

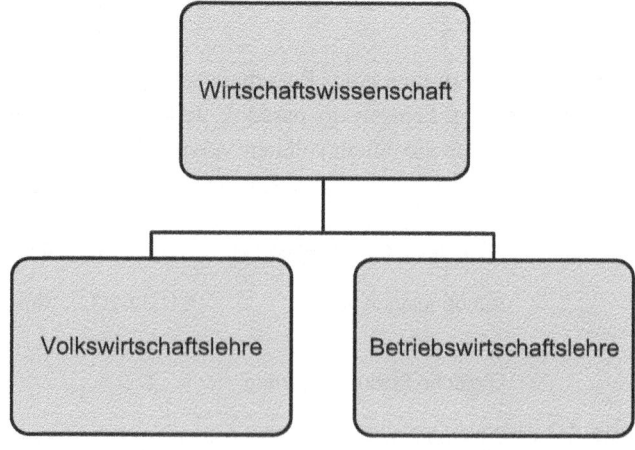

Während der Fokus des Interesses der Betriebswirtschaftslehre auf den Vorgängen liegen, die innerhalb eines Betriebes oder zwischen mehreren Betrieben stattfinden, fragt die Volkswirtschaftslehre (syn. Nationalökonomie) nach den Vorgängen einer (Volks-) Wirtschaft als Ganzes.

► Die Volkswirtschaftslehre untersucht primär gesamtwirtschaftliche Zusammenhänge. Sie ist durch eine makroskopische, auf das Ganze oder zumindest wesentliche Teile hiervon, gerichtete Betrachtungsweise charakterisiert. Nicht so sehr die einzelnen Wirtschaftssubjekte selbst stehen im Vordergrund des Interesses, sondern das übergeordnete Ganze wird analysiert und dabei nur soweit in Segmente aufgespalten, wie dies notwendig erscheint, um die wesentlichen Wirtschaftsgruppen in ihrer wirtschaftlichen Verflechtung und Wirkung auf das Ganze einer Volkswirtschaft untersuchen zu können. Das wissenschaftliche Interesse an den einzelnen Wirtschaftssubjekten korreliert mit ihrer Bedeutung für die Gesamtwirtschaft. Die Nationalökonomie versucht also aus der übergeordneten Perspektive eines Volkes, Staates oder Staatsverbandes das Wesen der Wirtschaft zu erfassen und ihre Struktur sowie Abläufe zu gestalten. (Schierenbeck 1993, S. 6 f.)

Eine besondere Nähe weist die noch aufzugreifende Öffentliche Betriebswirtschaftslehre zu der volkswirtschaftlichen Teildisziplin der Finanzwissenschaft auf. Als Gegenstand oder Objektbereich der Finanzwissenschaft kann nach Zimmermann und Henke (1990, S. 18) „[die] Gesamtheit von Einnahmen und Ausgaben, die in Haushaltsplänen zusammengefasst und in einem föderalistischen System mit seiner Vielzahl von Haushalten verschiedener Gebietskörperschaften und Parafisci in einem Finanzausgleichssystem geordnet ist…" gesehen werden.

Wenn sich die dominierenden Betrachtungsweisen der Betriebs- und Volkswirtschaftslehre auch im Einzelfall unterscheiden, so bestehen doch auch eine Reihe von Gemeinsamkeiten zwischen den beiden Schwesterdisziplinen, die es angebracht erscheinen lassen, im Bezug auf beide Bereiche den Singular zu gebrauchen und von der Wirtschaftswissenschaft und nicht von Wirtschaftswissenschaft*en* zu sprechen.

1.3.2 Institutionelle und funktionelle Ordnung der Betriebswirtschaftslehre

Wie in vielen anderen Wissenschaftsdisziplinen auch, so ist das vorhandene Wissen in der Betriebswirtschaftslehre inzwischen derart umfangreich, dass sich im Zuge einer Spezialisierung eine Reihe von Teilgebieten herausgebildet haben. Dabei lassen sich insbesondere zwei Gliederungskategorien unterscheiden: Die institutionelle und die funktionelle Ordnung (vgl. Abb. 1.4).

► Im Rahmen der institutionellen Ordnung erfolgt eine Konzentration auf die betriebswirtschaftlichen Fragen und Probleme eines bestimmten Wirtschaftsbereichs, wie z. B. dem Industrie-, dem Bankensektor oder auch dem öffentlichen Sektor.

institutionell funktionell	Industrie	Handel	Banken	öffentlicher Sektor	etc.
Beschaffung					
Finanzierung					
Produktion					
Absatz					
Personal					
etc.					

Abb. 1.4 Institutionelle und funktionelle Ordnung der Betriebswirtschaft

Die Betrachtungen konzentrieren sich in diesem Falle auf einen bestimmten Sektor, der möglichst in vielen seiner wirtschaftlichen Facetten zu erfassen versucht wird.

▶ Die funktionelle Ordnung konzentriert sich hingegen ausschließlich auf eine einzige der genannten Funktionen, wie z. B. der Beschaffung oder der Finanzierung.

Diese wird jedoch versucht, in ihren Besonderheiten im Hinblick auf alle oder zumindest möglichst viele Sektoren zu erfassen. Die Übersicht in Abb. 1.4 verdeutlicht die beschriebenen Zusammenhänge.

Während die beschriebenen Ordnungen sich mit speziellen betriebswirtschaftlichen Teilgebieten befassen und daher auch als Spezielle Betriebswirtschaftslehren bezeichnet werden, lässt sich mit der so genannten Allgemeinen Betriebswirtschaftslehre eine dritte Kategorie unterscheiden.

Die Allgemeine Betriebswirtschaftslehre befasst sich mit Fragestellungen, die in allen Arten von Betrieben und Sektoren relevant sind. Als solche Fragestellungen gelten gemeinhin:

- Techniken der Betriebswirtschaft
  - Buchhaltung, Bilanzierung
  - Finanzmathematik
  - Wirtschaftlichkeitsrechnen
- Unternehmensführung
- Betriebswirtschaftstheorie
- Steuerlehre
- Prüfungswesen

Es gilt an dieser Stelle zu betonen, dass die oben dargestellten Gliederungen keinen dogmatischen Charakter besitzen – es gibt eine Vielzahl von Übergängen und Überschneidungen. So können beispielsweise Überlegungen zur Personalwirtschaft, etwa der Personalentwicklung als Investition in Personalvermögen/Humankapital interpretiert werden, so dass sich die (finanzmathematische) Frage stellt, wann oder ob sich eine solche Investition rechnet. Insgesamt kann in aller Allgemeinheit festhalten werden, dass die Speziellen Betriebswirtschaftslehren auf den Ausführungen und Erkenntnissen der Allgemeinen Betriebswirtschaftslehre basieren.

1.4   Notwendigkeit einer Betriebswirtschaftslehre für den öffentlichen Bereich

Es ist üblich, Untersuchungsgegenstände von Wissenschaften nach ihrem Erfahrungs- und Erkenntnisobjekt zu differenzieren. Das Erfahrungsobjekt einer Wissenschaft beschreibt die in der Realität tatsächlich vorkommenden Erscheinungen, denen sich die jeweilige Wissenschaft widmet. Es liegt auf der Hand, dass sich verschiedene Wissenschaften häufig ein gleiches Erfahrungsobjekt teilen. So stellt beispielsweise der Mensch das Erfahrungsobjekt sowohl der Medizin als auch der Psychologie dar.

Das Erkenntnisobjekt (syn. auch Denkobjekt) wird aus dem Erfahrungsobjekt durch den jeweiligen Wissenschaftler durch gedankliches Isolieren erst gewonnen. Vereinfacht, auf das obige Beispiel übertragen, stellt das Erkenntnisobjekt der Medizin die i. w. S. körperlichen und dasjenige der Psychologie die geistigen Vorgänge dar. Diese Überlegungen lassen sich auch auf die Betriebswirtschaftslehre übertragen.

Mit dem Betrieb als dem Erfahrungsobjekt der Betriebswirtschaftslehre, befassen sich eine Reihe von anderen Disziplinen (z. B. die Rechtswissenschaften, Ingenieurwissenschaften etc.), wobei für die Betriebswirtschaftslehre das Wirtschaften in Betrieben als Erkenntnisgegenstand formuliert wird und unter „wirtschaften" an dieser Stelle rationale menschlichen Handlungen zur Überwindung von Knappheit zu verstehen ist.

Im Rahmen dieses einführenden Lehrbuches soll an dieser Stelle der Hinweis genügen, dass diese Position bzgl. des Erkenntnisgegenstandes der Betriebswirtschaftslehre in der Wissenschaft keineswegs einheitlich vertreten wird.

Die Konzentration auf die wirtschaftlichen Fragestellungen innerhalb eines Betriebes bietet den Vorteil, dass dadurch ein Problemkreis definiert wird, für den die Betriebswirtschaftslehre den Anspruch erhebt, gehaltvolle Aussagen und Erklärungen bereitstellen zu können. Gleichzeitig wird damit aber auch festgelegt, für welche (vielfältigen) Fragestellungen der Betriebswirt keine Antworten zu geben vermag. Mit der Konzentration auf das Wirtschaften wird zudem ein Forschungsbereich abgegrenzt, der sich keiner speziellen Erscheinungsform von Betrieb ausschließlich verpflichtet. Entscheidungen über knappe Güter sind in allen Betrieben zu treffen, wobei die Betriebswirtschaftslehre, wie heute ganz überwiegend vertreten wird, ihren Schwerpunkt eindeutig auf den privatwirtschaftlichen, gewinnorientierten Betrieb legt. Verwaltungsbetriebe, Nonprofit-Organisationen etc. sind seltener Gegenstand der Betrachtung.

In der Konsequenz führt dieser Umstand dazu, dass betriebswirtschaftliche Methoden und Verfahren, die für den erwerbswirtschaftlichen Bereich konzipiert wurden, erst durch zum Teil erheblichen Modifikationen für den öffentlichen Sektor zur Anwendung

kommen können. Betrachtet man daher den Ausbaustand der Öffentlichen Betriebswirtschaftslehre, so muss – etwa im Vergleich zur Industriebetriebslehre – ein verhältnismäßig
bescheidenes Niveau konstatiert werden. Für theoretisch als auch praxisnah ausgerichtete
Betriebswirte stellte der öffentliche Sektor lange Zeit aus verschiedenen Gründen kein
sonderlich attraktives Arbeitsfeld dar. Einerseits trat die öffentliche Hand als möglicher
Arbeitgeber für Betriebswirte kaum nennenswert in Erscheinung. Auch heute noch domi-
nieren für den akademischen Bereich eher juristisch ausgerichtete Professionen die Be-
rufsbilder. Andererseits stellten die öffentlich verfügbaren Finanzen in der Vergangenheit
– etwas salopp formuliert – offensichtlich kein vordringliches (Knappheits-) Problem dar,
so dass man auf eine ernsthafte Bewirtschaftung im engeren Sinne lange Zeit glaubte
verzichten zu können.

Seit einiger Zeit kann jedoch eine verstärkte Hinwendung des öffentlichen Sektors zur
Betriebswirtschaft festgestellt werden, die letztlich auf die prekäre Situation der öffentlichen Haushalte zurückgeführt werden muss. Der Grad der Verschuldung der öffentlichen
Hand lässt die in der Vergangenheit vielfach praktizierte punktuelle Gegensteuerung in
ausgewählten Bereichen als nicht mehr ausreichend erscheinen. Der Veränderungsdruck
erfasst nahezu sämtliche betriebliche Teilfunktionen, wie insbesondere das Rechnungswesen, die Finanzwirtschaft und gerade auch – und vermutlich auf schwierigsten – das
Personalwesen. Für einige betriebliche Bereiche kann hier auf bewährte Verfahren zurückgegriffen werden. So ersetzt z. B. die Doppik zunehmend die Kameralistik als Buchführungssystem. In vielen Bereichen hingegen sind ähnliche, weitgehend analoge Über-
tragungen, weniger gut möglich. Notwendig sind hier daher eigene, auf die besonderen
Gegebenheiten des öffentlichen Sektors zugeschnittene Verfahren und Instrumente.

Ein weiterer Zweig der zunehmenden Orientierung an die Betriebswirtschaft lässt sich
auch am Trend zur Privatisierung öffentlicher Aufgaben erkennen. Auch wenn sich speziell für den kommunalen Bereich zum Teil Belege für Re-Kommunalisierungen finden
lassen, so kann von einem einheitlichen Richtungswechsel kaum die Rede sein (vgl. dazu
Engartner 2009).

1.5 Gegenstand der Öffentlichen Betriebswirtschaftslehre

1.5.1 Historie

Die Ursprünge der Öffentlichen Betriebswirtschaftslehre (ÖBWL) liegen in den so genannten Kameralwissenschaften. Diese befassten sich vorrangig mit der Staatswirtschaft,
insbesondere mit den Bereichen Haushalte und Einkünfte des Fürsten/des Staates, der
Finanzverwaltung und -politik sowie mit allgemeiner Verwaltung („Polizeysachen") und
nicht zuletzt „Oekonomiesachen", wie „land- und forstwirtschaftliche Domänen, Berg-
werke, Manufakturen für Porzellan, Tuch, Papier und Waffen, Münzanstalten sowie Handel." (Eichhorn 1989, S. 1070).

Der Kern und das eigentliche Anliegen der Kameralwissenschaften des 17. und 18. Jahrhunderts lassen sich mithin in der Sicherstellung der Finanzierung der Bedürfnisse der fürstlichen Ausgaben erkennen. Mit dem zunehmenden Bedeutungsverlust des Merkantilismus und dem Fortschreiten von i. w. S. marktwirtschaftlichen Wirtschaftsordnungen, verloren die Kameralwissenschaften um die Wende vom 18. zum 19. Jahrhundert an Bedeutung. Während ein Großteil der kameralwissenschaftlichen (Forschungs-) Aktivitäten sich volkswirtschaftlichen Problemstellungen zuwandte, blieb insbesondere das kameralistische Rechnungswesen bis in die Neuzeit, mit Modifikationen versehen, bis heute z. B. in Form der so genannten erweiterten Kameralistik erhalten.

Im Zuge der Erstellung von Bilanzen für Städte und Gemeinden, wie sie im Rahmen des neuen kommunalen Rechnungswesens geschieht, wird jedoch auch dieser Bereich zusehends verdrängt und von der Doppik ersetzt. In fortgesetzter Tradition der Kameralistik, auf die Regulierung und Ordnung der finanziellen Rahmenbedingungen des Staates hin ausgerichtet zu sein, widmet sich die ÖBWL den so genannten öffentlichen Aufgaben.

1.5.2 Öffentliche Aufgaben

▶ Als öffentliche Aufgaben werden gemeinhin solche Angelegenheiten verstanden, deren Erledigung der Befriedigung kollektiver Bedürfnisse dient, wobei es unerheblich ist, in welcher Organisations- oder Handlungsform diese wahrgenommen werden.

So ist es heute nahezu als eine Selbstverständlichkeit anzusehen, wenn sich die öffentliche Hand der Privatwirtschaft oder einer privatrechtlichen Rechtsform bedient, um öffentliche Aufgaben zu erfüllen. Öffentliche Aufgaben können danach unterschieden werden, von welcher Ebene sie wahrgenommen werden (Eichhorn 1989, S. 1004 ff.):

- Staatliche Aufgaben werden vom Bund oder den Ländern, von deren Behörden oder mittelbar von geschaffenen Verwaltungsträgern (insbes. Anstalten des öffentlichen Rechtes) erfüllt.
- Kommunale Aufgaben werden von Gemeinden oder Gemeindeverbänden wahrgenommen.
- Sonstige (öffentliche) Aufgaben sind zum einen solche Aufgaben, die zwar dem Grunde nach nicht zwingend zu den staatlichen Aufgaben zählen, die aber, wie z. B. im Falle von öffentliche-rechtlichen Rundfunkanstalten oder Kirchen, von öffentlich-rechtlichen Rechtsträgern erfüllt werden.
  Zum anderen lassen sich umgekehrt auch solche Aufgaben zu den sonstigen öffentlichen Aufgaben zählen, die zwar zu den staatlichen Aufgaben gerechnet werden können, die aber z. B. im Wege der Beleihung von privaten Einrichtungen erfüllt werden (z. B. der TÜV oder das Schornsteinfegerwesen).
  Des Weiteren können mit Abstrichen noch solche Aufgaben als öffentliche charakterisiert werden, die von einem privaten Rechtsträger wahrgenommen werden und deren

Wahrnehmung im Allgemeininteresse liegt (z. B. Caritas, AWO, Deutsche Forschungs-
gemeinschaft).

Insgesamt gilt es zu beachten, dass öffentliche Aufgaben immer auch ein Spiegel der politischen Macht- und Interessenslagen sind. Das heißt, keine Aufgabe stellt per se eine öffentlich wahrzunehmende dar, sondern sie wird durch den politischen Willen erst zu solch
einer erklärt. Dieser Gedanke wird im nachfolgenden Kapitel wieder aufgegriffen.

1.5.3   Öffentliche Güter und kollektive Bedürfnisse

Oben ist festgestellt worden, dass öffentliche Aufgaben darauf abzielen kollektive Bedürfnisse zu befriedigen. Unter einem Bedürfnis wird in der Wirtschaftswissenschaft gemeinhin ein Mangelempfinden verstanden, verbunden mit dem Streben diesen Mangel
zu beseitigen. Da ein Empfinden im eigentlichen Sinne nur einem Individuum zu Eigen
sein kann, bedarf insbesondere der Terminus des kollektiven Bedürfnisses einer näheren
Erläuterung.
      Die Wirtschaftswissenschaft geht davon aus, dass die menschlichen Bedürfnisse ten-
denziell unbegrenzt sind. Um Bedürfnisse, also Mangelempfindungen zu befriedigen,
kann das Individuum auf Güter zurückgreifen.

▶   Unter einem Gut wird alles verstanden, was dem Menschen zur Bedürfnisbefriedigung
dient.

Das heißt, dass sowohl Gegenstände (z. B. Brot, Autos, TV-Geräte) als auch Dienstleistungen (z. B. Schauspiel, Unterhaltung) oder auch Informationen sowie Atemluft, Sonnen-
licht und selbst Zuneigung letztlich Güter darstellen können, die dazu dienen menschliche
Bedürfnisse zu befriedigen.
      Sind diese Güter frei zugänglich, also kostenlos verfügbar, so ist die Rede von freien
Gütern.
      Güter, die nur i. w. S. gegen Entgelt zugänglich sind, werden als knappe Güter bezeich-
net, weil sie einen Preis haben. Im Regelfall ist dabei der Preis der Gradmesser für deren
Knappheit. Das heißt, desto knapper oder seltener ein Gut ist, je höher wird im Normalfall
dessen Preis sein. So sind z. B. Diamanten seltener als Kohlestücke und dementsprechend
teurer.
      Die Wirtschaftswissenschaft und so auch die Betriebswirtschaftslehre befassen sich
ausschließlich mit knappen Gütern.
      In der Wirtschaftswissenschaft existiert eine Reihe von Klassifikationen von Gütern,
die insbesondere im Rahmen von volkswirtschaftlichen Überlegungen eine größere Rolle
spielen. So kann beispielsweise unterschieden werden nach:

- Sachgütern und Dienstleistungen
- Konsumgütern und Produktionsgütern
- Verbrauchs- und Gebrauchsgütern
- Komplementärgütern und Substitutionsgütern
- Privaten Gütern und Öffentlichen Gütern

Für die Zwecke dieser Einführung ist insbesondere die Unterteilung von privaten und öffentlichen Gütern von Belang.

Erkennbar wird zunächst eine gewisse Problemlage, die sich aus den unbegrenzten menschlichen Bedürfnissen und der Knappheit von Gütern ergibt. Für den Menschen resultiert daraus die Notwendigkeit des Wirtschaftens, d. h. ein Handeln nach dem ökonomischen Prinzip. Ein Individuum wird sich gewöhnlich dann dafür entscheiden ein knappes Gut zu produzieren, wenn es davon ausgehen kann, dass es aufgrund des dafür erzielten Preises selbst mehr oder weitere knappe Güter für die eigene Bedürfnisbefriedigung erlangen kann. Private Güter stellen demnach gerade solche Güter dar, für die ein Preis erzielt werden kann. Dieses setzt vorausetzt, dass für diese Güter eine Nachfrage existiert, auf die hin der Produzent tätig wird. Es liegt auf der Hand, dass ein Preis nur für solche Güter gezahlt wird, von deren Konsum der Einzelne solange ausgeschlossen ist, bis er den entsprechenden Preis gezahlt hat (Ausschlussprinzip). Irrationales Verhalten läge vor, wenn auch für frei zugängliche bzw. kostenlos konsumierbare Güter ein Preis gezahlt werden würde. Für private Güter (syn. auch Individualgüter) greift das Ausschlussprinzip, weil nur derjenigen das Gut konsumieren und insofern seine Bedürfnisse befriedigen kann, der auch den entsprechenden Preis zahlt, andere sind vom Konsum ausgeschlossen.

Für eine Reihe von Gütern greift das Ausschlussprinzip jedoch nicht. Der potenzielle Anbieter kann in diesem Fall Konsumenten des Gutes, die keinen Preis zahlen wollen, nicht vom Konsum abhalten.

Am Beispiel der Straßenbeleuchtung wird deutlich, dass ein privater Anbieter von Straßenbeleuchtung seine Leistung kaum nur auf zahlende Kunden beschränken könnte. Jede andere Person, die sich ebenfalls in der Nähe der Beleuchtungsquelle aufhält, kommt, auch ohne ein Entgelt zu entrichten, in den Genuss des Lichtes. Niemand wäre daher bereit, für die Leistung Straßenbeleuchtung einen individuellen Preis zu entrichten, sondern würde vielmehr darauf hoffen, von dem bezahlten Licht eines anderen profitieren zu können („Trittbrettfahrer-Problem").

Es liegt auf der Hand, dass sich mangels Nachfrage auch kein Angebot von Straßenbeleuchtung ergeben würde, obwohl sinnvollerweise von einem Bedürfnis nach diesem Gut auszugehen ist. Es liegt ein Fall von so genanntem „Marktversagen" vor, in dem ein knappes Gut, für das im Grunde auch eine Nachfrage besteht, aufgrund der spezifischen Situation dennoch kein (privates) Angebot vorliegen wird. Es stellt letztlich eine politische Entscheidung dar, Güter, für die sich kein privater Anbieter findet, die aber angeboten werden sollen, durch die Gemeinschaft steuerfinanziert für alle anbieten zu lassen. Solche Güter werden als öffentliche Güter bezeichnet (vgl. Abb. 1.5).

| Private Güter | | Öffentliche Güter |
| (auch: Individualgüter) | | (auch: Kollektivgüter) |

... werden produziert
von privaten Haushalten
und Unternehmen.

• *Ausschlussprinzip*

... werden durch den „Staat" bereitgestellt bzw. produziert.
(z.B. Straßen, äußere Sicherheit,
Rechtspflege, Verwaltung, Bildung)

• *kein Ausschlussprinzip*

• *„Marktversagen"*

Abb. 1.5 Private und Öffentliche Güter

1.5.4 Öffentlicher Sektor

Der öffentliche Sektor kann anhand von Kriterien beschrieben und insofern auch insbesondere vom privatwirtschaftlichen Sektor abgegrenzt werden. Durch folgende Kriterien
lässt sich der öffentliche Sektor bzw. die in diesem wirkenden Organisationen charakterisieren (Damkowski und Precht 1995, S. 29 f.):

1. Ausstattung mit hoheitlicher Gewalt
2. Öffentlich-rechtliche Rechtsform
3. Erfüllung eines öffentlichen Zwecks
4. Öffentlich-rechtliche Legitimation und Kompetenz für Gründung, Gründungszweck,
   Bestandssicherung und Auflösung
5. Kommunale oder staatliche Trägerschaft bzw. Eigentümer
6. Durch kommunale oder staatliche Träger gesicherte Beherrschbarkeit

Allerdings ist eine Abgrenzung des öffentlichen Sektors in manchen Fällen nicht ganz
eindeutig möglich, so dass sich Graubereiche zwischen öffentlichem und privatem Sektor
ergeben.

1.5.4.1 Kernbereiche des öffentlichen Sektors

Im Rahmen der vorangegangenen Ausführungen ist ein Gegenstandbereich der Öffentlichen Betriebswirtschaftslehre deutlich geworden. Die Öffentliche Betriebswirtschaftslehre befasst sich als wirtschaftswissenschaftliche Teildisziplin mindestens mit solchen
Betrieben und Unternehmen, die öffentliche Güter bereitstellen und insofern öffentliche
Aufgaben erfüllen.

Zu diesem Gegenstandbereich hinzu tritt derjenige Komplex, der oben unter den Bereich der sonstigen öffentlichen Aufgaben gefasst worden ist. Güter, bei denen prinzipiell
das Ausschlussprinzip wirksam werden könnte – Individualgüter also –, die aber aus Gründen des Allgemeininteresses dennoch seitens der öffentlichen Hand durch ein öffentliches

Unternehmen gegen Entgelt bereitgestellt werden. Betriebe und Unternehmen, die solche Aufgaben erfüllen bzw. solche Güter bereitstellen bilden den öffentlichen Sektor ab.

Im Rahmen einer induktiven, exemplarisch-konkretisierenden Beschreibung des öffentlichen Sektors ist eine zweistufige Vorgehensweise hilfreich (Damkowski und Precht 1995, S. 23 ff. sowie folgend ebenda).

▶ Im Rahmen einer größtmöglichen Definition des öffentlichen Sektors können solche Funktionen, Institutionen und Organisationen dem öffentlichen Sektor zugeordnet werden, die zweifellos zum öffentlichen Sektor gehören sowie solche, für die eine Zuordnung zum öffentlichen Sektor eher kritisch zu beurteilen ist.

Die unmittelbare Staats- und Kommunalverwaltung, d. h. die öffentliche Verwaltung, ist ohne weitere Erklärung zweifellos dem öffentlichen Bereich zuzuordnen. Ähnlich eindeutig fällt eine Beurteilung derjenigen Institutionen und Organisationen aus, die in Form von Anstalten, Körperschaften, Stiftungen etc. des öffentlichen Rechts, dem Bereich der mittelbaren Kommunal- und Staatsverwaltung angehören. Unstrittig dem öffentlichen Sektor lassen sich des Weiteren auch supranationale sowie internationale, öffentlich-rechtlich, europarechtlich oder völkerrechtlich legitimierte Einrichtungen sowie Organisationen und Institutionen zuordnen, die ihre Existenz aus dem verfassungsmäßigen Gewaltenteilungsprinzip ableiten. Daneben sind auch solche Organisationen als dem öffentlichen Sektor zugehörig zu begreifen, die als (öffentliche) Unternehmen in der Rechtsform der Gesellschaft mit beschränkter Haftung, Aktiengesellschaften und eingetragene Vereine, die durch die öffentliche Hand beherrscht werden und sozialstaatliche (öffentliche) Aufgaben wahrnehmen (vgl. Abb. 1.6).

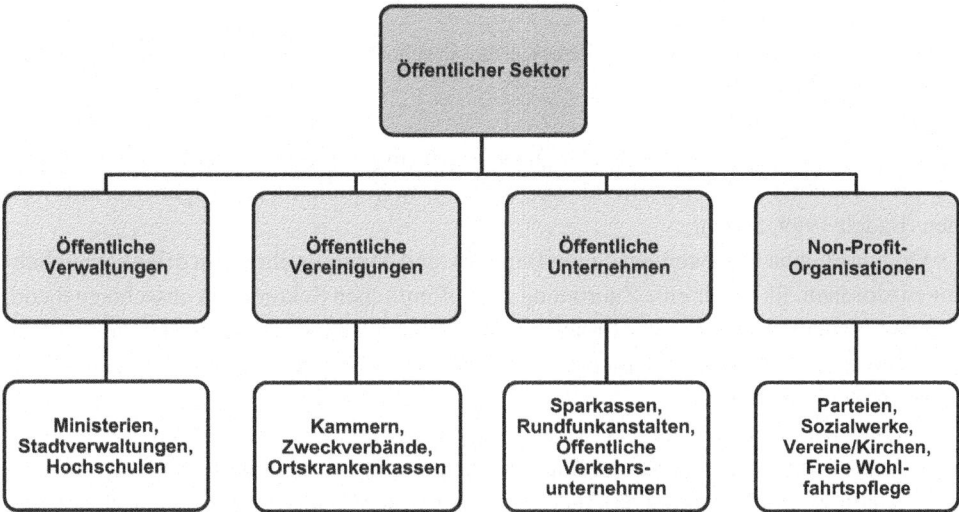

Abb. 1.6 Öffentlicher Sektor – Maximaldefinition. (Quelle: Verändert nach Damkowski und Precht 1995, S. 25)

Ein Argument, das gegen eine Zuordnung von öffentlichen Unternehmen zum öffentlichen Sektor sprechen könnte, mag ggf. darin gesehen werden können, dass öffentliche Unternehmen – anders als die öffentliche Verwaltung oder auch Institutionen der Gewaltenteilung – auf einem, wenn auch geschützten, Markt aktiv sind. Bedenken an einer Hinzurechnung dieser Unternehmen zum öffentlichen Sektor könnten ferner auch deshalb angezeigt sein, da diese Unternehmen zumindest formal gesehen, prinzipiell insolvent werden und in Konkurs gehen können.

Berücksichtigt man jedoch, dass sich der Staatsanteil an diesen Unternehmen regelmäßig zwischen 25 und 100 v. H. bewegt, die verfügbaren Einnahmen zumindest zum Teil aus Subventionen bestehen und potenzielle Leistungsempfänger zum Bezug der Leistung bzw. zum Anschluss an die Leistungspotenziale verpflichtet sind, dann wird das Bestandsrisiko aufgrund von finanziellen Engpässen für diese Einrichtungen als derart gering bzw. unwahrscheinlich anzunehmen sein, dass eine Zuordnung zum öffentlichen Sektor angebracht scheint.

An dieser Stelle ist die Beschreibung derjenigen Organisationen und Institutionen, die vergleichsweise eindeutig dem öffentlichen Sektor zuzuordnen sind, abgeschlossen.

1.5.4.2 Randbereiche des öffentlichen Sektors

Während die Zuordnung der oben genannten Organisationen zum öffentlichen Sektor vergleichsweise einfach erfolgen konnte, existieren weitere Organisationen, die, obgleich sie öffentliche Aufgaben wahrnehmen, nur mit Abstrichen dem öffentlichen Sektor zugeordnet werden können (Damkowski und Precht 1995, S. 28 ff.). Eine solche Zuordnungsfrage stellt sich bei

- an sich privatwirtschaftlichen Unternehmen, die öffentliche Aufgaben wahrnehmen sowie im umgekehrten Fall,
- bei öffentlichen Unternehmen, die erwerbswirtschaftliche Ziele verfolgen, wie z. B. die Landesbanken.

Eine Zuordnung der erstgenannten Organisationen zum öffentlichen Sektor erscheint trotz der privatrechtlichen Rechtsform ratsam, da hier i. w. S. hoheitliche Aufgaben erfüllt werden (Badelt 1999, S. 11).

Organisationen des zweitgenannten Bereichs sind ebenfalls eher dem öffentlichen Sektor zuzuordnen. Es ist für eine Zuordnung zum öffentlichen Sektor nicht ausschlaggebend, ob das Organisationsziel in der Erzielung von Gewinn besteht. Vielmehr ist die Tatsache entscheidend, dass diese Unternehmen der öffentlichen Hand gehören bzw. von ihr beherrscht werden können.

Tatsächlich problematisch erscheint für die hier verfolgten Zwecke eine Zuordnung von Organisationen der arbeitsmarktpolitischen Interessenvertretung in Form von Gewerkschaften, Gewerkschaftsverbänden, Arbeitgeberverbänden sowie insbesondere Verbänden der Freien Wohlfahrtspflege (z. B. Caritas, AWO, Deutsches Rotes Kreuz). Für letztgenannte spricht vieles dafür, dass diese Organisationen dem öffentlichen Sektor zu-

Abb. 1.7 Der Dritte Sektor.
(Quelle: angelehnt an Damkowski und Precht 1995, S. 32)

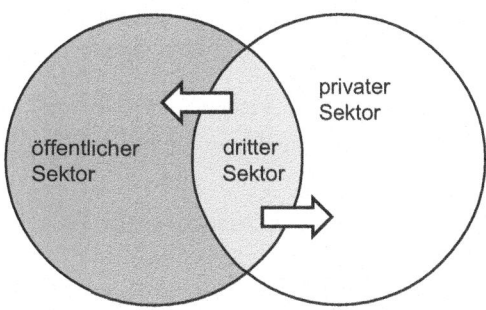

geordnet werden (vgl. z. B. Bräunig und Greiling 2007). Insbesondere Organisationen der Freien Wohlfahrtspflege, die heute vielfach auch als Sozialwirtschaft bezeichnet werden, bestreiten oftmals einen nicht unwesentlichen Teil ihrer Einnahmen aus öffentlichen Zuschüssen, so dass eine Hinwendung zum öffentlichen Sektor naheliegt (vgl. im Überblick Arnold und Maelicke 2009). Des Weiteren sind diesen Organisationen auch bestimmte soziale Aufgaben kraft Gesetz übertragen worden, was ebenfalls die enge Nähe zum öffentlichen Sektor unterstreicht. Nicht zuletzt scheinen auch Bezeichnungen universitärer Gremien und Institute eine gemeinsame Betrachtung nahezulegen. So firmiert der Lehrstuhl der Universität Potsdam unter dem Schwerpunkt „Public und Nonprofit Management" und in der Schmalenbach Gesellschaft für Betriebswirtschaft e. V. existiert ein gemeinsamer Arbeitskreis „Public und Nonprofit Management" (Schneider et al., S. 31 ff.). Realiter liegt es nahe denjenigen Teil des Nonprofit-Bereichs zu den Randbereichen des öffentlichen Sektors zu zählen, der oben als Sozialwirtschaft bezeichnet wurde. Die Sozialwirtschaft umfasst dabei als Wirtschaftszweig beträchtliche Bereiche des Nonprofit Sektors, deckt diesen aber nicht vollständig ab (vgl. Mroß 2014, S. 8 ff.). Je nach Intensität der Anlehnung und faktischer Abhängigkeit hinsichtlich des öffentlichen oder privatwirtschaftlichen Sektors sind im Einzelfall gleichwohl entsprechende Betonungen anzunehmen, was in Abb. 1.7 durch die Pfeile symbolisiert ist.

1.6 Öffentliche BWL und „(New) Public Management"

Spätestens seit den 1980er Jahren ist in der betriebswirtschaftlichen bzw. betriebswirtschaftsnahen Literatur der Begriff des „Public Management" oder auch des „New Public Management" zu finden (z. B. Mastronardi und Schedler 2004; Thom und Ritz 2008; Budäus 1998).

Im anglo-amerikanischen Sprachgebrauch ist „Management" nicht identisch mit dem deutschsprachigen Verständnis von Betriebswirtschaft. Management steht für Gestaltung und Steuerung. Mit der Kennzeichnung „Management" wird zudem regelmäßig ein interdisziplinärer Zugang betont, in dem je nach Problemstellung Lösungsansätze und -methoden verschiedener wissenschaftlichen Disziplinen herangezogen werden. Dem „Management" i. e. S. ist in Kap. 10 ein eigener Abschnitt gewidmet.

▶ Im engeren Sinne wird unter Public Management ein interdisziplinärer Zugang zu Leitungs- und Führungsfragen im öffentlichen Sektor verstanden.

Als hauptsächlich zugrundeliegende Teilgebiete sind regelmäßig folgende zu nennen:

- die Betriebswirtschafts- und Volkswirtschaftslehre,
- die Politik- und Rechtswissenschaften
- sowie zum Teil auch die Psychologie.

Public Management steht danach im weiteren Sinne für Leitung und Führung im öffentlichen Sektor. Auch die Betriebswirtschaftslehre kann jedoch in einem weiteren Sinne als Lehre von der Führung von Betrieben interpretiert werden, so dass eine überscheidungsfreie Unterscheidung von Öffentlicher Betriebswirtschaftslehre und Public Management oftmals nicht leicht fällt. Im deutschsprachigen Raum werden die Begriffe demzufolge häufig auch als Synonyme verwendet, wobei dem englischsprachigen Public Management vermutlich aus populärsprachlichen Gründen der Vorzug gegeben wird. Der Begriff des New Public Management wird überwiegend mit dem so genannten „Neuen Steuerungsmodell" in enge Verbindung gebracht bzw. auch mit diesem synonym gesetzt. Schedler und Proeller (2011, S. 5) wollen „[das] „Neue" am New Public Management in der institutionellen Sichtweise der Verwaltung und ihrer Kontaktpartner – und die konzeptionellen Vorstellungen darüber, wie solche Institutionen gesteuert werden sollen", erkennen.

New Public Management lässt sich anhand der nachfolgenden Aspekte näher charakterisieren (Hood 1991; Schedler und Proeller 2011, S. 38):

1. Praktisches professionelles Management: aktive, sichtbare, mit Handlungsfreiheit ausgestaltete Führung im öffentlichen Sektor.
2. Explizite Leistungsstandards und -messgrößen: Ziele, Erfolgsindikatoren, vorzugsweise in quantifizierbarer Form.
3. Größere Betonung der Output-Steuerung: Mittelzuteilung und Honorierung mit gemessener Leistung verknüpft.
4. Disaggregation von Einheiten im öffentlichen Sektor: Aufbrechen früherer monolythischer Gebilde in kleinere, dezentralere und selbstständigere Einheiten; Arbeit mit Globalbudgets; Umgang miteinander mit einem gewissen Abstand.
5. Mehr Wettbewerb im öffentlichen Sektor: Befristete Verträge und öffentliche Ausschreibungen.
6. Betonung von privatwirtschaftlichen Führungsstilen: Abrücken von militärisch-hierarchischen Stilen, mehr Flexibilität in Anstellung und Honorierung, mehr PR-Techniken.
7. Betonung größerer Disziplin und Sparsamkeit im Ressourceneinsatz: Kostenreduktion, Erhöhung der Arbeitsdisziplin, Widerstand gegen Forderungen der Gewerkschaften.

Als theoretische Grundlage des Public Management dienen insbesondere die Ansätze der Neuen Institutionenökonomik in Form der Theorie der Verfügungsrechte („Property Rights-Ansatz"), der Transaktionskostentheorie sowie der Prinzipal-Agent-Theorie. Insgesamt wird damit eine vertragstheoretische Perspektive der externen als auch internen Steuerung eingenommen (Gourmelon et al. 2011). Erscheinungsformen dieser Sichtweise lassen sich etwa im so genannten „Kontraktmanagement" und der „Budgetierung" einschließlich der Verwendung von internen Verrechnungspreisen erkennen. Diese Termini sind wichtige Bestandteile des im Folgenden dargestellten Neuen Steuerungsmodells.

1.7 Neues Steuerungsmodell

1.7.1 Grundlagen

Die damals noch so bezeichnete Kommunale Gemeinschaftsstelle für Verwaltungsvereinfachung – heute Kommunale Gemeinschaftsstelle für Verwaltungsmanagement –, kurz KGSt, entwarf in den 1990er Jahren die ersten Grundzüge eines neuen Modells der Steuerung von Organisationen und Einrichtungen des öffentlichen Sektors (KGSt 1991). Ausgehend von diesen ersten, auf die kommunale Praxis der holländischen Stadt Tilburg („Tilburger-Modell") zurückgehenden, Überlegungen folgten in den nächsten Jahren eine Reihe von Publikationen, in denen das nun so bezeichnete Neue Steuerungsmodell zunehmend an Kontur gewann (vgl. z. B. KGSt (1993, 1993a, 1994, 1996). Die Reformüberlegungen der 1990er Jahre trafen auf fruchtbaren Boden, weil die herrschende Verwaltungspraxis, speziell im Hinblick auf gegebene Strukturen und Abläufe, aber auch hinsichtlich der gegebenen Kompetenz- und Zuständigkeitsverteilungen und dem Personalwesen, zunehmend auf Unzufriedenheit stieß. Bemängelt wurden insbesondere Unzulänglichkeiten im Verhältnis von Politik und Verwaltung, eine fehlende Ergebnisverantwortung aufgrund der Trennung von Fach- und Ressourcenverantwortung (fehlendes Kostenbewusstsein), eine mangelnde Bürgerorientierung und strukturelle Mängel im Personalwesen, um nur einige markante Problembereich zu nennen. Die Übersicht in Tab. 1.2 gibt einen exemplarischen Überblick über erkannte Mängelbereiche in der Kommunalverwaltung.

Das Neue Steuerungsmodell der KGSt zielt vornehmlich auf die kommunale Verwaltung und zeigt auch dort den – von Bundesland zu Bundesland unterschiedlich – höchsten Grad an Umsetzung. Auf Bundes- und Landesebene setzten entsprechende Reformprozesse dagegen nur zeitverzögert ein.

Wichtige Kerngedanken des Neuen Steuerungsmodells stellen die so genannte Outputorientierung und die Dezentralisierung dar. Darin kommt in erster Linie ein Wandel in der verwaltungsimmanenten Steuerungslogik zum Ausdruck. Traditionell erfolgte die Steuerung von Verwaltungen durch die Zuteilung von Ressourcen („Inputsteuerung"). Das heißt, den einzelnen Aufgabenträgern und Organisationseinheiten werden ihren Aufgaben entsprechend von einer zentralen Stelle (z. B. der Kämmerei) Ressourcen zur Aufgabenerledigung zugeteilt. Verändert sich der Aufgabenzuschnitt der Organisationseinheit

Tab. 1.2 Mängelkatalog der konventionellen Kommunalverwaltung. (Quelle: leicht verändert nach Hopp und Göbel 2013, S. 32)

Mängel im Verhältnis von Verwaltung und Bürger	Geringe Kunden- bzw. Bürgerorientierung
	Undurchsichtiges Zuständigkeitswirrwarr
	Abfertigung von „Bittstellern"
	Zu wenig Partizipationsmöglichkeiten
	Zu lange Bearbeitungszeiten im Genehmigungs- und Verwaltungsverfahren
	Lange Wartezeiten auf den Amtsfluren
	Bürgerunfreundliche Öffnungs- und Geschäftszeiten
	Unzureichende eGovernment-Struktur
Mängel in der Zusammenarbeit zwischen Rat und Verwaltung	Politik verzettelt sich zu sehr in Detail- und Einzelfragen
	Lange Verhandlungen im Gemeinderat ohne greifbare Ergebnisse
	Eine politische-strategische Steuerung der Verwaltung wird nur bedingt praktiziert
	Die Information des Gemeinderates durch die Verwaltung ist unzureichend
	Es existiert ein breites Misstrauen des Gemeinderates gegenüber der Verwaltung
Mängel in der Organisation	Zu viele kleine Organisationseinheiten
	Zu viele Hierarchieebenen in den Organisationseinheiten
	Ein-Linien-Organisation mit einflussreichen Querschnittseinheiten
	Zentrale Ressourcenverantwortung
	Priorität für eine funktionsorientierte Aufgaben- und Kompetenzverteilung
	Zu geringe Prozessorientierung in den Verwaltungsstrukturen
Mängel im finanzwirtschaftlichen Bereich	Unzählige haushaltsrechtliche Vorschriften erschweren eine wirtschaftliche Betriebsführung
	Kameralistische Haushaltsführung ist für die interne Betriebsführung ungeeignet
	„Dezemberfieber" als ungewollte Auswirkung der Kameralistik
	Kosten- und Leistungsrechnungen fehlen weitgehend.
	Notwendige betriebswirtschaftliche Informationen liegen nicht vor (z. B. Kennzahlen)
	Es fehlt inter- und inneradministrativer Wettbewerb
Mängel im Personalbereich	Das öffentliche Dienstrecht wie auch der Bundesangestelltentarif (BAT) sind [bzw. waren] eher leistungsfeindlich
	Die hierarchische Arbeitsteilung ist für unattraktive Arbeitsplätze auf den mittleren und unteren Ebenen verantwortlich
	Fort- und Weiterbildung werden restriktiv behandelt und relativ unabgestimmt realisiert
	Ausprägungen des autoritären Führungsstils sind noch sehr verbreitet
	Auf angemessene Umfeld- und Arbeitsbedingungen wird kaum Wert gelegt

oder wird deutlich, dass die zugeteilten Ressourcen nicht ausreichen bzw. dass zu viel zugeteilt wurde, dann erfolgt in der folgenden Zuteilungsperiode seitens der zentralen Stelle eine entsprechende Anpassung. Offensichtlich ist, dass die fach- und ressourcenbezogene Verantwortung hier nicht in einer Hand liegt, sondern zwischen der Facheinheit und der zentralen (Finanz-)Stelle aufgeteilt ist. In der Realität folgte aus dieser Steuerungslogik das als „November-Fieber" bezeichnete Phänomen, dass jede Organisationseinhalt mindestens einen vollständigen Verbrauch der Ressourcen anstrebte, um Kürzungen in der Ressourcenzuteilung der nächsten Periode zu vermeiden. In der Folge trat damit nicht selten eine Verschwendung der zugeteilten Haushaltmittel ein.

Im Rahmen Outputorientierung wird nun ein Wandel in der Hinsicht eingeleitet, dass der Fachabteilung nicht mehr nur Haushaltmittel zugewiesen werden, sondern darüber hinaus auch Vereinbarungen („Kontrakte") über den zu erwartenden Output bzw. auch der erwarteten Wirkung („Outcome") getroffen werden (Kontraktmanagement). Werden z. B. im Falle der Inputorientierung der Fachabteilung/dem Amt/etc. 8 Mio. € Personalmittel zugewiesen, erfolgt die Mittelvergabe im Rahmen der Outputorientierung in der Weise, dass 8 Mio. € zugewiesen werden, verbunden mit der Vereinbarung, damit eine möglichst konkret messbare Leistung zu erbringen. Im konkreten Einzelfall können diese Betrachtungen sehr auseinander fallen. Während es z. B. aus der Sicht der Verwaltung durchaus als ein ausreichendes Merkmal für qualitativ hochwertige Verwaltungsarbeit angesehen werden könnte, wenn ein Bescheid rechtskonform erstellt wird, kommen aus der Sicht des Empfängers/Bürgers mitunter weitere Kriterien, wie verständliche Sprache etc. hinzu, um (auch) aus dieser Perspektive die Verwaltungsarbeit als qualitativ hochwertig bezeichnen zu können. Entsprechende Qualitäten wären dann im Rahmen der Outputorientierung in einer Vereinbarung festzuhalten.

1.7.2 Elementare Bestandteile

Das Neue Steuerungsmodell basiert auf mehreren konzeptionellen Pfeilern, die im Folgenden in ihren grundlegenden Aussagen dargestellt werden sollen (vgl. folgend Gourmelon et al. 2011, S. 10 ff.).

Im Kern laufen diese Überlegungen auf eine eindeutige Beschreibung und Abgrenzung eines konkreten Leistungsgegenstandes hinaus, der wiederum in Begriffe höherrangiger Ordnung zusammengefasst wird. Elementar ist dabei der Begriff des Produktes. Produkte sind sinnvoll zusammengefasste Leistungsbündel. Ein mögliches Produkt stellt beispielsweise die Personalentwicklung dar. Die Personalentwicklung ist wiederum ein Produkt des Personalmanagements (Produktgruppe), welche wiederum dem Bereich der Inneren Verwaltung (Produktbereich) zuzuordnen ist. Das Denken in Produkten geht damit von einer begrifflichen Hierarchie aus, wie sie in der nachfolgenden Übersicht deutlich wird. Abbildung 1.8 skizziert die Systematik eines so genannten Produktrahmens, an welchem sich kommunale Produkte ausrichten.

Produktbereich A (z.B. Sicherheit und Ordnung)			
Produktgruppe A1 (z.B. Gewerbewesen)	Produktgruppe A2	Produktgruppe A3	Produktgruppe ...
Produkt A1.1 (z.B. Führung des Gewerberegisters) A1.2	Produkt A2.1: A2.1:	Produkt A3.1: A3.2:	Produkt ...
Leistungen (z.B. Dokumente überprüfen)	Leistungen	Leistungen	Leistungen

Abb. 1.8 Produktsystematik

Nun ist es der Fall, dass das Produkt, hier die Führung des Gewerberegisters, noch nicht bezeichnet, was konkret in der kommunalen Praxis getan wird. Um dieses Feld wiederum näher einzugrenzen, wird im Neuen Steuerungsmodell auf den Begriff der Leistung abgestellt.

- Leistungen stellen in der KGST-Terminologie das Ergebnis von Tätigkeiten dar, die wahrgenommen werden müssen, um eine (Teil-) Aufgabe zu erfüllen.
- Produkte sind dementsprechend Gruppen von Leistungen. Produkte ähnlicher Teilzusammenhänge bzw. ähnlicher Bereich werden zu Produktgruppen zusammengefasst.
- Der Produktbereich lässt sich schließlich als Oberbegriff für verwandte Produktgruppen beschreiben.

Das Neue Steuerungsmodell plädiert des Weiteren auch für eine andere Form der Beziehung zwischen an der Leistungserstellung beteiligten Institutionen. Anstelle einer hierarchiebezogenen Zusammenarbeit sollen verbindliche Vereinbarungen/Absprachen treten. Die Rede ist hier vom so genannten Kontraktmanagement. Kontrakte, also verbindliche Vereinbarungen, können auf der obersten kommunalen Ebene geschlossen werden, zwischen Politik/Rat der Stadt und der Verwaltungsleitung, aber auch zwischen einzelnen Fachabteilungen/Dezernaten untereinander und auch mit der Verwaltungsleitung sowie außerdem innerhalb der einzelnen Organisationseinheiten. Unterstellt wird im Grunde

Abb. 1.9 Systematik des Kontraktmanagements

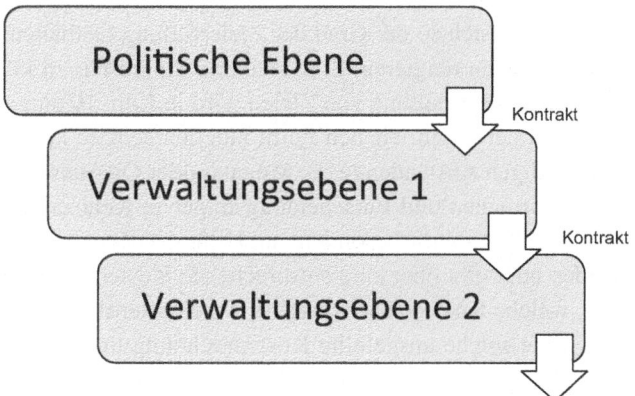

eine „Kunden-Lieferanten-Beziehung", in der die zu erbringende Leistung genauso geregelt wird, wie die dafür zur Verfügung zu stellenden Ressourcen und die Art und Weise der Berichterstattung darüber, wie die Ressourcen tatsächlich eingesetzt wurden. Wesensmerkmal des Kontraktmanagements soll sein, dass sich diese „Vertragsbeziehung" über sämtliche Hierarchieebenen erstreckt, d. h. angefangen von einem/mehreren Kontrakt(en) zwischen der Politik (dem Rat) und der Verwaltungsspitze, über Kontrakten zwischen Verwaltungsspitze mit Dezernenten etc. bis hin zu Kontrakten zwischen Vorgesetzten und Mitarbeiter (siehe Abb. 1.9).

Auf der Ebene von Vorgesetzten und Mitarbeitern erscheint der Kontrakt regelmäßig in Form einer so genannten Zielvereinbarung. Eine solche Zielvereinbarung enthält z. B. Angaben darüber, welche Leistungen der Mitarbeiter erbringen muss, um in den Genuss einer Leistungsprämie i. S. d. Tarifvertrags für den Öffentlichen Dienst (TVöD) zu kommen.

Gegenstand des Kontraktes sollen des Weiteren auch Budgets sein. Unter einem Budget lässt sich ein klar definierter Anteil an Haushaltsmitteln verstehen, der dem Budgetverantwortlichen zu Aufgabenerledigung verbindlich zur Verfügung gestellt wird. Der Sinn dieser Regelung besteht vor allem darin, dass der Budgetverantwortliche bei wirtschaftlichem Umgang mit seinem Budget etwaige Überschüsse (zumindest teilweise) in die nächste Abrechnungsperiode übertragen kann (vgl. z. B. Bals 2004). Auf diese Weise kann auf das oben angesprochene „November-Fieber" eingewirkt werden, in dem die entsprechenden negativen Anreize – die unverbrauchten – Mittel am Ende des Jahres noch auszugeben, eingeschränkt werden.

Genau genommen lässt sich das Kontraktmanagement und das konkrete Arbeiten mit Zielvereinbarungen als eine Form der (Verwaltungs-)Steuerung begreifen. Steuerung wird in betriebswirtschaftlichen Zusammenhängen auch mit dem Controlling-Begriff verbunden.

Controlling, d. h. Steuerung, erfolgt aus betriebswirtschaftlicher Sicht regelmäßig aufgrund von Kennzahlen bzw. Kennzahlensystemen. Eine einfache Kennzahl könnte beispielsweise die Produktivität sein, welche wiederum Gegenstand eines Kontraktes bzw. einer Zielvereinbarung sein kann. Mit Hilfe eines entsprechend ausgestalteten Berichtswesens lässt sich so der Grad der Zielerfüllung festhalten, um ggf. möglichst zeitnah auf Abweichungen reagieren, d. h. steuernd eingreifen zu können. Auf das Verständnis und konkreter Ausgestaltung von Zielen wird in Kap. 10 eingegangen.

Um in der beschriebenen Form nützlich sein zu können, liefert das Berichtswesen in regelmäßigen Abständen (z. B. Monats- oder Quartalsberichte) an die jeweiligen Budgetverantwortlichen und Entscheidungsträger in Kennzahlen gefasste Informationen. Controlling stellt somit insbesondere mit Hilfe von Kennzahlen fest, ob gegebene Ziele erreicht wurden oder gibt über eine entsprechende Kosten- und Leistungsrechnung Auskunft darüber, welche Kosten (Kostenarten), wo (Kostenstellen), wofür (Kostenträger) entstanden sind. Eine solche ausgefeilte Kostenrechnung und motivierendes Budgethandeln war in der öffentlichen Verwaltung im Rahmen der kameralen Rechnungslegung lange Zeit nur schwer möglich. Erst mit Einführung der kaufmännischen Buchführung (syn. „Doppik", doppelte Buchführung") können z. B. Abschreibungen erfasst werden und somit überhaupt ein vollständiger Einblick in die wirtschaftliche Lage gewonnen werden.

Aus der Entscheidung, einzelne Organisationseinheiten mit Budgetverantwortung auszustatten und in diesem Sinne eine outputorientierte Steuerung zu praktizieren, folgt nahezu zwangsläufig, dass die Fach- und Ressourcenverantwortung in einer Hand liegen soll (dezentrale Ressourcenverantwortung).

In der Regel erstreckt sich die Ressourcenverantwortung auf Finanzmittel, Personal und Organisation. Im Zuge des Neuen Steuerungsmodells wird daher konsequenterweise dafür plädiert so genannte Querschnittbereiche aufzulösen und die entsprechenden Aufgaben in eine dezentrale Zuständigkeit zu überführen.

Schließlich stellt das Neue Steuerungsmodell die besondere Bedeutung des Personalmanagements in den Vordergrund (vgl. z. B. Reichhard 2005). Eine Hervorhebung, die angesichts der Personalintensivität der öffentlichen Sektors nicht verwundert. Die meisten öffentlichen (Dienst-)Leistungen werden zum überwiegenden Teil von Menschen erbracht. Der betriebswirtschaftliche Faktor „Arbeit" oder Personal gewinnt somit einerseits Bedeutung als Quelle von Innovationen, Qualitätssteigerungen etc., andererseits stellt er auch den bedeutsamsten Kostenfaktor in allen Bereichen des öffentlichen Sektors dar.

Es ist insofern verwunderlich, dass der Optimierung des Einsatzes einer derart auch in monetärer Sichtweise bedeutsamen Ressource in der Verwaltungspraxis lange Zeit (und bis heute) vergleichsweise wenig tatsächliche Bedeutung beigemessen wird. Eine Situation, die für andere ökonomische Ressourcen wie Sach- oder Finanzvermögen undenkbar wäre. Von einem faktischen Personalmanagement kann in weiten Teilen der Verwaltung nach wie vor keine Rede sein, vorherrschend ist vielfach (nur) die Personalverwaltung. Die Begründung für dieses „Defizitäre Personalwesen" (Budäus 1998, S. 30) kann im Kern auf die Dominanz juristischen Denkens zurückgeführt werden. Im Zuge der Neuen Steuerung soll im Personalbereich insbesondere die systematische Qualifizierung des Personals in Form von Personalentwicklung (Fortbildung, job rotation, Anreize etc.) eine stärkere Bedeutung erfahren. Es ist darauf hinzuweisen, dass zentrale Elemente des New Public Managements, selbst wenn sie auf den ersten Blick nicht unmittelbar dem Personalbereich zugeordnet werden, dennoch mit der Ressource Mensch in intensiven Abhängigkeitsbeziehungen stehen. Elemente des New Public Managements wie z. B.

- stärkere Zielorientierung/Kontraktmanagement,
- dezentrale Ressourcenverantwortung,
- Entwicklung von Managementfähigkeiten
- etc.

setzten notwendigerweise ein funktionsfähiges und professionalisiertes Personalmanagement voraus (Wagner 2006, S. 225).

Im Ganzen setzen sich Neuerungen im Personalwesen des öffentlichen Sektors sehr viel kleinschrittiger und träger durch, als dieses etwa im Bereich des Rechnungswesens festgestellt werden kann. Dieses mag durchaus auch personalbezogene Gründe haben: „Ökonomie und Management findet – überspitzt formuliert – in öffentlichen Verwaltungen trotz aller formalen Forderungen, etwa des Haushaltsrechts, nur dort statt, wo sich ein Jurist für diesen Bereich ernsthaft interessiert und auch entsprechend qualifiziert ist oder mehr oder minder zufällig ein Ökonom eine Führungsposition in öffentlichen Verwaltungen einnimmt." (Budäus 1998, S. 31). In einer Bilanz zum Neuen Steuerungsmodell stellt sodann auch die KGSt (2007) fest, dass z. B. die Bedeutung von Personalentwicklung zwar von allen Kommunen bestätigt wird, aber nur 16 % der Kommunen Personalentwicklung tatsächlich durchführen.

1.8 Aufgaben zur Reflexion und Vertiefung

Fragen

- Verdeutlichen Sie sich die Einordnung der Betriebswirtschaftslehre in den Bereich der Realwissenschaften.
- Verdeutlichen Sie sich noch einmal, weshalb es sinnvoll ist, den Terminus „Wirtschaftswissenschaft" in Bezug auf die Teilbereiche der Volks- und Betriebswirtschaftslehre im Singular zu gebrauchen.
- Reflektieren Sie noch einmal den Zusammenhang von öffentlichen Aufgaben, Gütern und dem öffentlichen Sektor.
- Vollziehen Sie noch einmal den Begriff des so genannten „Marktversagens" nach.
- Wiederholen und reflektieren Sie noch einmal den Bereich des Öffentlichen Sektors in seiner Maximaldefinition. Was versteht man unter dem „Dritten Sektor"?
- Geben Sie die Bestandteile des so genannten Neuen Steuerungsmodells mit eigenen Worten wieder.
- Was ist ein Produkt im Sinne des Neuen Steuerungsmodells?
- Was versteht man unter Kontraktmanagement?

Literatur

Arnold, U., & Maelicke, B. (Hrsg.). (2009). *Lehrbuch der Sozialwirtschaft* (3. Aufl.). Baden-Baden.

Badelt, Ch. (1999). *Handbuch der Nonprofit Organisation* (2. Aufl., S. 3–18). Stuttgart.

Bals, H. (2004). *Neues kommunales Finanz- und Produktmanagement.* Heidelberg.

Bräunig, D., & Greiling, D. (Hrsg.). (2007). *Stand und Perspektiven der Öffentlichen Betriebswirtschaftslehre II.* Berlin.

Budäus, D. (1998). *Public management* (4. Aufl.). Berlin.

Damkowski, W., & Precht, C. (1995). *Public management.* Stuttgart.

Engartner, T. (2009). Kehr der Staat zurück? Rekommunalisierungen in den Aufgabenbereichen Entsorgung und Gebäudereinigung. *Zeitschrift für öffentliche und gemeinwirtschaftliche Unternehmen, 4,* 339–355.

Eichhorn, P. (1989). Öffentliche Betriebswirtschaftslehre. In K. Chmielewicz & P. Eichhorn (Hrsg.), *Handwörterbuch der Öffentlichen Betriebswirtschaft* (S. 1063–1076). Stuttgart.

Gourmelon, A., Mroß, M., & Seidel, S. (2011). *Management im öffentlichen Sektor. Organisationen steuern-Strukturen schaffen-Prozesse gestalten.* Heidelberg.

Hood, Ch. (1991). A public management for all seasons? *Public Administration, 69,* 3–19.

Hopp, H., & Göbel, A. (2013). *Management in der öffentlichen Verwaltung* (4. Aufl.). Stuttgart.

KGSt (1991). *KGSt-Bericht 12/1991: Dezentrale Ressourcenverantwortung, Überlegungen zu einem neuen Steuerungsmodell.* Köln.

KGSt (1993). *KGSt-Bericht 5/1993: Das neue Steuerungsmodell.* Köln.

KGSt (1993a). *KGSt-Bericht 6/1993: Budgetierung.* Köln.

KGST (1994). *KGSt-Bericht 8/1994: Das Neue Steuerungsmodell – Definition und Beschreibung von Produkten.* Köln.

KGSt (1996). *KGSt-Bericht 6/1996: Personalentwicklung im Neuen Steuerungsmodell.* Köln.

KGSt (2007). *KGSt-Bericht (2/2007) Das Neue Steuerungsmodell: Bilanz der Umsetzung.* Köln.

Lingenfelder, M. (1999). *Vorwort. 100 Jahre Betriebswirtschaftslehre in Deutschland.* München.

Mastronardi, P., & Schedler, K. (2004). *New Public Management in Staat und Recht* (2. Aufl.). Bern.

Mroß, M. (2014). *Management in der Sozialwirtschaft.* Leipzig

Popper, K. R. (1973). *Die Logik der Forschung* (5. Aufl.). Tübingen.

Schedler, K., & Proeller, I. (2011). *New public management* (5. Aufl.). Stuttgart.

Raffée, H. (1974). *Grundprobleme der Betriebswirtschaftslehre.* Göttingen.

Reichard, Ch. (2005). Personalmanagement. In B. Blanke, et al. (Hrsg.), *Handbuch zur Verwaltungsreform* (3. Aufl., S. 235–242). Wiesbaden.

Schierenbeck, H. (1993). *Einführung in die Betriebswirtschaftslehre.* München.

Schneider, D. (1999). Geschichte der Betriebswirtschaftslehre. In: M. Lingenfelder (Hrsg.), *100 Jahre Betriebswirtschaftslehre in Deutschland* (S. 1–29). München.

Schneider, J., Minnig, Ch., & Freiburghaus, M. (2007). *Strategische Führung von Nonprofit-Organisationen.* Bern.

Speck, J. (Hrsg.). (1980). *Handbuch wissenschaftstheoretischer Begriffe* (Bd. 3). Göttingen.

Thom, N., & Ritz, A. (2008). *Public Management* (4. Aufl.). Wiesbaden.

Wagner, D. (2006). Personalmanagement in Öffentlichen Organisationen. In W. Jann, M. Röber, & H. Wollmann (Hrsg), *Public Management – Grundlagen, Wirkungen, Kritik* (S. 221–249). Berlin.

Wenturis, N., Von Hove, W., & Dreier, V. (1992). *Methodologie der Sozialwissenschaften.* Tübingen.

Zimmermann, H., & Henke, K.-D. (1990). *Einführung in die Finanzwissenschaft* (6. Aufl.). München.

Grundlegende Begriffe und Zusammenhänge

2

Unabhängig davon, ob es sich um einen öffentlichen oder privaten Betrieb handelt: Aufgabe eines jeden Betriebes ist es, Input aufzunehmen und diesen durch Umwandlungsprozesse als Output wieder abzugeben. Dabei ist es zunächst gänzlich unerheblich, ob es bei den Inputfaktoren um Materialen (Stahl, Holz etc.) oder um menschliche Arbeitskraft oder Informationen handelt. Innerhalb des jeweiligen Betriebes werden diese Inputfaktoren einem betriebsspezifischen Umwandlungsprozess unterworfen (vgl. Abb. 2.1).

Der Prozess der Umwandlung wird im betriebswirtschaftlichen Sprachgebrauch als *Produktion* bezeichnet. Um nun zu beurteilen zu können, inwiefern diese Umwandlungsprozesse bestimmten Erwartungen genügen, bietet sich zunächst eine vergleichende Betrachtung des Input und des Output an. Das heißt, die erzielten Outputgrößen werden verglichen mit den Inputgrößen, die zur Herstellung des Outputs notwendig waren.

Anders formuliert, es wird also von Interesse sein, mit welcher Ergiebigkeit die Produktion erfolgt ist. Das heißt, man wird wissen wollen, ob sich mit einer bestimmten Menge von Produktionsfaktoren ein größeres oder kleineres mengenmäßiges Produktionsergebnis erzielen lässt.

Über die Ergiebigkeit des Einsatzes von Produktionsfaktoren gibt die so genannte *Produktivität* Aufschluss. Ein Betrieb, der mit einem hohen Maß an Ergiebigkeit Produktionsfaktoren kombiniert, arbeitet produktiver als ein anderer Betrieb mit einem geringeren Maß an Ergiebigkeit und umgekehrt. Desto höher die Produktivität, umso weniger Ressourcen werden verschwendet. Dieser Zusammenhang führt zum so genannten ökonomischen Prinzip.

© Springer Fachmedien Wiesbaden 2015
M. Mroß, *Betriebswirtschaft im öffentlichen Sektor*,
DOI 10.1007/978-3-658-07121-9_2

Abb. 2.1 Input-Output-Transformation im Betrieb

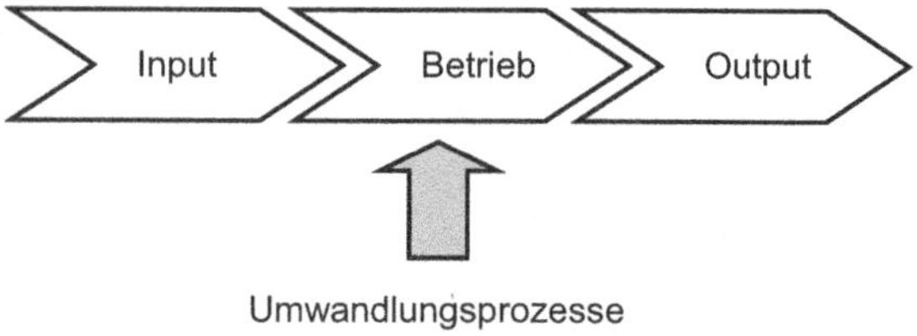

Umwandlungsprozesse

Abb. 2.2 Ökonomisches Prinzip

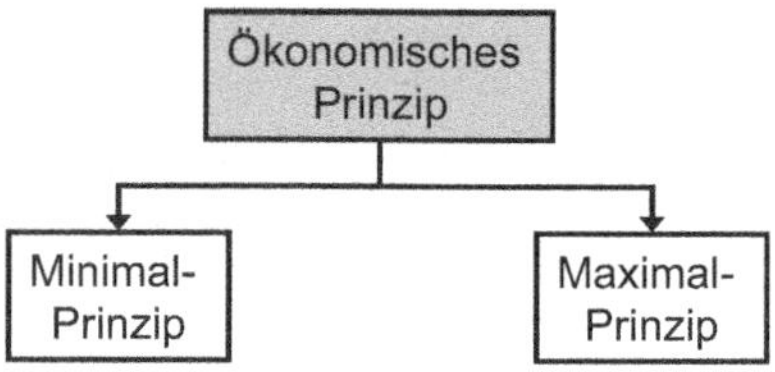

2.1 Ökonomisches Prinzip

2.1.1 Produktivität

▶ In jedem Betrieb werden die vorhandenen knappen Ressourcen nach dem so genannten ökonomischen Prinzip (synonym auch Wirtschaftlichkeitsprinzip oder Vernunftprinzip) im Rahmen des Umwandlungsprozesses kombiniert. Als Ergebnis dieser Kombination von Produktionsfaktoren entstehen Produkte in Form von materiellen oder immateriellen Gütern/Dienstleistungen.

Dabei lassen sich zwei Erscheinungsformen des Ökonomischen Prinzips unterscheiden (vgl. Abb. 2.2). Diese besagen, dass entweder

- ein bestimmtes Ergebnis mit dem geringstmöglichen Einsatz von Mitteln/Ressourcen erreicht werden soll (Minimalprinzip)
  Beispiel: Für das Jugendamt der Stadt X besteht die Vorgabe 600 Beratungsgespräche durchzuführen. Dieses Ergebnis soll mit möglichst wenigen Ressourcen, z. B. Arbeitsstunden, erreicht werden.
- oder das mit einem bestimmten Einsatz von Mitteln/Ressourcen ein größtmögliches Ergebnis erzielt werden soll (Maximalprinzip).
  Beispiel: Im Jugendamt der Stadt Y sind zwölf Sozialpädagogen beschäftigt. Mit dieser fixen Größe an Arbeitskraft sollen im Jahr möglichst viele Beratungsgespräche geführt werden.

Überträgt man diese Prinzipien auf die Kombination von Produktionsfaktoren (= Produktion), so folgt daraus, dass

Abb. 2.3 Produktivität

$$\text{Produktivität} = \frac{\text{Output (mengenmäßig)}}{\text{Input (mengenmäßig)}}$$

Abb. 2.4 Arbeitsproduktivität

$$\text{Arbeitsproduktivität} = \frac{\text{Hergestellte Produkteinheiten}}{\text{Eingesetzte Arbeitsleistung}}$$

Abb. 2.5 Maschinenproduktivität

$$\text{Maschinenproduktivität} = \frac{\text{Hergestellte Produkteinheiten}}{\text{Maschinenleistung}}$$

- eine bestimmte Ausprägungsmenge mit einem möglichst geringen Einsatz von Produktionsfaktoren erzielt werden soll
- oder mit einer bestimmten Menge an Produktionsfaktoren eine möglichst große Ausprägungsmenge erzielt werden soll.

In beiden Varianten der obigen Prinzipien wird jeweils Output und Input zueinander ins Verhältnis gebracht. Drückt man diese Beziehung als rechnerische Größe aus, so folgt daraus der Begriff der Produktivität. Bei der Produktivität handelt es sich um eine reine Mengenbeziehung. Dieses heißt, dass sowohl der Input als auch der Output nur Mengenangaben, aber keine Wertgrößen enthält (vgl. Abb. 2.3).

Je nachdem, ob der Zähler oder der Nenner des Quotienten als feste Größe gesetzt wird, spiegelt sich darin das ökonomische Prinzip entweder als Minimal- oder Maximalprinzip wider. Im Fall des Minimalprinzips wird ein feststehendes Outputergebnis durch einen möglichst geringen Mitteleinsatz (Input) zu erreichen versucht. Ist im anderen Fall der Input festgelegt, gilt es mit diesen Mitteln ein möglichst hohes Ergebnis zu erzielen.

Die Produktivitätsgleichung besagt folglich nichts anderes, als dass je größer der Quotient ist, umso günstiger das Verhältnis zwischen Ausprägungsmenge (Output) und Einsatzmenge (Input) ist. An dieser Stelle wird auch deutlich, weshalb die zuweilen anzutreffende Formulierung: mit möglichst wenig Input einen möglichst hohen Output zu erzielen vollkommen unbrauchbar ist. Es wird damit im Grunde gefordert, mit Nichts Alles zu erreichen.

Eine Berücksichtigung von Wertgrößen kann dann erfolgen, wenn die entsprechenden Mengenangaben mit Preisen belegt werden. Dieses wiederum führt zum Begriff der Wirtschaftlichkeit, wie er unten noch erläutert wird.

Der Umstand, dass es sich bei der Produktivität um eine Mengenbeziehung handelt, beinhaltet damit auch, dass Aussagen zur Gesamtproduktivität eines Betriebes nicht möglich sind, sondern immer nur Aussagen zur Produktivität des Einsatzes bestimmter Produktionsfaktoren erfolgen. Wichtige Einzelproduktivitäten stellen z. B. die Arbeits- und die Maschinenproduktivität dar (vgl. Abb. 2.4).

Dabei kann der Arbeitseinsatz zum Beispiel in Anzahl der beteiligten Mitarbeiter, der Anzahl der eingesetzten Arbeitsstunden oder in Vollzeitäquivalenten gemessen werden.

Entsprechend gilt für die Maschinenproduktivität (vgl. Abb. 2.5). Der Maschineneinsatz kann beispielsweise in Stunden-Maschinenlaufzeit oder Anzahl der eingesetzten Maschinen gemessen werden.

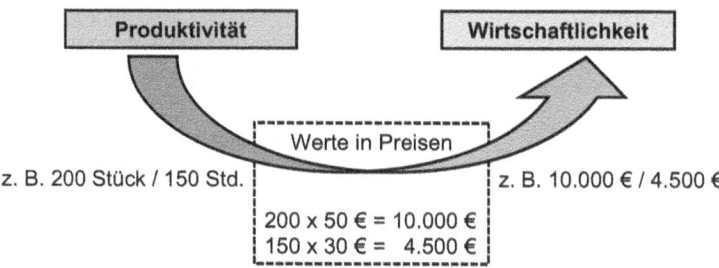

Abb. 2.6 Produktivität und Wirtschaftlichkeit

Durch die herangezogene Messgröße für den Input verändert sich die Aussagekraft der jeweiligen Produktivität ganz enorm. So macht es z. B. einen Unterschied, ob der Arbeitseinsatz anhand der bloßen Mitarbeiteranzahl oder anhand von so genannten Vollzeitäquivalenten gemessen wird.

Die verschiedenen (Teil-) Produktivitäten stehen untereinander in Beziehung. So führt u. U. beispielsweise eine Verbesserung der Arbeitsproduktivität durch den vermehrten Einsatz von Computern – unter sonst gleichen Bedingungen – zu einer Verschlechterung der Kapitalintensität i. S. v. Maschinenproduktivität. Bei gleicher Anzahl von Arbeitsstunden werden aufgrund der Computer mehr Produkteinheiten erstellt (die Arbeitsproduktivität steigt), wogegen die erhöhte Maschinenanzahl die Maschinenproduktivität sinken lässt.

Die Produktivität wird manchmal auch als technische (Technizität) oder mengenmäßige Wirtschaftlichkeit bezeichnet, wobei dieser Übung hier nicht gefolgt wird.

2.1.2 Wirtschaftlichkeit

▶ Mögliche Aussagen über den Einsatz mehrerer oder aller Produktionsfaktoren liefert die (technische) Wirtschaftlichkeit, also die Produktivität, nicht. Ausgehend von der Produktivität erhält man die tatsächliche Wirtschaftlichkeit, in dem anstelle der Mengen nunmehr in Preisen ausgedrückte Werte hinterlegt werden (vgl. Abb. 2.6).

Im Bereich des öffentlichen Sektors finden sich Hinweise auf die Bedeutung der Wirtschaftlichkeit in einer Reihe von Regelungen. Beispielhaft sei z. B. auf § 7 der BHO/LHO oder auch auf die Allgemeinen Haushaltsgrundsätze der Gemeindeordnungen der Länder hingewiesen. Exemplarisch findet sich auch in § 75, Abs. 1, Satz 2 Gemeindeordnung NRW die Vorgabe: „Die Haushaltswirtschaft ist wirtschaftlich, effizient und sparsam zu führen."

Aussagen zur Wirtschaftlichkeit gehen davon aus, dass sowohl dem Input als auch dem Output ein Wert zugeordnet wird. Bewertete Inputgrößen können (unscharf formuliert) auch als *Kosten* und bewertete Outputgrößen als *Leistung* bezeichnet werden.

Eine Übertragung dieser Überlegungen auf das ökonomische Prinzip führt dazu, dass z. B. für das Minimumprinzip ein gegebenes (fixes) Leistungsergebnis mit möglichst geringem Ressourcenverbrauch zu realisieren ist, was in diesem Zusammenhang darauf hinausläuft, das feststehende Leistungsergebnis mit möglichst wenig Kosten zu erzielen. Für das Maximalprinzip ist umgekehrt nun der bewertete Ressourcenverbrauch, d. h. die Kosten als gegeben zu betrachten und unter Berücksichtigung dieser Bedingung gilt es nunmehr ein möglichst hohes Leistungsergebnis zu erzielen.

2.1.3 Sparsamkeit

▶ Der Begriff der Sparsamkeit ist im Allgemeinen betriebswirtschaftlichen Sprachgebrauch eher selten anzutreffen. Gleichwohl verweist eine Reihe von rechtlichen Vorgaben darauf, dass öffentliche Mittel sparsam zu verwenden sind.

In dem obigen Auszug aus § 75 Gemeindeordnung/NRW ist beispielsweise neben der Wirtschaftlichkeit auch die Sparsamkeit als Handlungsvorgabe genannt.

Der Begriff bietet aufgrund seiner relativen Unbestimmtheit verschiedene Möglichkeiten einer Interpretation (Gornas und Beyer 1991, S. 46):

1. Sparsamkeit könnte meinen, dass es vorrangig darum geht, Ausgaben möglichst zu vermeiden. Diese auf den ersten Blick vielleicht vernünftig anmutende Empfehlung, kann jedoch kaum überzeugen. Danach würde derjenige Akteur am sparsamsten handeln, der auf sämtliche Ausgaben verzichtet. Offensichtlich macht eine solche Empfehlung weder für öffentliche noch für private Betriebe ernsthaft einen Sinn.
2. Sparsamkeit könnte meinen, die vorhandenen Mittel möglichst überlegt einzusetzen und die zu tätigenden Ziele mit möglichst wenig Mitteln zu erreichen. Regelmäßig stellt diese Interpretation dasjenige Verständnis dar, wie es im öffentlichen bzw. verwaltungsbezogenen Sprachgebrauch gemeint ist. Auch wenn diese Sicht von Sparsamkeit methodisch akzeptabel erscheint, stellt sie doch nichts anderes dar, als das oben beschriebene Minimalprinzip als eine Erscheinungsform des ökonomischen Prinzips (Wirtschaftlichkeit), nämlich einen gegebenen Output mit minimalem Input zu erreichen. Es fragt sich also, welcher zusätzlichen Erklärungswert mit dem Gebrauch eines anderen Terminus anstelle des Minimalprinzips entsteht?
3. Sparsamkeit könnte schließlich mit Gornas und Beyer (1991, S. 46) auch als Begriff der politischen Rationalität gesehen werden und somit als der Wirtschaftlichkeit vorgelagert verstanden werden. D. h. Sparsamkeit würde so gesehen zu einem Kriterium dafür, was – seitens der Politik – als öffentliche Aufgabe akzeptiert wird. Sparsam handelte danach derjenige (Politiker), der nur *zwingend* notwendige Aufgaben zu öffentlichen Aufgaben erklärt.

Allenfalls die Alternative 3) erscheint als sinnvoller Gebrauch des Sparsamkeitsbegriffs, zugleich sei noch einmal betont, dass die Alternative 2) im Allgemeinen eine sehr verbreitete Perspektive darstellt.

Geht man davon aus, dass sparsames Handeln als ein Handeln nach dem Minimalprinzip gesehen wird, dann lässt sich der Begriff auch der gewohnten Schreibweise als

Abb. 2.7 Sparsamkeitsgrad

$$\text{Sparsamkeitsgrad} = \frac{\text{Geplante Einsatz-Sollgröße}}{\text{Tatsächliche Einsatzgröße}}$$

Abb. 2.8 Kostenwirtschaftlichkeit

$$\text{Kostenwirtschaftlichkeit} = \frac{\text{Ausbringung(smenge)}}{\text{Kosten}}$$

Verhältnis-Ausdruck zuführen. Der Sparsamkeitsgrad kann, wie in Abb. 2.7 dargestellt, ermittelt werden.

Bei einem Sparsamkeitsgrad von 1 kann von vollständiger Sparsamkeit gesprochen werden, da in diesem Falle die geplanten Soll-Größen exakt eingehalten worden sind. Desto näher sich der Sparsamkeitsgrad gegen Null bewegt, umso weniger sparsam gehandelt, da die tatsächlichen Größen die geplanten übersteigen.

2.1.4   Kostenwirtschaftlichkeit

▶ Die Kostenwirtschaftlichkeit bezeichnet eine gemischte Verhältnisgröße von (Leistungs-) Menge und Kosten. Als *gemischt* ist die Kennziffer deshalb zu bezeichnen, da sie sich sowohl aus Mengen als auch Wertgrößen zusammensetzt (vgl. Abb. 2.8).

Beispiel

Eine Stelle für Familienberatung leistet im Jahr 41.236 Beratungsstunden. Dazu müssen als Kosten (Personalkosten, Raum- und Materialkosten) 843.657 € aufgebracht werden.

Die Kostenwirtschaftlichkcit beträt 0,0489, d. h. 48,89 h Beratung können je 1.000 € geleistet werden, was einem Wert von 20,45 € je Beratungsstunde entspricht.

Der sprachlich etwas unglückliche Begriff der Kostenwirtschaftlichkeit ist in der Betriebswirtschaftslehre nicht durchgängig verbreitet. Insbesondere aber im öffentlichen Sektor, in dem aufgrund von extern (politischen) Vorgaben häufig vorgegebene Ziele/Aufträge zu realisieren sind, spielt die Frage danach, ob diese Ziele möglichst kostengünstig (Minimalprinzip) erreicht worden sind, vielfach eine hervorragende Rolle. Es liegt auf der Hand, dass die Anwendbarkeit dieser Kennziffer davon abhängt, dass entsprechende Angaben über die Leistungsmengen überhaupt erfasst werden und vorliegen.

2.1.5   Effizienz und Effektivität

Die Begriffe Effizienz und Effektivität werden häufig anhand der folgenden Umschreibungen verdeutlicht:

▶
- Effizienz: „Erledigen wir die Dinge richtig?" (Leistung, Output)
- Effektivität: „Erledigen wir die richtigen Dinge?" (Wirkung, Outcome)

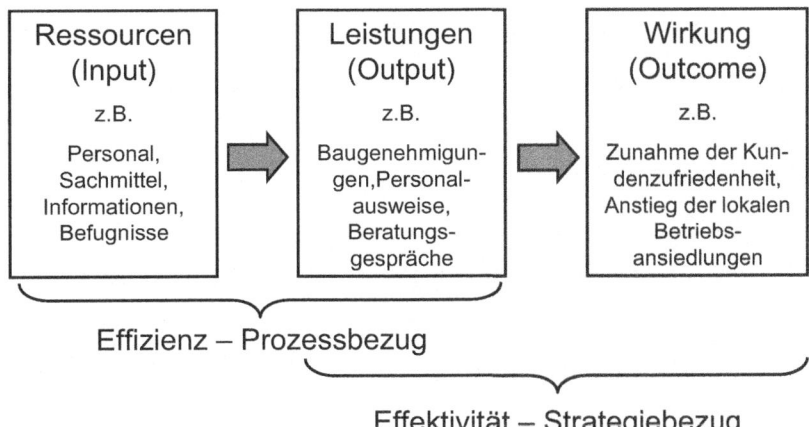

Abb. 2.9 Zusammenhang von Effizienz und Effektivität

Abb. 2.10 Effizienz

$$\text{Effizienz} = \frac{\text{Outputwert „Nutzen"}}{\text{Inputwert „Kosten"}}$$

Die Formulieren signalisieren bereits, dass mit den Termini verschiedene Ebenen der Priorität angesprochen werden. Während die Effizienz einen unmittelbaren Anwendungsbezug aufweist, wird mit der Effektivität eine grundsätzlichere Frage aufgeworfen. Produktivität und Wirtschaftlichkeit geben Auskunft über den erfolgreichen Einsatz von Ressourcen beim Leistungserstellungsprozess und liefern Informationen zum mengen- und wertmäßigen Verhältnis von Input und Output.

Wird eine Verwaltungsleistung (Output) ins Verhältnis zur Mitarbeiteranzahl gesetzt, erfährt man etwas über die Arbeitsproduktivität, mit der die betreffende Institution ihre öffentliche Aufgabe erfüllt. Zur Beurteilung, wie die jeweilige öffentliche Aufgabe erfüllt wurde, ist jedoch zusätzlich auch die Wirkung (Outcome) der erbrachten Leistung zu berücksichtigen (vgl. Abb. 2.9).

Beispielsweise kann eine Beratungsstelle für Suchtkranke ihre Dienstleistung unter Produktivitäts- oder Wirtschaftlichkeitsgesichtspunkten (z. B. im Hinblick auf das Verhältnis von Beratungsgespräche je Mitarbeiter) durchaus zufriedenstellend erbringen – reduzieren diese Beratungsgespräche (Output) aber nicht die Rückfallquoten etc. (Outcome), dann wird die Aufgabe nicht oder zumindest nicht als vollkommen zufriedenstellend erfüllt gelten können (Mroß 2007, S. 1426 f.).

Effizienz (syn. auch wertmäßige Wirtschaftlichkeit) bezeichnet das Verhältnis zwischen Ergebnis (Output) und Mitteleinsatz (Input) (vgl. Abb. 2.10). Effizienz besagt in dieser Schreibweise z. B., wie viel Geldeinheiten Nutzwert auf eine Geldeinheit Kosten entfallen. Sowohl Nenner wie auch Zähler des Effizienz-Verhältnisses gehen folglich von Wertgrößen aus, die üblicherweise in Euro-bzw. Geldbeträgen ausgedrückt werden. Diese Werte können für die Kosten vergleichsweise einfach festgestellt werden. Diese Angaben liegen aufgrund der Preise auf den Beschaffungsmärkten vor. Für den Nutzen für Einrichtungen des öffentlichen Sektors gestaltet sich dieses aber vielfach als ein Problem, da nicht in allen Bereichen entsprechende Märkte existieren, die auf der Absatzseite eine entsprechende Preisinformation liefern könnten.

2.1.6 Kapazität

Der Begriff der Kapazität entstammt dem industriellen Fertigungsbereich, jedoch bezeichnet er einen Sachverhalt, der grundsätzlich auch in anderen Bereichen der Wirtschaft von Bedeutung ist.

▶ Die Kapazität bezeichnet diejenige Leistungsmenge, die ein Betrieb unter maximalem Einsatz der verfügbaren Produktionsfaktoren erzielen kann.

Ein Betrieb wird jedoch regelmäßig nicht die größtmögliche Leistungsmenge erbringen. Dies kann beispielsweise darin begründet sein, dass eine derart große Menge mangels Nachfrage nicht abgesetzt werden kann oder auch, dass bei personalintensiven Betrieben, wie den öffentlichen Verwaltungen oder Pflegeeinrichtungen, Menschen über einen längeren Zeitraum nicht an ihrer obersten Leistungsgrenze arbeiten können. Die Relation von tatsächlicher Leistungserbringung und der maximal möglichen wird als Beschäftigung oder auch Kapazitätsausnutzungsgrad bezeichnet. In der Regel wird die Beschäftigung als Vomhundertsatz der Kapazität ausgedrückt.

Beispiel

Eine Sozialverwaltung kann aufgrund der gegebenen personellen und technischen Ausstattung maximal 2000 Anträge im Jahr bewältigen. Tatsächlich werden in dem Jahr aber nur 1150 Anträge bearbeitet. Die Beschäftigung der Sozialverwaltung beträgt folglich $(1150/2000) \times 100$ also 57,5 %.

2.1.7 Erfolg, Gewinn, Verlust und Rentabilität

Aus betriebswirtschaftlicher Sicht ist vor allem interessant, in welchem Ausmaß bestimmte Kennzahlen, wie z. B. das Eigenkapital oder der Umsatz dazu geeignet waren, zum Erfolg des Unternehmens beizutragen. Als besonders bedeutsam ist dabei die so genannte Rentabilität anzusehen. Um diesen Begriff einzuführen, kann auf einen genauso einfachen wie grundlegenden Zusammenhang hingewiesen werden.

▶ Der zunächst neutral zu verstehende Begriff „Erfolg" beschreibt die Differenz zwischen Erträgen und Aufwendungen des Betriebes: Erfolg = Ertrag – Aufwand. Für den Fall, dass diese Differenz einen positiven Wert annimmt (Erfolg > 0), spricht man von Gewinn. Ist die Differenz negativ (Erfolg < 0), ist die Rede von Verlust. Im ersten Fall sind die Erträge offensichtlich größer als die Aufwendungen, im zweitgenannten Fall überwiegen die Aufwendungen die Erträge.

Regelmäßig wird der Erfolg einer wirtschaftlichen Tätigkeit als Bewertung für das Ergebnis der Tätigkeit herangezogen. Allerdings sagt der Gewinn als solches nur wenig Konkretes über das Resultat aus. So kann nicht ohne weiteres davon ausgegangen werden, dass ein Großunternehmen mit einem Gewinn von 800 Mio. € erfolgreicher gearbeitet hat als ein Kleinunternehmen mit einem Gewinn von 500.000 €. Um dieses zu beurteilen, bietet es sich an, die absolute Größe in ein Verhältnis zu anderen Kennzahlen zu setzen. Diese Überlegungen führen zum Begriff der Rentabilität.

▶ Rentabilität beschreibt das als Prozentzahl ausgedrückte Verhältnis des Erfolges zum Gesamtkapital, zum Eigenkapital oder zum Umsatz.
• Die Gesamtkapital-Rentabilität drückt aus, mit welchem Gesamteinsatz von Kapital, also Eigen- und Fremdkapital, der Gewinn erzielt wurde.
• Die Eigenkapital-Rentabilität drückt aus, mit welchem Zins sich das in dem Betrieb eingesetzte Eigenkapital verzinst hat.
• Die Umsatz-Rentabilität drückt aus, welcher Beitrag zum Gewinn je Umsatzeinheit erwirtschaftet wurde.

Die jeweilige Berechnung erfolgt als einfacher Quotient der jeweiligen Größe und dem Gewinn, multipliziert mit 100.

$$\text{Gesamtkapital-Rentabilität: } (\text{Erfolg} \times 100)/\text{Gesamtkapitel}$$
$$\text{Eigenkapital-Rentabilität: } (\text{Erfolg} \times 100)/\text{Eigenkapitel}$$
$$\text{Umsatz-Rentabilität: } (\text{Erfolg} \times 100)/\text{Umsatz}$$

2.2 Aufgaben zur Reflexion und Vertiefung

Fragen
• Verdeutlichen Sie sich anhand eines eigenen Beispiels das Minimal- und das Maximalprinzip.
• Verdeutlichen Sie sich den Unterschied zwischen Produktivität und Wirtschaftlichkeit.
• Unterscheiden Sie die Begriffe Effizienz und Effektivität in Bezug auf ein Anwendungsbeispiel aus dem öffentlichen Sektor.

Literatur

Gornas, J., & Beyer, W. (1991). *Betriebswirtschaft in der öffentlichen Verwaltung*. Köln.
Mroß, M. (2007). Öffentliche Betriebswirtschaftslehre, In: Das Wirtschaftsstudium Heft 11/2007, S (1426-1431).

Betrieb

3

3.1 Begriff des Betriebes

Es ist bereits festgestellt worden, dass sich die Betriebswirtschaftslehre als Teil der Wirtschaftswissenschaft mit solchen Mitteln der Bedürfnisbefriedigung, also Gütern, befasst, die in der Hinsicht knapp sind, als dass sie nicht uneingeschränkt zur Verfügung stehen. Knappe Güter werden im Regelfall durch menschliche Aktivitäten produziert bzw. bereitgestellt, wobei das Ziel dieser Produktion letztlich darin besteht, dass diese Güter konsumiert also verbraucht werden können (vgl. Abb. 3.1).

Es entspricht auch der alltäglichen Erfahrung, dass knappe Güter, die der Bedürfnisbefriedigung dienen, sowohl von Haushalten als auch von formalen Betrieben hergestellt/produziert werden. Gemeinsam ist beiden Wirtschaftseinheiten, dass sie arbeitsteilig vorgehen. Während etwa Haushalte in früheren Jahrhunderten die zu konsumierenden Güter im Wesentlichen allein herstellten (Ackerbau, Viehzucht, Kleidung aus Tierfellen etc.), vollzieht sich die Güterherstellung in modernen Gesellschaften nach dem Prinzip der Arbeitsteilung. Das heißt, es erfolgt eine Spezialisierung in der Hinsicht, dass nur noch bestimmte Güter oder gar nur Teile von Gütern hergestellt werden. Dieses Prinzip führt sowohl in Haushalten als auch in professionell strukturierten Produktionsstätten zu Vorteilen. Eine Konzentration auf wenige produktive Handlungen führt schon allein aufgrund des permanenten Erfahrungsgewinns aus ständiger Wiederholung dazu, dass diese besser, schneller, qualitativ hochwertiger etc. erfolgen können, als wenn viele unterschiedliche Handlungen durchzuführen wären.

Entgegen des umgangssprachlichen Gebrauchs des Begriffs „Betrieb" kann sowohl für Haushalte als auch für Unternehmen der Begriff des Betriebes verwendet werden.

▶ Ein Betrieb ist eine ökonomische, technische, soziale und umweltbezogene Einheit mit der Aufgabe der Bedarfsdeckung, mit selbständigen Entscheidungen und eigenen Risiken

© Springer Fachmedien Wiesbaden 2015
M. Mroß, *Betriebswirtschaft im öffentlichen Sektor,*
DOI 10.1007/978-3-658-07121-9_3

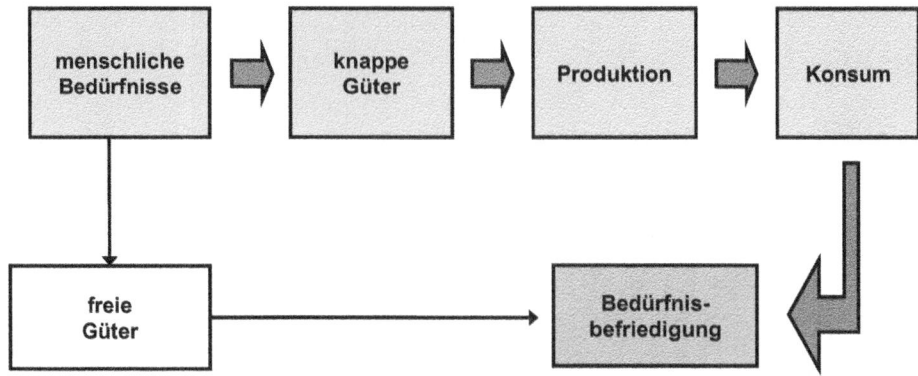

Abb. 3.1 Kreislauf menschlicher Bedürfnisbefriedigung

Abb. 3.2 Klassifikation
von Betrieben

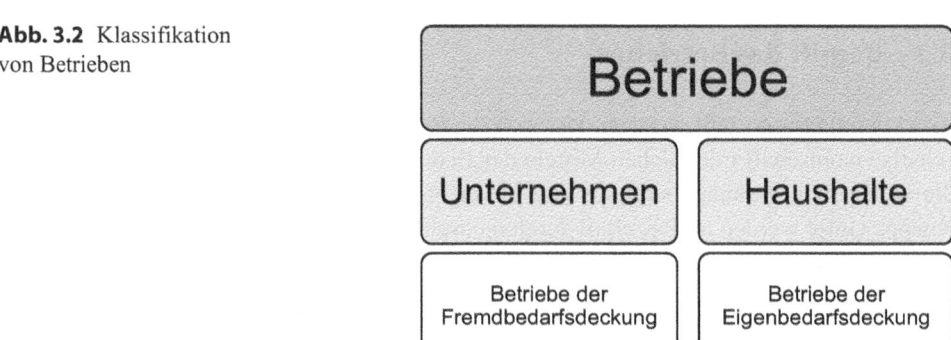

(Schweitzer 1997, S. 30). Betriebe, die (vorwiegend) für den Fremdbedarf Güter produzieren, werden in der Regel als Unternehmung, syn. Unternehmen, bezeichnet. Betriebe, die (vorwiegend) für den Eigenbedarf Güter herstellen, werden in der Regel als Haushalte bezeichnet.

Die *Betriebs*wirtschaftslehre erklärt sich dabei grundsätzlich für beide Erscheinungsformen von Betrieben zuständig (vgl. Abb. 3.2). Allerdings gilt der ganz überwiegende Teil der Forschungs- und Lehraktivitäten der Betriebswirtschaftslehre den Unternehmen. Einer Betriebswirtschaftslehre der Betriebsform (private) „Haushalte" wird aktuell so gut wie keine Aufmerksamkeit gewidmet.

▶ Erich Gutenberg (1983), auf den die Mehrzahl der Betriebsdefinitionen zurückgreifen, charakterisiert den Betrieb allgemeiner und stellt die Fragen nach Eigen- oder Fremdbedarf nicht in den Mittelpunkt. Danach soll bei Vorliegen von drei Merkmalen von einem Betrieb die Rede sein:

1. Produktionsfaktoren werden mit dem Ziel der Gütererzeugung eingesetzt und kombiniert.
2. Das Prinzip der Wirtschaftlichkeit (Ökonomisches Prinzip) wird beachtet.
3. Ein finanzielles Gleichgewicht wird angestrebt.

An dieser Stelle gilt es darauf hinzuweisen, dass es eine einzige „richtige" Definition von Betrieb nicht gibt und auch die oben ausgewählte Variante allein vor dem Hintergrund der Zweckmäßig für diesen einführenden Text gewählt wurde.

3.2 Betrieb: Haushalte und Unternehmen

Greift man auf die oben eingeführten Überlegungen nach Gutenberg zurück, so lässt sich zwischen systemindifferenten und systemabhängigen Merkmalen von Betrieben unterscheiden.

Die oben genannten drei Merkmale von Betrieb nach Gutenberg sind systemindifferent, also unabhängig vom herrschenden Wirtschaftssystem. Je nach Wirtschaftsordnung treten systemabhängige Merkmale hinzu, die z. B. den Betrieb, der in marktwirtschaftlichen Ordnungen agiert, näher charakterisiert. Ergänzend zum Betrieb treten für die Unternehmung in ihrer Reinform folgende Merkmale hinzu:

- Erwerbswirtschaftliches Prinzip („Gewinnstreben")
- Autonomieprinzip
- Prinzip der Alleinbestimmung

In ihrer (theoretischen) Reinform unterscheiden sich Unternehmen also noch weitergehend von Betrieben. Über das finanzielle Gleichgewicht hinaus, streben die Eigentümer von Unternehmen die Erwirtschaftung eines Überschusses (Gewinns) an, womit sie dem erwerbswirtschaftlichen Prinzip folgen. Annahmegemäß verfügen Eigentümer-Unternehmen im Zuge des Autonomieprinzips über freie Planungsrechte, insbesondere auch – aber nicht nur – was das Verhältnis zu staatlichen Institutionen angeht, d. h. sie können z. B. selbst entscheiden, welche und wie viele Güter sie erstellen wollen oder ob sie überhaupt weiter existieren wollen. Schließlich besteht über das Merkmal der Alleinbestimmung die Annahme, dass die Eigentümer des Unternehmens über alle unternehmerischen Fragen allein entscheiden können. Es liegt auf der Hand, dass diese Merkmale insbesondere der Systematik verpflichtet sind und in der dargelegten Reinform in der Realität mal mehr, mal weniger anzutreffen sind.

Die ergänzenden Merkmale von Unternehmen nehmen im Wesentlichen Bezug auf den Eigentümer. Eigentümer von Unternehmen können – was die Regel ist – private Personen und/oder Gesellschaften, aber auch die öffentliche Hand sein. Je nach Art der Eigentümer kann demnach unterschieden werden nach:

- Private Unternehmen
- Öffentliche Unternehmen

Gemeinsam ist beiden Erscheinungsformen, dass sie als Betriebe zur Fremdbedarfsdeckung prinzipiell marktfähige Güter und Dienstleistungen anbieten, die im Regelfall auf die Befriedigung von individuellen Bedürfnissen ausgerichtet sind.

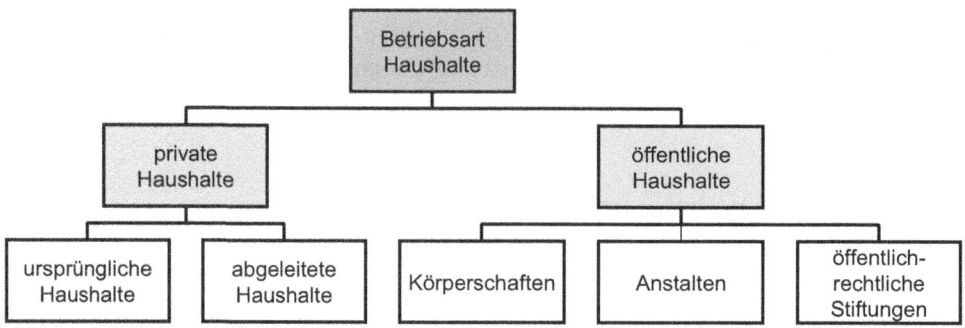

Abb. 3.3 Betriebsart Haushalte

Auch in der Betriebsart des Haushaltes werden zu Zwecken der Bedarfsdeckung Produktionsfaktoren kombiniert und Güter erzeugt. Wie oben beschrieben wurde, liegt der Grund für die Produktionstätigkeit aber primär in der Deckung des Eigenbedarfs. Private Haushalte in ihrer ursprünglichen Erscheinungsform waren und sind im Kern auf den familiären Bereich bezogen, so dass sich Erscheinungsformen der Betriebsart Haushalt, die von diesem Familienbezug abstrahieren, als von der Grundform abgeleitete Haushalte begreifen lassen (hierzu und folgend Schweitzer 1997, S. 39 ff.). Ursprüngliche Haushalte treten ihrer Größe nach geordnet auf als: Großfamilienhaushalte, Kleinfamilienhaushalte und Einpersonenhaushalte. Abgeleitete Haushalte treten zum Beispiel auf als: Verbraucherverbände, Turn- und Sportvereine, Private Schulen, Private Erziehungsheime

Öffentliche Haushalte sind daher im Hinblick auf ihre Ziele und Aufgaben stets aus den privaten Haushalten abgeleitet. Anders als private Haushalte dienen die in öffentlichen Haushalten hergestellten Güter allerdings der Deckung von kollektiven Bedarfen (Schweitzer 1997, S. 40). Öffentliche Haushalte treten z. B. in Erscheinung als: Körperschaften, Anstalten oder öffentlich-rechtliche Stiftungen. Auf einzelne Formen öffentlicher Haushalte wird noch einmal eingegangen. Abbildung 3.3 fasst die vorstehenden Ausführungen im Überblick zusammen.

3.3 Betrieb und Unternehmen im öffentlichen Sektor

Die Merkmale von „Betrieb", wie sie von Gutenberg eingeführt wurden, können auch auf Organisationen des öffentlichen Sektors übertragen werden. So werden z. B. auch in den Ämtern einer Kommunalverwaltung verschiedene Produktionsfaktoren, wie menschliche Arbeitskraft, Büromaterialen, Gebäude etc. eingesetzt und mit dem Ziel der (Güter-) Dienstleistungserzeugung miteinander kombiniert. Des Weiteren sind auch Einrichtungen des öffentlichen Sektors gehalten, das Wirtschaftlichkeitsprinzip zu beachten. Beispielsweise wird in § 75, Abs. 2 der Gemeindeordnung des Landes Nordrhein-Westfalen festgestellt: „Die Haushaltswirtschaft ist sparsam und wirtschaftlich zu führen.". Und weiter heißt es in § 75, Abs. 3: „Der Haushalt muss in jedem Jahr ausgeglichen sein.", so dass hierin auch das Merkmal des finanziellen Gleichgewichts erkennbar wird. Die Tatsache, dass eine Reihe von öffentlichen Haushalten verschuldet ist, widerspricht dem Merkmal nicht.

Es kann davon ausgegangen werden, dass diese Verschuldung nicht angestrebt wurde. Im Ergebnis lässt sich festhalten, dass auch Organisationen des öffentlichen Sektors, wie z. B. die Kommunalverwaltungen die Merkmale von Betrieb erfüllen, so dass von öffentlichen Verwaltungsbetrieben die Rede sein kann.

Unternehmen als Betriebe der Fremdbedarfsdeckung, bei denen die Eigentümer vollständig oder überwiegend aus dem öffentlichen Sektor stammen, werden als öffentliche Unternehmen bezeichnet. Dabei ist es unerheblich, welche Art von Gütern, d. h. Sachgüter oder Dienstleistungen, hergestellt werden. So stellen die zu-meist mindestens anteilig in kommunalem Besitz befindlichen Versorgungsunternehmen mit Gas, Wasser und Elektrizität Sachleistungen her. Während Unternehmen des öffentlichen Personennahverkehrs oder die Sparkassen Dienstleistungen anbieten. Gegenüber privatwirtschaftlichen Unternehmen unterscheiden sich öffentliche Unternehmen dadurch, dass bei ihnen die oben formulierten Merkmale nur eingeschränkt gelten. Das Autonomieprinzip umfasst als betriebswirtschaftliches Kalkül die Umsetzung von elementaren Produktionsentscheidungen: Was soll produziert werden? Wie viel bzw. in welchem Umfang soll produziert werden? Soll überhaupt etwas hergestellt werden?

Über derartige konstitutiv unternehmerische Fragen, kann die öffentliche Hand regelmäßig – insbesondere auf kommunaler Ebene – nicht frei entscheiden. Abweichungen sind des Weiteren auch hinsichtlich des Prinzips der Alleinbestimmung erkennbar. In der Idealvorstellung ist der Eigentümer-Unternehmer bzw. der beauftragte Agent (z. B. der Geschäftsführer) in seiner Entscheidungsfindung und der Interessensdurchsetzung vollkommen frei. Während dies schon bei privatwirtschaftlichen Unternehmen ab einer bestimmten Größe z. B. im Hinblick auf die durch das Betriebsverfassungsgesetz gegebenen Mitwirkungsrechte nur eingeschränkt gilt, sind öffentliche Unternehmen weit mehr noch als private in kollektive und/oder politische Entscheidungsfindungsgremien eingebunden. Insgesamt kann von Entscheidungsfreiheit nur innerhalb gesetzlicher Vorgaben die Rede sein.

3.4 Aufgaben zur Reflexion und Vertiefung

Fragen

- Verdeutlichen Sie sich, weshalb freie Güter kein Gegenstand der Wirtschaftswissenschaft sein können.
- Machen Sie sich klar, inwiefern die Merkmale von Betrieb nach Erich Gutenberg auf Einrichtungen des öffentlichen Sektors zutreffen.
- Wiederholen Sie die Systematik der Unterscheidung von: Betrieb, Haushalt, Unternehmen.
- Verdeutlichen Sie sich, inwiefern die Merkmale von Unternehmen in ihrer Reinform für Einrichtungen des öffentlichen Sektors zutreffen können.
- Nennen und erklären Sie Beispiele für die Betriebsart „Haushalte".
- Reflektieren Sie die Bedeutung von Eigen- und Fremdbedarfsdeckung für Einrichtungen des öffentlichen Sektors.

Literatur

Gutenberg, E. (1983). *Grundlagen der Betriebswirtschaftslehre* (24. Aufl.). Berlin.

Schweitzer, M. (1997). Gegenstand und Methoden der Betriebswirtschaftslehre. In F. X. Bea, E. Dichtl, & M. Schweitzer (Hrsg.), *Allgemeine Betriebswirtschaftslehre* (Bd. 1, 7. Aufl., S. 23–80). Stuttgart.

Finanzierung

4

4.1 Überblick

Betriebe benötigen zum Kauf von Materialien, von Gebäuden aber auch zur Entlohnung ihrer Mitarbeiter und zur Begleichung von Verbindlichkeiten Geldmittel, denn diese Vorgänge lösen beim dem Betrieb Zahlungsverpflichtungen aus. Dementsprechend kann unter Finanzierung allgemein die Versorgung des Betriebes mit den für die Zahlungsverpflichtungen notwendigen Geldmitteln verstanden werden.

Ein Betrieb, der in der Lage ist seine Zahlungsverpflichtungen zu erfüllen, ist liquide. Liquidität bezeichnet damit die Fähigkeit des Betriebes, seinen Zahlungsverpflichtungen termingerecht nachkommen zu können. Ist die Zahlungsdeckung zu jeder Zeit höher als der Zahlungsmittelbedarf, dann befindet sich der Betrieb in einem finanziellen Gleichgewicht. Der Terminus des „Finanziellen Gleichgewichts" ist gerade auch für den öffentlichen Sektor bedeutsam. So fordert z. B. der oben bereits angesprochene § 75 der Gemeindeordnung NRW das finanzielle Gleichgewicht zu gewährleisten, in dem es heißt, dass der Haushalt in jedem Jahr ausgeglichen sein muss. Dieses bedeutet im Kern nichts anderes, als dass die geplanten Ausgaben durch entsprechend geplante (überwiegend Steuer-) Einnahmen gedeckt sein müssen.

Private Betriebe, Unternehmen, die ihren Zahlungsverpflichtungen nicht nachkommen können, sind illiquide und laufen Gefahr in Konkurs zu gehen. Der Konkurs setzt eine dauerhafte Illiquidität voraus. Von dieser wiederum ist die nur kurzzeitige Unfähigkeit seinen Zahlungsverpflichtungen nachkommen, die Zahlungsstockung, zu unterscheiden. So kann etwa ein Fall von Zahlungsstockung vorliegen, wenn ein Unternehmen eine vorliegende und fällige Verbindlichkeit aktuell nicht begleichen kann, weil weder ausreichend Bargeldreserven, noch kurzfristig verfügbare Bankguthaben herangezogen werden können, jedoch in nächster Zeit entsprechende Mittel verfügbar (gemacht) werden (können).

© Springer Fachmedien Wiesbaden 2015
M. Mroß, *Betriebswirtschaft im öffentlichen Sektor,*
DOI 10.1007/978-3-658-07121-9_4

Aktivitäten der Finanzierung sind – wie andere betriebswirtschaftliche Funktionen auch – dem ökonomischen Prinzip unterworfen. In diesem Fall bedeutet dies, dass die Finanzwirtschaft des Betriebes in der Zusammenführung von eigenen und fremden, von langfristig- und kurzfristig verfügbaren Geldmitteln genau diejenige Kombination wählen soll, in denen die geringsten Finanzierungskosten anfallen.

Mit diesem Hinweis wird eine problematische Konstellation von finanzwirtschaftlichen Zielen deutlich: Geringe Finanzierungskosten tragen dazu bei, dass ein Betrieb das Kriterium der Rentabilität erfüllt, was – grob gesagt – den Erfolg des in einer Periode eingesetzten Kapitals beschreibt. Oben ist deutlich geworden, dass die Finanzwirtschaft die Liquidität sicherzustellen hat. Zwischen diesen beiden Zielgrößen besteht insofern ein Zielkonflikt, dass die Liquidität selbstverständlich am besten dadurch gewährleistet wird, dass hohe Beträge an Geldmitteln direkt zur Verfügung gehalten werden, um z. B. auch unvorhergesehenen Zahlungsverpflichtungen nachkommen zu können. Andererseits führen Geldmittel, die unmittelbar genutzt werden können, zu Kosten z. B. in Form von Zinsverlusten, wodurch wiederum das Ziel der Rentabilität vernachlässigt wird.

4.2   Formen der Finanzierung

4.2.1   Innen- und Außenfinanzierung

Es entspricht der betrieblichen Wirklichkeit, dass zur Finanzierung des Betriebes nicht nur auf eine Quelle zurückgegriffen wird, sondern dass die fortwährende Sicherstellung der Liquidität im Regelfall das Resultat einer Kombination von verschiedenen Finanzierungsquellen ist. In der Betriebswirtschaft ist es üblich, hier nach der Herkunft der Geldmittel zu differenzieren und zunächst nach

- Innenfinanzierung und
- Außenfinanzierung

zu unterscheiden.

▶   Die Begriffe „Innen" und „Außen" zielen dabei auf die Frage, ob das bereitgestellte Kapital aus dem eigenen Betrieb stammt, also durch interne Prozesse erwirtschaftet wurde (Innenfinanzierung) oder ob es von außerhalb des Betriebes zugeführt wurde (Außenfinanzierung). Dabei ist es bedeutsam zwischen dem Betrieb/Unternehmen auf der einen Seite und dem Eigentümer oder den Gesellschaftern auf der anderen zu unterscheiden (vgl. Abb. 4.1).

Finanzielle Mittel, die nicht aus der unmittelbaren (inneren) betrieblichen Tätigkeit hervorgehen, sind immer als von außen zugefügt zu begreifen, selbst dann, wenn diese Mittel von den Eigentümern selbst stammen.

Abb. 4.1 Außenfinanzierung durch Eigentümer oder
Gesellschafter

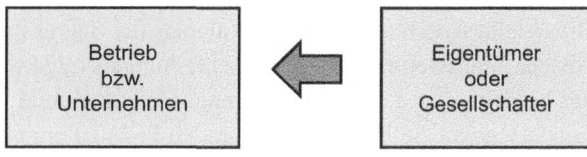

Demgegenüber stellt ein erwirtschafteter Überschuss (Gewinn), der nicht an die Eigentümer ausgeschüttet wird, sondern innerhalb des Betriebes zu Finanzierungszwecken verwendet wird, ein Beispiel für eine Innenfinanzierung, hier in Form einer sogenannten
Selbstfinanzierung, dar. Gewinne werden in bzw. durch den Betrieb erwirtschaftet, so dass
diese prinzipiell an die Eigentümer ausschüttbaren Geldmittel auch unmittelbar aus dem
Betrieb stammen. Gerade für kleinere Betriebe der Privatwirtschaft stellt die Selbstfinanzierung eine bedeutende Finanzierungsalternative dar. Ihnen fehlt oftmals die Möglichkeit
der Fremdfinanzierung (s. unten) im größeren Stile aufgrund unzureichender Kreditwürdigkeit.

Als weitergehende Unterscheidung kann die Selbstfinanzierung aufgegliedert werden
in:

- Offene Selbstfinanzierung
- Stille Selbstfinanzierung

► Offene Selbstfinanzierung liegt dann vor, wenn ein im Jahresabschluss (offen) aus-
gewiesener Gewinn nicht an die Anteileigener ausgeschüttet wird, sondern für Finanzierungszwecke genutzt wird.

► Von stiller Selbstfinanzierung wird ausgegangen, wenn der erwirtschaftete Gewinn
nicht deutlich ausgewiesen wird, sondern gewissermaßen „verschleiert", „versteckt" oder
eben „still" durch buchhalterische Maßnahmen zur Finanzierung genutzt wird.

Konkret vollzieht sich dieses in der Form, dass in der Bilanz entweder Vermögenswerte
niedriger oder Schuldenwerte höher bewertet werden als es dem tatsächlichen Wert am
Bilanzstichtag entspricht. Es entstehen so genannte „stille Rücklagen/Reserven" in Höhe
der Differenz des tatsächlichen Wertes am Bilanzstichtag und dem niedriger angesetzten
Vermögenswert. Ein Betrieb, der durch diese buchhalterische Maßnahme stille Reserven
bildet, hat sich quasi „still selbstfinanziert".

Eine weitere Möglichkeit der Innenfinanzierung stellt die Finanzierung aus Abschreibungen dar. Im Kern ist damit ein Kapazitätserweiterungseffekt beschrieben.

► Abschreibungen stellen Entwertungen des Anlagevermögens dar, die im Zuge der
internen Kostenrechnung durch so genannte kalkulatorische Abschreibungen auf der
Basis von Wiederbeschaffungswerten aufgezeichnet werden.

Bilanzielle Abschreibungen im Rahmen des Jahresabschlusses gehen dagegen von den Anschaffungswerten aus. Die Abschreibungsbeträge wiederum sind Teil der Selbstkosten der betrieblichen Leistungserstellung. Gelingt es nun für die betriebliche Leistung einen mindestens die Selbstkosten deckenden Preis zu erzielen, dann fließen dem Betrieb auch die Gegenwerte der Abschreibungsbeträge in Geldform zu, da diese einen Teil der Leistungserlöse darstellen.

(Bank-) Kredite stellen demgegenüber eine typische Form der Außenfinanzierung dar. Die Mittel der Bank werden von außen in das Unternehmen hereingeführt und besitzen keinerlei Entsprechung oder Begründung im betrieblichen Leistungserstellungsprozess. Gleiches gilt, wie oben beschrieben, für den Fall, dass Eigentümer mit zusätzlichem Geld aus ihrem Privatvermögen sich noch weitergehender in ihrem Betrieb engagieren. Bei diesem Fall der Beteiligungsfinanzierung handelt es sich ebenfalls um eine Außenfinanzierung, denn die Mittel sind nicht aus den betrieblichen Prozessen heraus entstanden.

4.2.2   Eigen- und Fremdfinanzierung

Eine alternative Differenzierung der Finanzierungsformen unterscheidet nach der Rechtsstellung des Kapitalgebers zum Betrieb. Diese Differenzierung findet sich auch in der Bilanz in den Positionen Eigen- und Fremdkapital. Zu unterscheiden sind hier:

- Eigenfinanzierung
- Fremdfinanzierung

Zur Eigenfinanzierung lassen sich daher die Beteiligungsfinanzierung i.S.d. Zurverfügungstellung von Eigenkapital (von außen) durch z. B. Geld- oder Sacheinlagen sowie auch die Finanzierung durch einbehaltene Gewinne (siehe Selbstfinanzierung) zählen. Im Falle der Fremdfinanzierung werden im allgemeinen Fall durch Nicht-Eigentümer bzw. durch Nicht-Anteilseigner Mittel dem Unternehmen zugeführt. Die Ausführungen machen deutlich, dass die Differenzierung nach Außen- und Innen- bzw. Eigen- und Fremdfinanzierung nicht trennscharf ist, sondern eine Reihe von Überschneidungen mit sich bringt (vgl. Tab. 4.1).

So etwa exemplarisch im Falle der Finanzierung aus Rückstellung, wobei es sich zugleich um eine Form der Innen- als auch der Fremdfinanzierung handelt. Hier liegt die auf den ersten Blick vielleicht etwas sonderbar anmutende Situation vor, dass auch innerhalb

Tab. 4.1 Arten der Finanzierung – Überblick

Herkunft des Kapitals	Innenfinanzierung	Außenfinanzierung
Rechtsstellung des Kapitalgebers		
Eigenfinanzierung	Selbstfinanzierung	Beteiligungsfinanzierung
Fremdfinanzierung	Finanzierung aus Rückstellungen	Kreditfinanzierung

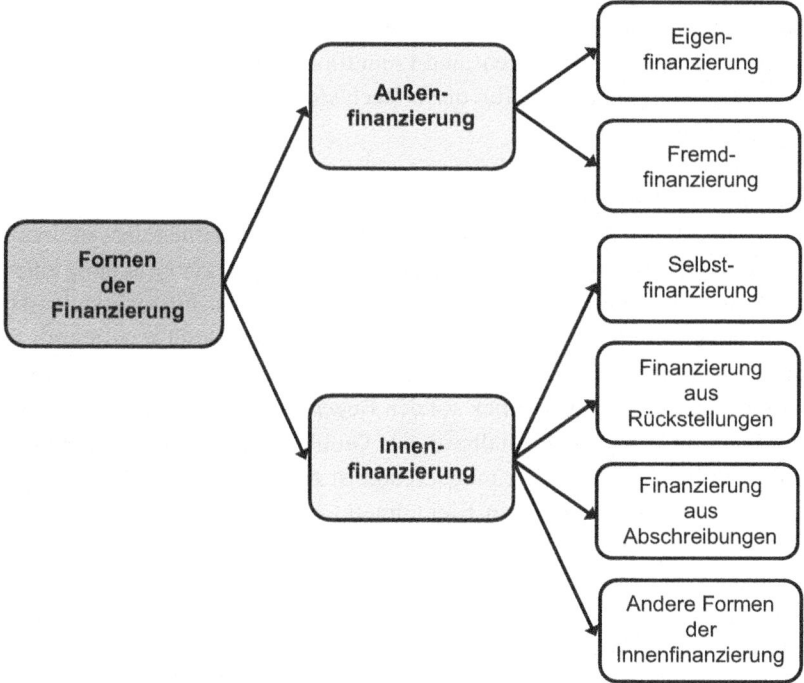

Abb. 4.2 Finanzierung

des Betriebes Fremdkapital gebildet worden ist. Durch die Bildung von Rückstellungen trifft der Betrieb quasi die Vorkehrungen dafür, gegen ungewisse Verbindlichkeiten oder mögliche Verluste aus noch nicht abgeschlossenen Geschäften gewappnet zu sein. Insbesondere Rückstellungen für Pensionen werden häufig als Fremdfinanzierungstitel aus der Innenfinanzierung herangezogen. Rechtlich gesehen stellen Pensionsrückstellungen bzgl. des Kriteriums der Rechtsstellung des Kapitalgebers eine Verbindlichkeit des Betriebes gegenüber seinen Mitarbeitern dar. Pensionsrückstellungen sind so gesehen Verbindlichkeiten, also fremdes Kapital, welches aber innerhalb des Betriebes entstanden bzw. erwirtschaftet worden ist. Bis zum Zeitpunkt des Versorgungsfalles verbleiben die Geldmittel faktisch im Betrieb (Abb. 4.2).

4.3 Finanzierung der Kapitalgesellschaften

4.3.1 Eigenkapitalfinanzierung

Im Weiteren werden die beiden Formen von Kapitalgesellschaften – die Gesellschaft mit beschränkter Haftung (GmbH) und die Aktiengesellschaft (AG) – betrachtet. Sowohl im privaten als auch inzwischen im öffentlichen Sektor spielt die Rechtsform der GmbH eine hervorgehobene Rolle. So verdrängt beispielsweise die GmbH insbesondere die verwaltungstypische Rechtsform des Eigenbetriebes.

Sowohl für die GmbH als auch unten für die Aktiengesellschaft (AG) sollen im Weiteren wichtige Alternativen der Eigen- und Fremdfinanzierung betrachtet werden. Da die Eigenfinanzierungsmöglichkeiten für diese Rechtsformen unterschiedlich sind, erfolgt hierzu eine getrennte Darstellung.

Eigenfinanzierung der GmbH

Insbesondere im Bereich der wirtschaftlichen Betätigung der Gemeinden, stellt die GmbH eine häufig gewählte Rechtsform dar. Als Kernfinanzierung ist zur Gründung einer GmbH ein Stammkapital in Höhe von 25.000 € notwendig (Mindest-Eigenkapitalausstattung), welches durch die Gesellschafter aufzubringen ist. Für jeden Gesellschafter gilt dabei ein Mindestanteil von 100 €. Erfolgt die Einlage nicht in Geld, sondern in Form von Sachwerten, so sind diese exakt im Hinblick auf den Gegenstand und dessen Wert zu benennen.

Die Erweiterung der Eigenkapitalbasis der GmbH ist durch satzungsgemäße Nachschusszahlungen der Gesellschafter möglich und ist z. B. dann sinnvoll, wenn die Kreditwürdigkeit der Gesellschaft auf dem Kapitalmarkt verbessern werden soll. Daneben ist auch per Beschluss der Gesellschafterversammlung eine Verminderung des Stammkapitals möglich, die – genauso wie die Erhöhung – in das Handelsregister einzutragen ist.

Eigenfinanzierung der Aktiengesellschaft (AG)

Für die Aktiengesellschaft bieten sich im Vergleich zur GmbH vielfältigere Möglichkeiten der Eigenfinanzierung. Allgemein lassen sich diese Möglichkeiten grob danach unterscheiden, ob es sich um eine Kapitalerhöhung oder eine Kapitalherabsenkung handelt (vgl. Abb. 4.3).

Um eine Aktiengesellschaft gründen zu können, ist diese mit einem Grundkapital von 50.000 € auszustatten. Von dieser Grundlage ausgehend lassen sich nun Möglichkeiten der Eigenfinanzierung beschreiben. Eine Kapitalerhöhung liegt dann vor, wenn das Grundkapital erhöht wird, was auf verschiedenen Wegen erfolgen kann.

Eine Kapitalerhöhung aus Einlagen (syn. ordentliche Kapitalerhöhung) erfolgt, wenn das Grundkapital dadurch erhöht wird, dass neue (weitere) Aktien ausgegeben werden (§§ 182-191 AktG). Die Kapitalerhöhung durch genehmigtes Kapital (§§ 202-206 AktG) beschreibt einen sehr ähnlichen Sachverhalt. In diesem Fall ist der Vorstand der AG durch die Hauptversammlung ermächtigt worden, innerhalb von maximal 5 Jahren das Grundkapital durch die Ausgabe von neuen Aktien um einen bestimmten Wert zu erhöhen. Ob, wann und in welchem Umfang der Vorstand von dieser Möglichkeit Gebrauch macht, steht ihm weitgehend frei. Die aktuellen Aktionäre erhalten ein (Bezugs-) Recht diese neuen Aktien zu erwerben, welches sie aber auch an Dritte weiterverkaufen können.

Im Falle der bedingten Kapitalerhöhung kann das Grundkapital der AG durch die Ausgabe neuer Aktien nur in dem Rahmen erhöht werden, wie von einem Umtausch- oder Bezugsrecht, das auf neue Aktien eingeräumt wird, auch tatsächlich Gebrauch gemacht wird. Allerdings sind bei einer bedingten Kapitalerhöhung nicht die aktuellen Aktionäre bezugsberechtigt, sondern andere, so dass sich diese Form der Kapitalerhöhung insbesondere zur Vorbereitung/Durchführung von Fusionen, zur Ausgabe von Arbeitnehmeraktien eignet sowie zur Ausübung von Wandlungsrechten durch Inhaber von Wandelobligationen

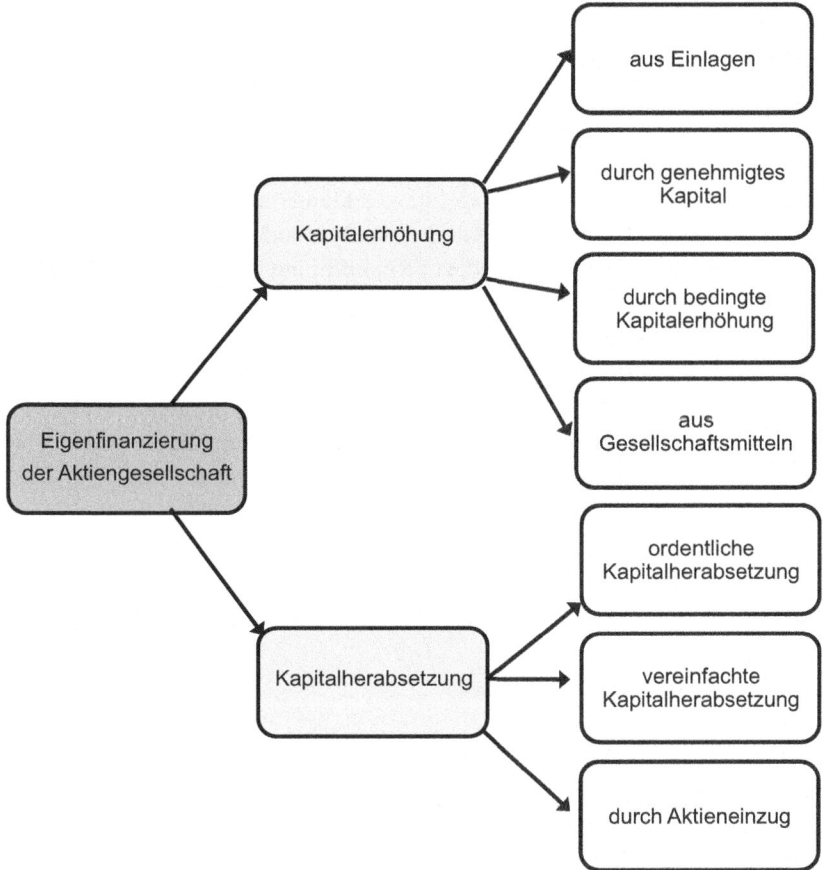

Abb. 4.3 Eigenfinanzierung der Aktiengesellschaft

genutzt werden kann. Diese drei Nutzungsmöglichkeiten stellen zugleich diejenigen dar, die das Aktiengesetz (§§ 192-202 AktG) vorsieht.

Die Kapitalerhöhung aus Gesellschaftsmitteln (§§ 207-220 AktG) stellt im Grunde eine Umwandlung von bereits vorhandenem Eigenkapital in eine andere Form dar. Dazu wird Eigenkapital in Form offener Rücklagen in gebundenes Grundkapital umgewandelt. Buchungstechnisch handelt es sich um einen Passivtausch, bei welchem das Grundkapital in dem gleichem Maße erhöht wird, wie offene Rücklagen gemindert werden, so dass sich letztlich lediglich die Zusammensetzung des Eigenkapitals, nicht aber dessen Höhe ändert. Als Umfinanzierung dient diese Form der Erhöhung des Grundkapitals aus gesellschaftseigenen Mitteln im Wesentlichen dazu, die Kreditwürdigkeit der Gesellschaft zu erhöhen, da Grundkapital als gebundenes haftendes Kapital dem Zugriff von potenziellen Gläubigern schwerer entzogen werden kann als andere Formen.

Die Kapitalherabsetzung beschreibt eine Verminderung der Eigenkapitalbasis, also des Grundkapitals der Aktiengesellschaft. Die ordentliche Kapitalherabsetzung entspricht im

Wesentlichen einer Teilliquidation der Gesellschaft. Befindet sich etwa ein Geschäftsfeld eines Unternehmens in einem Schrumpfungsprozess, so dass es dem Unternehmen auch dauerhaft nicht mehr gelingen wird, seine Leistungen in dem bisherigen Umfang abzusetzen, dann liegt ein Fall von so genannter „Überkapitalisierung" vor. Das heißt, dass die Gesellschaft zur Abwicklung ihrer Leistungen über zu viel Grundkapital verfügt, was aufgelöst werden soll. Es kann eine Kapazitätsverkleinerung erfolgen, in dem z. B. Vermögensgegenstände (z. B. Gebäude, Anlagen etc.) veräußert werden, die, nachdem die Ansprüche der Gläubiger befriedigt sind, zur Rückzahlung von Eigenkapital an die Eigentümer verwendet werden. Bei der ordentlichen Kapitalherabsetzung erfolgt die Minderung des Grundkapitals i. d. R durch die Verringerung des Nennbetrages der Aktien.

Die vereinfachte Kapitalherabsetzung beschreibt einen Vorgang, in dem die durch die Teilliquidation freigewordenen Geldmittel ausschließlich für die Regulierung von Wertminderungen, zur Deckung von Verlusten und für die Zuführung in die gesetzliche Rücklage verwendet werden dürfen. Im Kern läuft diese Möglichkeit auf eine verlustausgleichbezogene Sanierung der AG hinaus. Erfolgt die Kapitalherabsetzung durch das Einziehen von Aktien, dann liegt der Sachverhalt vor, dass die AG einen Teil ihrer ausgegebenen Aktien für ungültig bzw. kraftlos erklärt. Da der (Nenn-)Wert der Aktien für das Grundkapital der AG steht, wird der Gesellschaft folglich in Höhe der eingezogenen Aktien Grundkapital entzogen.

4.3.2 Fremdfinanzierung

Oben ist als Fremdfinanzierung die Beschaffung von neuem Fremdkapital eingeführt worden. Im Gegensatz zum Eigenkapital, das bei den Kapitalgebern/Gesellschaftern einen Anspruch auf Gewinnbeteiligung auslöst, verursacht Fremdkapital in jedem Fall Kosten in Form von an die (Fremd-) Kapitalgeber zu zahlenden Zinsen, quasi als Vergütung für das zur Verfügung gestellte Kapital.

Diese Zinszahlungen schmälern den Gewinn des Betriebes, so dass im schlechtesten Fall kein Gewinn mehr übrig bleibt, aus dem die Eigenkapitalgeber eine Zahlung erhalten könnten. Fremdkapitalzinsen müssen folglich immer gezahlt werden, wogegen eine Gewinnausschüttung an Eigentümer nur möglich ist, wenn nach Begleichung sämtlicher Zahlungsverpflichtungen noch ausschüttungsfähige Geldmittel zur Verfügung stehen.

Anders als im Falle der Eigenfinanzierung ist es für die Fremdfinanzierung für unsere Zwecke nicht notwendig zwischen GmbH und AG zu unterscheiden, da die nachfolgenden Wege der Fremdfinanzierung grundsätzlich für jede Rechtsform offen stehen. Die in Tab. 4.2 dargestellten Möglichkeiten der Fremdfinanzierung lassen sich so systematisieren.

Es wird im Rahmen dieser Einführung nur auf einige bedeutsame Arten der Fremdfinanzierung eingegangen, wobei weitere hier genannt werden (Däumler 2002, S. 94) – der interessierte Leser sei auf das einschlägige und reichhaltige Schrifttum hingewiesen (z. B. Däumler 2002; vgl. Tab. 4.3).

Tab. 4.2 Kriterien der Fremdfinanzierung bei Kapitalgesellschaften

Kriterium	Beispiel
Quellen des Fremdkapitals	Kreditinstitute (Banken), Kunden, Privatanleger, Lieferanten, andere Unternehmen
Dauer der Bereitstellung	Kurz- oder langfristige Kapitalbereitstellung
Formen des Fremdkapitals	Geld- oder Sachkredit, Avalkredit (Bürgschaft)
Verwendungsbezug	Investitionskredit für Anlagevermögen, Betriebsmittelkredit für Umlaufvermögen, Zwischen-Finanzierungskredit

Tab. 4.3 Fremdfinanzierungsarten

Obligationen	→Schuldscheindarlehen
→Langfristige Bankkredite	→Kundenanzahlungen
→Lieferantenkredite	→Kontokorrentkredite
→Wechselkredite	→Avalkredite
→Lombardkredite	→Akkreditive
→Rembourskredite	→Negoziationskredite
→Leasing	→Factoring
→etc.	→etc.

Kurzfristige Fremdfinanzierung

Der kurzfristigen Fremdfinanzierung kann sich ein Betrieb in der Regel aus zwei Bereichen bedienen. Über Kreditinstitute/Banken (Bankkredite) und über andere Unternehmen, die keine Banken (Handelskredite) sind.

- **Allgemeine Bankkredite**

  Der Bankkredit als Kontokorrentkredit stellt die gängige Form eines kurzfristigen Bankkredites dar. Die Bank bietet hier dem Inhaber des Kontos die Möglichkeit, das Konto bis zum einem bestimmten Höchstbetrag (Dispositionskredit) zu überziehen.
  - Mehrere Kreditarten basieren auf dem Instrument des Wechsels. Allgemein beschreibt ein so genannter „gezogener Wechsel" die Anweisung des Wechselausstellers (Gläubiger) an den Bezogenen (Schuldner), eine genau bestimmte Geldsumme zu einem bestimmten Zeitpunkt an den durch eine Wechselurkunde als berechtigten Empfänger Ausgewiesenen zu zahlen.
  - Im Falle des (Wechsel-)Diskontkredit erfolgt die Kreditgewährung dadurch, dass die Bank einen Wechsel aufkauft, bevor dessen Fälligkeit eintritt. Dem Kreditnehmer, der den Wechsel einreicht, wird als Kredit die auf den Gegenwartswert abgezinste Wechselsumme gewährt.
  - Beim Akzeptkredit akzeptiert die Bank einen auf sie gezogenen Wechsel und gibt ihn an den Kreditnehmer unter der Voraussetzung zurück, dass dieser der Bank die Wechselsumme vor Fälligkeit zur Verfügung stellt.
  - Der Lombardkredit beschreibt im Grunde eine Art Pfandgeschäft. Der Lombardkredit stellt einen Bankkredit gegen die Verpfändung von beweglichen Sachen, Wert-

papiere oder Rechte (Forderungen, Wechsel etc.) dar, wobei die Pfandgegenstände mit einem geringeren als ihrem tatsächlichen Wert beliehen werden.

- Beim Avalkredit handelt es sich nicht um einen wirklichen Kredit, sondern im eigentlichen Sinne um eine Bürgschaft. Die Bank übernimmt hierbei eine an die Hauptschuld gekoppelte Garantie, dass sie im Zweifel anstelle des Schuldners die Zahlungsverpflichtungen einlösen werde. Die Kreditwirkung ist folglich eine mittelbare.

- **Handelskredite**
  Während es sich bei den vorgenannten kurzfristigen Kreditarten um Kreditgeschäfte unter der Beteiligung von Geschäftsbanken handelt, besteht auch die Möglichkeit Privatunternehmen, die keine Banken sind, als Finanzierungspartner zu nutzen. In diesem Falle ist die Rede von Handelskrediten. Zu unterscheiden sind hier vor allem der Lieferantenkredit (i. d. R Zahlungsziel) und der Abnehmerkredit (Vorauszahlung).

  - Der Lieferantenkredit, der im Kern auch bei Privatkäufen, die nicht sofort beglichen werden vorliegt, wird dann gewährt, wenn die erworbenen Güter nicht direkt bei der Lieferung, sondern erst zu einem späteren Zeitpunkt bezahlt werden. Die entsprechende Kreditvereinbarung lautet z. B. „Bezahlung innerhalb von 30 Tagen", wogegen bei der Bezahlung sofort oder innerhalb von 10 Tagen ein Skonto von z. B. 2 % eingeräumt wird.

Beispiel

Dem Geschäftsvorfall liegt folgende Zahlungsvereinbarung zugrunde: Der Rechnungsbetrag ist innerhalb von 10 Tagen unter Abzug von 2 % Skonto oder nach 30 Tagen netto zu begleichen. Lautet der Rechnungsbetrag 3000 € und ist das Rechnungsdatum der 1. Juli, dann kann der Kunde bis zum 11. Juli zur Begleichung der Rechnung einen Betrag von 2940 € oder aber erst zum 31. Juli die vollen 3000 € bezahlen. Auf den ersten Blick mag die Differenz von 60 € vielleicht nicht sonderlich viel erscheinen, so dass es u. U. nicht sonderlich verlockend erscheinen könnte, die Rechnung sofort bzw. innerhalb der 10 Tage zu begleichen. Betrachtet man jedoch den zugrunde liegenden Jahreszinssatz, so wird deutlich, dass diese Form des Kredites mit einem Zinssatz von 36,5 % außerordentlich teuer ist:

$$\frac{365 \times 2\,\%}{30 - 10} = 36,5\,\%$$

- Ein quasi umgekehrt gelagerter Sachverhalt liegt beim Abnehmerkredit vor. Hier handelt es sich um einen Vorauszahlungskredit, indem der Käufer die Ware vollständig oder zum Teil bezahlt, obwohl diese erst später geliefert wird. Insbesondere bei Einzelanfertigungen oder aber bei Großaufträgen (z. B. in der Bauwirtschaft oder im Schiffbau), bei denen eine Finanzierung für den Lieferanten schwerlich zu schultern wäre, ist der Abnehmerkredit verbreitet.

Langfristige Fremdfinanzierung

Als Kredite, die eine langfristige Ausrichtung besitzen, lassen sich als wichtige Arten vor allem die Anleihe (syn. Obligation) und das Schuldscheindarlehen zu nennen.

- **Anleihe**

  Die Möglichkeit der Finanzierung über Anleihen vollzieht sich insbesondere bei der Kreditvergabe von sehr hohen Beträgen. Anleihen werden – ähnlich einer Aktie – auf dem Kapitalmarkt gehandelt, so dass zwischen dem Kreditnehmer (z. B. einem Großunternehmen) und den – i. d. R vielen – Kreditgebern keine persönliche Beziehung entsteht. Die Laufzeit einer Anleihe beträgt im Regelfall ca. 10 Jahre.

  Eine Anleihe wird gestückelt in einzelne so genannte Schuldverschreibungen (syn. auch Teilschuldverschreibungen oder Obligationen), die in ihrer Gesamtheit die Anleihe ausmachen. Das Unternehmen als Schuldner und Aussteller der Schuldverschreibung (Emittent) sichert dabei dem Erwerber der Schuldverschreibung zu, diesem nach Ablauf von z. B. 10 Jahren den Nennwert der Schuldverschreibung zuzüglich eines Zinses zu zahlen. Als kapitalmarktfähiges Wertpapier muss die Schuldverschreibung vom Erwerber nicht bis zum Ablauf der Zeitspanne gehalten werden, sondern kann – i.d. R über den Kapitalmarkt – an andere weiterverkauft werden, die dann ihrerseits nach z. B. 10 Jahren das Recht auf Rückzahlung des Nennwertes und Zinses besitzen.

Beispiel

Das Groß-Unternehmen ABC legt eine Anleihe von 100 Mio. Euro auf. Es können Schuldverschreibungen zu einem Nennwert von je 1000 € gezeichnet werden. Die Laufzeit der Anleihe beträgt 15 Jahre. Die Verzinsung beträgt 12 %. Der letztliche Inhaber der Obligation erhält nach 15 Jahren auf jede der auf 1.000 € lautende Schuldverschreibung den Betrag von 1.120 € zurück.

Ist der Inhaber der Obligation berechtigt die Schuldverschreibung auch in Aktien des betreffenden Unternehmens umzutauschen bzw. umzuwandeln, dann ist die Rede von Wandelschuldverschreibungen bzw. -Obligationen.

- **Schuldscheindarlehen**

  Schuldscheindarlehen haben gerade in den letzten Jahren an Bedeutung für die Finanzierung von Unternehmen, insbesondere auch der öffentlichen Hand gewonnen. Schuldscheindarlehen sind – ähnlich einer Anleihe – auf eine lange Laufzeit angelegte Großkredite, die von Kapitalsammelstellen, wie Versicherungen, Sozialversicherungsträgern etc., die im Regelfall selbst keine Banken sind, aufgenommen werden. Da im Regelfall kein expliziter Schuldschein ausgeben wird, entspricht dieses Instrument im Grunde weitgehend einem Darlehen. Das Schuldscheindarlehen bzw. der ggf. ausgestellte Schuldschein stellt kein Wertpapier dar, so dass dieses Instrument als attraktive Alternative zur Emission von Obligationen angesehen werden kann.

4.4 Kreditsubstitute: Leasing und Factoring

Als vergleichsweise neue Finanzierungsformen werden das Leasing und das Factoring genutzt. Als moderne Sonderformen stellen sie je nach Ausgestaltung eine kurz- oder langfristige Finanzierungsalternative dar.

Leasing

Das Leasing (engl. to lease: mieten) tritt vor allem als Vermögensersatz für Anlagegüter in Erscheinung. Während es bei den oben erörterten Finanzierungsmöglichkeiten etwa um die Frage geht, ob ein zu erwerbendes Wirtschaftsgut z. B. aus eigenen oder fremden Geldmitteln bezahlt werden soll, steht beim Leasing allein die Möglichkeit der Nutzung des Wirtschaftsgutes im Vordergrund und nicht der Erwerb. Als Alternative zur Finanzierung basiert Leasing auf „einem Vertrag, auf Grund dessen ein Leasing-Geber einem Leasing-Nehmer ein Wirtschaftsgut über einen bestimmten entsprechend fixierten Zeitraum gegen ein Entgelt zur Nutzung überlässt. Der Leasing-Nehmer mietet also ein Wirtschaftsgut, anstatt es zu kaufen." (Bestmann 2001, S. 519).

Eine besondere Spezifikation stellt das so genannte „Sale-and-lease-back-Verfahren" dar. In diesem Falle verkauft der spätere Leasing-Nehmer den Vermögensgegenstand an den späteren Leasing-Geber und mietet ihn zurück. Insbesondere bei Gebäuden (z. B. Schulen, Rathäusern) findet diese Variante innerhalb des öffentlichen Sektors zunehmend Beachtung, da in diesem Falle z. B. notwendige Instandhaltungs- oder Renovierungsaufgaben auf den Leasing-Geber (Vermieter) abgewälzt werden können. Vor diesem Hintergrund bietet dieses Verfahren eine echte Möglichkeit zur kurzfristigen Verbesserung der Liquiditätslage (vgl. Abb. 4.4).

Wie bereits festgestellt, besitzt das Leasing im öffentlichen Sektor insbesondere im Bereich der Gebäudewirtschaft eine große Bedeutung (hierzu Gourmelon et al. 2011, S. 385 ff.). In Zeiten äußerst knapper Haushaltsmittel erscheint es mitunter attraktiver zu sein regelmäßige Leasinggebühren zu zahlen, als die finanzielle Belastung in einem Gesamtbetrag zu schultern. Als Vorteil kann hier es angesehen werden, dass sich der öffentliche Haushalt als Leasing-Nehmer nicht noch weiter verschulden muss. Andererseits belasten die auf die Zukunft verteilten Leasinggebühren die finanzielle Lage der Zukunft und bringen dementsprechend einen künftigen Verlust an finanziellem Handlungsspielraum mit sich. Es erscheint daher nur folgerichtig, dass die Kommunen Leasingverträge über Immobilien nur mit Zustimmung der Aufsichtsbehörde abschließen dürfen (Brede 2005, S. 106).

Factoring

Beim Factoring liegt eine Dreiecks-Beziehung von Kunde/Schuldner, Gläubiger und Factor/Factor-Bank vor (vgl. Abb. 4.5). Im Grundsatz geht es beim Factoring darum, dass der Factor dem Gläubiger die Forderung gegenüber dem Kunden abkauft. Im Weiteren zieht dann der Factor die Forderung beim Kunden auf eigene Gefahr und Rechnung ein. Bei Ankauf (und Kreditierung) der Forderung erfüllt das Factoring eine Finanzierungsfunktion. Im Hinblick auf die weitere Verwaltung des Forderungsbestandes erfüllt das Factoring eine Dienstleistungsfunktion.

Abb. 4.4 Grundstruktur:
Sales-and-lease-back-Verfahren

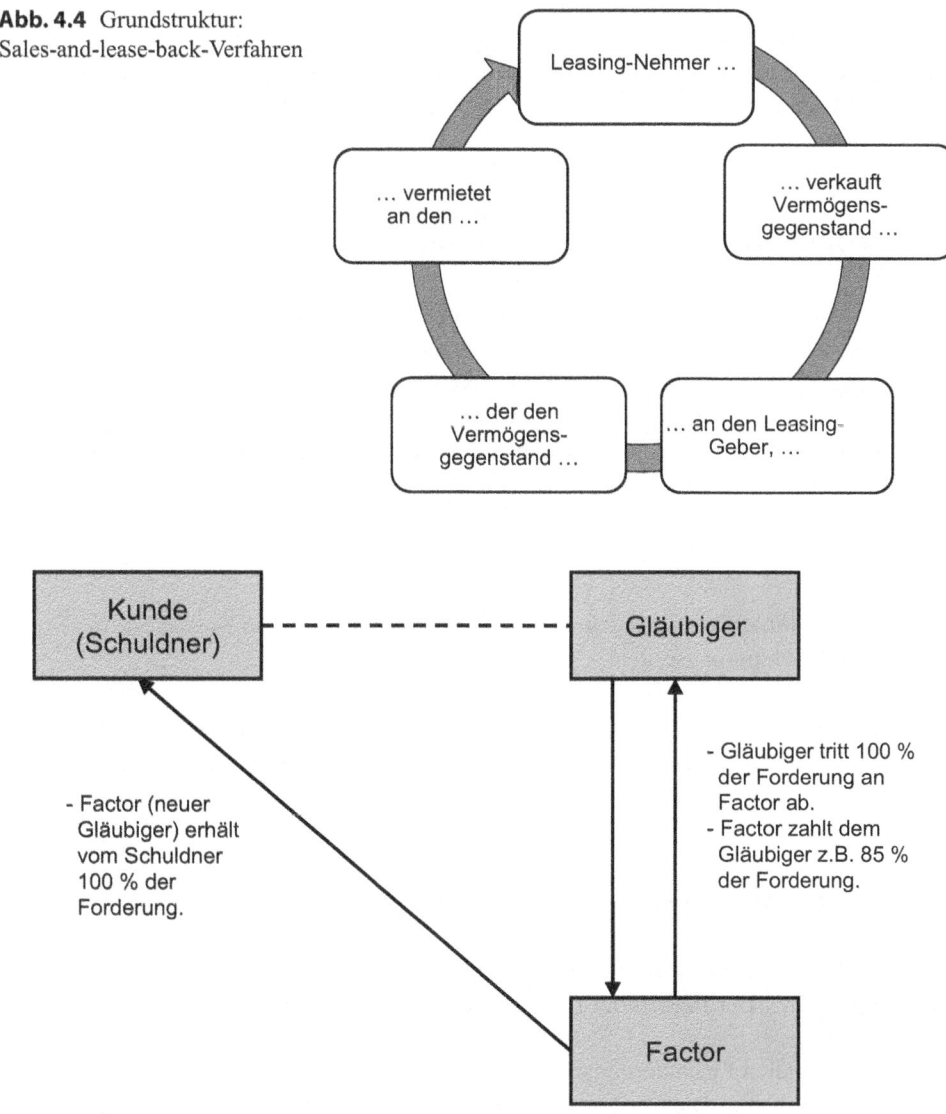

Abb. 4.5 Grundstruktur Factoring

Insoweit wie der Factor das Ausfallrisiko übernimmt, erfüllt es zudem eine Kreditver-
sicherungsfunktion (so genannte „Delkrederefunktion").

Beim echten Factoring übernimmt – wie oben beschrieben – der Factor das Risiko,
dass der Schuldner die Forderung nicht begleicht (Delkrederefunktion), während beim
unechten Factoring das Kreditausfallrisiko beim Gläubiger verbleibt. Berücksichtigt man,
dass die Gebühren für das Factoring im Regelfall ca. 10–15 % des Forderungsvolumens
betragen, dann wird deutlich, dass es sich dabei um eine verhältnismäßig teure Finanzie-
rungsform handelt. Allerdings – und hierin liegen u. a. die Vorteile dieser Möglichkeit –

führt sie bei dem ursprünglichen Gläubiger zu einem schnellen Zufluss von Geldmitteln, Einsparungen in der Verwaltung von Forderungsbeständen und Vermeidung von Verlusten aus Insolvenzen der Kunden (echtes Factoring). Abb. 4.5 illustriert das Factoring in seiner Grundstruktur.

4.5 Analysekriterien der Finanzierung

Wie oben deutlich geworden ist, bieten sich im Entscheidungsfall eine ganze Reihe Finanzierungsalternativen, auf die – zum Teil abhängig von der Rechtsform des Betriebes – zurückgegriffen werden kann. Zur Steuerung und Gestaltung („Management") der Finanzierung wird in der Regel ein besonderes Augenmerk auf die Kapital(gesamt)struktur gelegt. Daran anknüpfend gilt es, so genannte Finanzierungsregeln zu entwickeln, die sich wiederum auf die Beziehung von Kapital- bzw. Vermögenspositionen in der Bilanz beziehen.

Allgemein ist es üblich, wie folgt zu unterscheiden:

- Horizontale Finanzierungsregeln
- Vertikale Finanzierungsregeln

Die Bezeichnungen horizontal bzw. vertikal beziehen sich dabei auf bestimmte Positionen in der Bilanz, die entweder Aktiva und Passiva (horizontal) oder nur Aktiva bzw. nur Passiva (vertikal) Werte beinhalten.

4.5.1 Horizontale Finanzierungsregeln

Die horizontalen Finanzierungsregeln betrachten sowohl die Aktiva- als auch die Passiva-Seite einer Bilanz. Der Begriff der Bilanz wird in Kapitel 7 erörtert.

▶ Die horizontalen Finanzierungsregeln betrachten das Vermögen vor dem Hintergrund der Fristenkongruenz. Dies bedeutet, dass Vermögens- und Kapitalbestandteile sich in ihrer zeitlichen Bindung entsprechen sollen.

Die Kapitalgrößen (Passiva) der Bilanz sollen die Vermögenswerte (Aktiva) der Bilanz in der Weise finanzieren (Mittelherkunft = Mittelverwendung), dass sich die zeitliche Verfügbarkeit der Kapitalgrößen mit der zeitlichen Nutzung der Vermögenswerte deckt. Der Sinn dieses Vorgehens lässt sich damit begründen, dass auf diese Weise die Ansprüche der Eigen- und Fremdkapitalgeber mit den aus dem Verkauf der Vermögensteile erzielbaren Zahlungsmittel befriedigt werden können und die Liquidität gewahrt wird (Süchting 1989, S. 401). Es wird deutlich, dass horizontale Finanzierungsregeln vor allem darauf abzielen, die Zahlungsfähigkeit zu gewährleisten (vgl. Abb. 4.6).

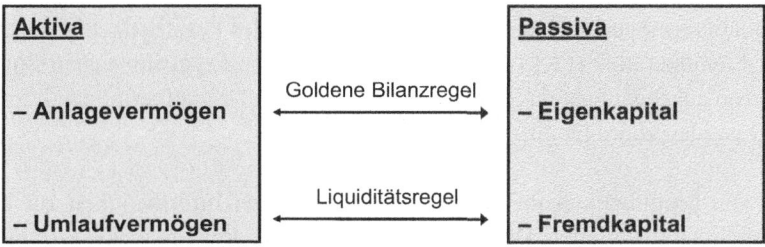

Abb. 4.6 Grundstruktur einer Bilanz

In ihrer strengsten bzw. engsten Auslegung verlangt die so genannte „Goldene Bilanzregel", dass das Anlagevermögen, als dasjenige Vermögen, das langfristig genutzt wird, vollständig durch Eigenkapital finanziert bzw. gedeckt werden soll. Entsprechend ist in diesem Fall von einem (Anlage-) Deckungsgrad von 100 % die Rede.

$$(\text{Anlage}-)\,\text{Deckungsgrad} = \frac{\text{Eigenkapital} \times 100}{\text{Anlagevermögen}}$$

Liegt der Wert exakt bei 100 % wäre sämtliches Anlagevermögen durch Eigenkapital gedeckt, so dass der Betrieb im Zweifel nicht von seiner Substanz zehren und z. B. Gebäude oder Maschinen verkaufen müsste, um Fremdkapitalgeber auszubezahlen. Desto weiter der Wert unterhalb von 100 % liegt, umso weniger ist das Anlagevermögen durch Eigenkapital gedeckt.

In der Praxis wird dieser strengen Forderung regelmäßig kaum nachgekommen, so dass auf realistischere Erscheinungsformen hinzuweisen ist.

Ausgehend von diesen allgemeinen Überlegungen sind vor allem zum Zwecke der Bilanzanalyse verschiedene Ausprägungen dieses Prinzips erarbeitet worden. Einige ausgewählte Regeln sollen nachfolgend kurz dargestellt werden (Süchting 1989, S. 401).

- Das Anlagevermögen (AV) soll mit Eigenkapital und langfristig zur Verfügung gestelltem Fremdkapital (EK + FKl) finanziert werden (Goldene Bilanzregel im engeren Sinne). Unterstellt wird hier, dass das Umlaufvermögen kurzfristig finanziert werden kann. Es gilt: AV ≤ EK + FKl. Für den (Anlage-) Deckungsgrad folgt:

$$(\text{Anlage}-)\,\text{Deckungsgrad} = \frac{(\text{Eigenkapital} + \text{langfrist. Fremdkapital})}{\text{Anlagevermögen}} \times 100$$

- Das Anlagevermögen und das dauerhaft gebundene Umlaufvermögen (UVl) z. B. Restbestand im Lager oder Bestand an Schuldnern, sollen langfristig finanziert werden (Goldene Bilanzregel im weiteren Sinne). Es wird hier angenommen, dass kurzfristig gebundenes Umlaufvermögen kurzfristig finanziert werden kann. Es gilt: AV + UVl ≤ EK + FKl.

- Das Umlaufvermögen soll mindestens das Doppelte des kurzfristig zur Verfügung gestellten Fremdkapitals (FKk) betragen (Goldene Bilanzregel im weiten Sinne). Hier wird davon ausgegangen, dass kurzfristig gebundenes Umlaufvermögen kurzfristig finanziert werden kann. Es gilt: $UV \geq 2\ FKk$

Mit Hilfe von Liquiditätsregeln lassen sich des Weiteren Informationen zur konkreten finanziellen Situation ableiten. Dabei werden in der Regel drei Grade von Liquidität unterschieden, die sich – allgemein formuliert – danach unterscheiden, wie schnell und problemlos der betrachtete Betrieb in der Lage wäre, seine kurzfristigen Verbindlichkeiten zu begleichen. Im Rahmen dieser Einführung ist es ausreichend, zu den kurzfristigen Verbindlichkeiten zunächst (nur) solche Verbindlichkeiten zu betrachten, die durch empfangene Lieferungen oder Leistungen entstanden sind.

- Liquidität 1. Grades
  (flüssige Mittel × 100)/kurzfristige Verbindlichkeiten
- Liquidität 2. Grades
  (flüssige Mittel + kurzf. Forderungen) × 100/kurzf. Verbindlichkeiten
- Liquidität 3. Grades
  (Umlaufvermögen × 100)/kurzf. Verbindlichkeiten

Vordergründig könnte es als ideal erscheinen, dass ein Betrieb zum Beispiel im Falle der Liquidität 1. Grades in der Lage ist, durch einen z. B. bar vorhandenen Zahlungsmittelstand seinen kurzfristigen Verbindlichkeiten nachzukommen zu können. Verfügt der Betrieb etwa über 5.000 € Bargeld und betragen seine kurzfristigen Verbindlichkeiten 4.500 €, so verfügt der Betrieb über eine Liquidität 1. Grades von über 110 %, was nichts anderes aussagt, als dass der Betrieb fähig wäre, seine kurzfristigen Verbindlichkeiten vollständig und schnell zu begleichen und sogar noch weitere Geldmittel zur Verfügung hätte. Die 500 € an zusätzlichen Mitteln werden aus Gründen der Liquidität allerdings nicht benötigt und erbringen auch keine Zinserträge. Aber auch eine Bereithaltung von 4.500 € wäre ggf. nicht wirtschaftlich, da kurzfristige Verbindlichkeiten – wenn sie fällig werden – auch bedarfsgerecht über kurzfristige Kredite abgedeckt werden könnten.

4.5.2 Vertikale Finanzierungsregeln

▶ Vertikale Finanzierungsregeln beziehen sich auf die Passiv-Seite der Bilanz und betrachten das Verhältnis von Eigen- und Fremdkapital (vgl. Abb. 4.7).

Mit der Gegenüberstellung von Fremd- und Eigenkapital wird die Mittelherkunft einer näheren Betrachtung unterzogen. Ein Vergleich dieser beiden Größen gibt Aufschluss über den (statischen) Verschuldungsgrad eines Betriebes:

$$\text{Verschuldungsgrad} = (\text{Fremdkapital} \times 100)/\text{Eigenkapital}$$

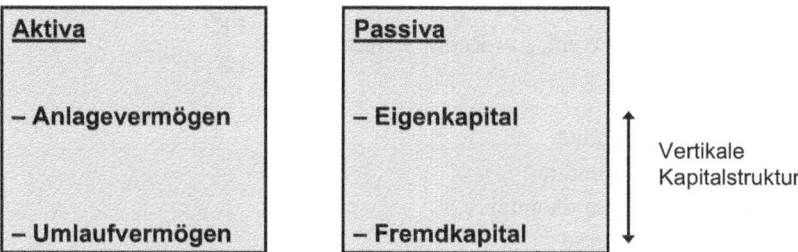

Abb. 4.7 Vertikale Finanzierungsstruktur

In der Praxis wird es eher einen Ausnahmetatbestand darstellen, dass ein Betrieb gänzlich ohne Fremdkapital auskommen kann oder auch will. Es stellt sich folglich die Frage, welcher Verschuldungsgrad anzustreben ist bzw. wie ein optimales Verhältnis von Eigen- und Fremdkapital aus der Sicht des Betriebes aussieht.

Zur Beurteilung dieser Frage ist es ratsam sich einen einfachen Zusammenhang zu verdeutlichen. Der Eigenkapitalgeber hat verständlicherweise ein Interesse daran, dass sich das von ihm in den Betrieb eingesetzte Kapital möglichst hoch verzinst, wobei der Zinssatz u. a. aufgrund des gegebenen Risikos höher als der allgemeine Bankzins liegen sollte, da es ansonsten wirtschaftlich vernünftiger wäre, das eigene Kapital aus dem Betrieb herauszuziehen und (sicher) bei einem Kreditinstitut anzulegen.

Für das aufgenommene Fremdkapital hat der Betrieb unabhängig vom Erfolg der geschäftlichen Tätigkeit den vereinbarten Schuldzins zu zahlen.

Eigen- und Fremdkapital werden schließlich gemeinsam dazu verwendet, die betriebliche Leistung zu erbringen und ggf. auch einen Gewinn zu erwirtschaften. Der jeweilige Beitrag zu einem möglichen Gewinn fällt dabei je nach Verschuldungsgrad unterschiedlich aus.

Es lässt sich argumentieren, dass es aus der Sicht des Eigenkapitalgebers unter Renditegesichtspunkten reizvoll, gleichwohl aber risikoträchtig sein kann, den Verschuldungsgrad zu erhöhen und Eigenkapital abzuziehen und stattdessen entsprechend weiteres Fremdkapital hinzuzufügen (vgl. auch Hax 1998, S. 224). Die Literatur spricht hier vom so genannten „Leverage-Effekt (engl. Leverage – Hebelkraft).

Oben ist der Anteil des Gewinns am Eigenkapital als Eigenkapitalrendite bezeichnet worden. Sie zeigt an, in welchem Ausmaß sich das eingesetzte Eigenkapital in dem betrachteten Zeitrahmen verzinst hat. Ebenfalls ist oben der Begriff der Gesamtkapitalrendite eingeführt worden. Dieser gibt die Verzinsung des gesamten Kapitals, d. h. des Eigen- und Fremdkapitals an. Der Leverage-Effekt besagt nun, dass die Eigenkapitalrendite durch eine höhere Verschuldung gesteigert werden kann, solange die Gesamtkapitalrendite größer ist als der zu zahlende Zinssatz für das Fremdkapital.

Im Kern handelt es sich beim Leverage-Effekt um einen Investitionseffekt. Sofern es möglich ist, in einem Finanzierungsprojekt mehr Gesamtrendite zu erzielen als an Fremdkapitalzinsen zu zahlen ist, kann Eigenkapital aus dem Projekt abgezogen werden und anderen Verwendungsmöglichkeiten zugeführt werden. Formal wird dieser Zusammenhang durch die folgende Gleichung ausgedrückt:

$$\text{Rent}_{EK} = \text{Rent}_{G} + (\text{Rent}_{G} - i) \times \frac{FK}{EK}$$

Rent_{EK} = Eigenkapitalrendite
Rent_{G} = Gesamtkapitalrendite
i   = Zinssatz für Fremdkapital
FK/EK = Verschuldungsgrad
FK   = Fremdkapital
EK   = Eigenkapital

Anhand der Gleichung wird deutlich, dass der Leverage-Effekt sowohl positiv als auch negativ ausfallen kann, je nachdem wie das Verhältnis von Gesamtkapitalrendite und Fremdkapitalzinssatz ausfällt. Enthält der Ausdruck in der Klammer eine positive Zahl, d. h. gilt $\text{Rent}_{G} > i$, dann nimmt die Eigenkapitalrendite mit wachsendem Verschuldungsgrad (FK/EK) immer weiter zu. Ändert sich aber das Verhältnis von Gesamtkapitalrendite und Fremdkapitalzins, weil z. B. weniger Gesamtkapitalrendite erwirtschaftet wird oder die Fremdkapitalzinsen steigen oder beides, dann sinkt bei einem negativen Wert in dem Klammerausdruck bei steigendem Verschuldungsgrad die Eigenkapitalrendite.

Im schlechtesten Fall sinkt die Eigenkapitalrendite bis Null oder gar ins Negative, wenn der stets mit positiven Vorzeichen verbleibende Quotient FK/EK mit einem negativen Wert zu multiplizieren ist, so dass Eigenkapital aufgezehrt wird und im Endstadium eine Überschuldung eintritt.

4.5.3 „Cash-Flow"

▶ Unter dem so genannten „Cash-Flow" (engl. für Geldzufluss) wird eine wirtschaftliche Messgröße verstanden, die das tatsächliche Innenfinanzierungsvolumen des Betriebes beschreibt.

In diesem Sinne bezeichnet er auch den „wirklichen" Überschuss an Zahlungsmitteln, die aus der wirtschaftlichen Tätigkeit des Betriebes resultiert. Der Clash-Flow setzt sich aus dem Jahresüberschuss (Bilanzgewinn), Abschreibungen und Zuführungen zu Pensionsrückstellungen zusammen; je nach Betriebsform abzüglich Dividendenzahlungen. Danach gibt also der in der betrieblichen Gewinn- und Verlustrechnung ausgewiesene Überschuss die tatsächlichen Möglichkeiten der Innenfinanzierung (s. o.) nur unscharf wieder. Was die konkrete Berechnung des „Cash-Flow" angeht, existiert in der BWL keine einheitliche oder verbindliche Vorgehensweise.

Ausgehend vom Jahresüberschuss/Bilanzgewinn werden Aufwendungen hinzugerechnet und Erträge wieder abgezogen, die in der betrachteten Periode nicht finanzwirksam/zahlungswirksam waren. Nicht zahlungswirksam bedeutet einfach formuliert, dass diese

Mittel zusätzlich zum Jahresüberschuss für Finanzierungszwecke grundsätzlich auch zur Verfügung stehen (Aufwendungen) bzw. im anderen Fall in der betrachteten Periode noch nicht (Erträge) für Finanzierungszwecke tatsächlich genutzt werden können: Wenn also wirtschaftliche Vorgänge nicht auch mit Ein- oder Auszahlungen von Bargeld bzw. Bankguthaben verbunden sind. So stellen Abschreibungen zwar einen Aufwandsposten dar, Zahlungsmittel fließen aber direkt nicht ab. Andererseits führt die Zunahme von Forderungen zwar zu Erträgen, Zahlungsmittel fließen dem Betrieb in der betrachteten Periode aber nicht zu. Eine Berücksichtigung von Abschreibungen und Zuführungen zu Pensionsrückstellungen führt etwa wie folgt zum „Cash-Flow":

$$Cash - Flow = Jahresüberschuss + Abschreibungen +$$
$$ZuschreibungenzuPensionsrückstellungen$$

Verbreitet ist auch das folgende Schema:

$$Cash\ Flow = Jahresüberschuss + alle\ nicht\ auszahlungswirksame\ Aufwendungen -$$
$$alle\ nicht\ einzahlungswirksame\ Erträge$$

4.6   Finanzierung der Gemeinden

Basierend auf Art. 28, Abs. 2 GG verfügen die Gemeinden in Deutschland über Finanzhoheit. Dies besagt, dass es ihnen im Rahmen der Gesetze erlaubt ist, ihr Finanzwesen selbst zu regeln, was wiederum bedeutet, dass Gemeinden das Recht besitzen, ihre Einnahmen und Ausgaben mit Hilfe der ihnen staatlicherseits zur Verfügung gestellten Möglichkeiten, eigenverantwortlich zu bewirtschaften. Im Zuge der aus der Finanzhoheit abgeleiteten Einnahmehoheit haben die Gemeinden die zur Erfüllung ihrer Aufgaben erforderlichen Mittel aus eigenen Einnahmen aufzubringen (Vogelsang et al. 2005, S. 256 f.). Die konsequente Folgerung daraus ist, dass Gemeinden so genannte freiwillige Aufgaben, also Aufgaben, die wahrzunehmen sie nicht (gesetzlich) verpflichtet sind, nur dann wahrnehmen dürfen, wenn sie diese auch finanzieren können. Ferner sollen den Gemeinden seitens des Bundes und der Länder keine Aufgaben übertragen werden, die für die Gemeinden mit einem systematischen Defizit verbunden sind (Vogelsang et al. 2005, S. 266). Zur Finanzierung ihrer freiwilligen und verpflichtenden Aufgaben stehen den Gemeinden eine Reihe von Einnahmemöglichkeiten zur Verfügung. Als die wichtigsten Einnahmearten können genannt werden:

• Steuern
• Gebühren und Beiträge
• Zuweisungen
• Sonstiges

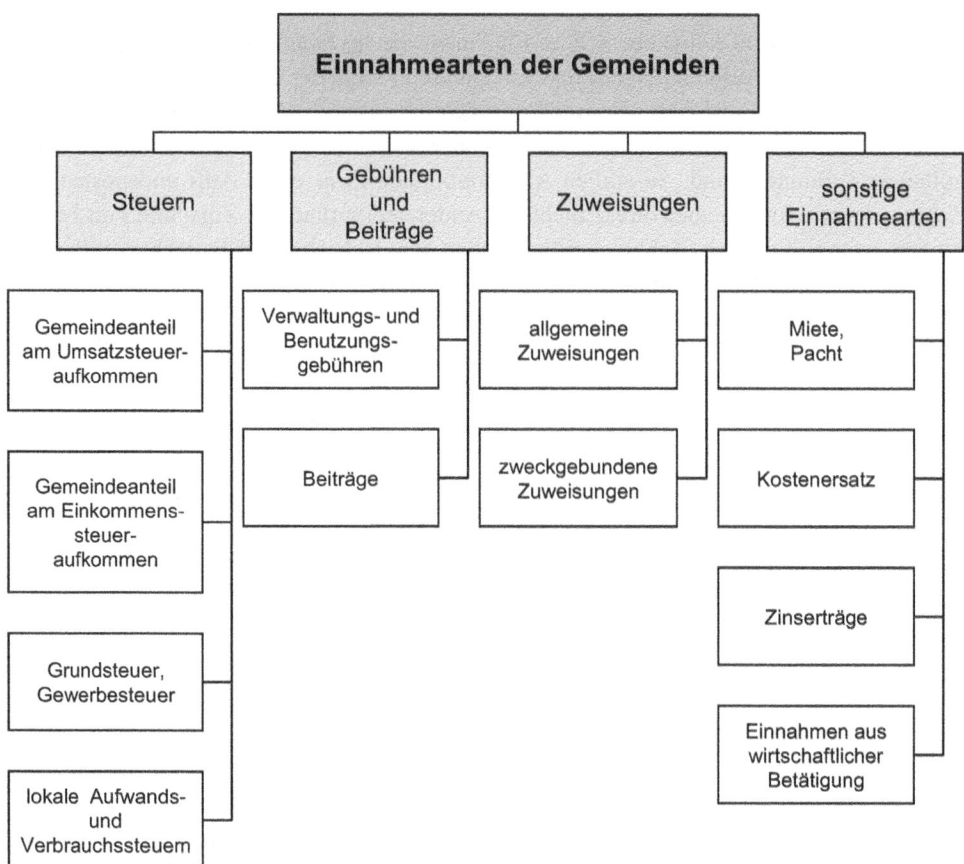

Abb. 4.8 Einnahmearten der Gemeinden verändert nach Bieker 2006, S. 58

Diese grundsätzlichen Einnahmekategorien lassen sich weiter spezifizieren (vgl. Abb. 4.8).

▶ Steuern lassen sich als eine öffentliche Abgabe verstehen, der auf der anderen Seite kein Anspruch auf eine unmittelbare Gegenleistung entspricht. In diesem Sinne weisen Steuerzahlungen einen Zwangscharakter auf, da sie auch gegen den Willen des Steuerpflichtigen geleistet werden müssen (Zimmermann und Henke 1990, S. 16).

In den Merkmalen der fehlenden Gegenleistung und dem Zwangscharakter ist auch ein wesentlicher Unterschied zu den Einnahmearten Gebühren und Beiträge erkennbar. Gebühren, z. B. Nutzungsgebühren lassen sich durch Verzicht auf die jeweilige Nutzung vermeiden. Daneben wird bei einer Nutzung im Gegenzug für die Gebühr auch eine mit dieser (Nutzungs-) Gebühr in Verbindung stehende konkrete Gegenleistung erbracht. Gebühren sind folglich als Abgaben zu verstehen, die staatlicherseits für bestimmte öffentliche Dienstleistungen erhoben werden. Die Leistung ist individuell zurechenbar bzw. es liegt eine individuelle Nachfrage nach dieser Leistung vor.

- (Be-) Nutzungsgebühren für die Nutzung öffentlicher Einrichtungen wie Wasserversorgung oder Müllabfuhr.
- Verwaltungsgebühren für die Durchführung von Amtshandlungen wie der Ausstellung eines Personalausweises.

Im Gegensatz zu den Gebühren ist für eine Erhebung von Beiträgen keine individuelle Zurechenbarkeit und individuelle Nachfrage notwendig: Allein die theoretische Möglichkeit, dass die Leistung genutzt werden könnte, löst Beitragspflichtigkeit aus (z. B. Beiträge zur Sozialversicherung). Beiträge werden auch häufig zur Finanzierung von umfangsreichen Investitionsvorhaben, wie etwa dem Bau eines Kanalsystems in Neubaugebieten erhoben. Als Erweiterung der Infrastruktur stellen die Geldbeiträge weder Eigen- noch Fremdkapital dar, da sie nicht in das Haftungskapital eingehen und auch keine Rückzahlung vorgesehen ist (Rau 1994, S. 507). Beiträge zur Finanzierung von Investitionen in die öffentliche Infrastruktur lassen sich insbesondere vor dem Hintergrund des in Kapitel 1 besprochenen Phänomens des Marktversagens („Trittbrettfahrer-Problem") interpretieren, wie der nachfolgende Textauszug verdeutlicht (Zimmermann und Henke 1990, S. 132 ohne Hervorhebung):

… ist der Deichbau ein typischer Fall, in dem nichtzahlende Mitbenutzer („free-rider') nicht ausgeschlossen werden können, da ihnen der Schutz eines Deiches in jedem Fall zugutekommt. Hier kann öffentliche Aktivität mit anschließender – zwangsweiser – Umlage im Beitragswege eine von der Mehrheit als richtig erkannte Aufgabe erfüllen helfen.

Die mit Abstand bedeutendste Einnahmequelle des öffentlichen Sektors und so auch der Gemeinden stellen die oben bereits eingeführten Steuern dar. Nach Art. 106 Grundgesetz stehen die dem Bund, dem Bundesland, der Gemeinde/dem Gemeindeverband oder aufgrund eines Verteilungsschlüssels den genannten anteilig zu. So regelt das Gemeindefinanzierungsgesetz, welchen Anteil die Gemeinden auf dem Wege von (allgemeinen und zweckgebundenen) Zuweisungen an bestimmten Steuereinnahmen erhalten. Die formale Basis dieser Regelung stellt Artikel 106 Grundgesetz dar:

(1) Der Ertrag der Finanzmonopole und das Aufkommen der folgenden Steuern stehen dem Bund zu:
1. die Zölle,
2. die Verbrauchsteuern, soweit sie nicht nach Abs. 2 den Ländern, nach Abs. 3 Bund und Ländern gemeinsam oder nach Abs. 6 den Gemeinden zustehen,
3. die Straßengüterverkehrsteuer, die Kraftfahrzeugsteuer und sonstige auf motorisierte Verkehrsmittel bezogene Verkehrsteuern,
4. die Kapitalverkehrssteuern, die Versicherungsteuer und die Wechselsteuer,
5. die einmaligen Vermögensabgaben und die zur Durchführung des Lastenausgleichs erhobenen Ausgleichsabgaben,

6. die Ergänzungsabgabe zur Einkommensteuer und zur Körperschaftsteuer,

7. Abgaben im Rahmen der Europäischen Gemeinschaften.

(2) Das Aufkommen der folgenden Steuern steht den Ländern zu:

1. die Vermögensteuer,

2. die Erbschaftsteuer,

3. die Verkehrssteuern, soweit sie nicht nach Abs. 1 dem Bund oder nach Abs. 3 Bund und Ländern gemeinsam zustehen,

4. die Biersteuer,

5. die Abgabe von Spielbanken.

(3) Das Aufkommen der Einkommensteuer, der Körperschaftsteuer und der Umsatzsteuer steht dem Bund und den Ländern gemeinsam zu (Gemeinschaftsteuern), soweit das Aufkommen der Einkommensteuer nicht nach Abs. 5 und das Aufkommen der Umsatzsteuer nicht nach Abs. 5a den Gemeinden zugewiesen wird. Am Aufkommen der Einkommensteuer und der Körperschaftsteuer sind der Bund und die Länder je zur Hälfte beteiligt. Die Anteile von Bund und Ländern an der Umsatzsteuer werden durch Bundesgesetz, das der Zustimmung des Bundesrates bedarf, festgesetzt. Bei der Festsetzung ist von folgenden Grundsätzen auszugehen:

1. Im Rahmen der laufenden Einnahmen haben der Bund und die Länder gleichmäßig Anspruch auf Deckung ihrer notwendigen Ausgaben. Dabei ist der Umfang der Ausgaben unter Berücksichtigung einer mehrjährigen Finanzplanung zu ermitteln.

2. Die Deckungsbedürfnisse des Bundes und der Länder sind so aufeinander abzustimmen, dass ein billiger Ausgleich erzielt, eine Überbelastung der Steuerpflichtigen vermieden und die Einheitlichkeit der Lebensverhältnisse im Bundesgebiet gewahrt wird.

Zusätzlich werden in die Festsetzung der Anteile von Bund und Ländern an der Umsatzsteuer Steuermindereinnahmen einbezogen, die den Ländern ab 1. Januar 1996 aus der Berücksichtigung von Kindern im Einkommensteuerrecht entstehen. Das Nähere bestimmt das Bundesgesetz nach Satz 3.

(4) Die Anteile von Bund und Ländern an der Umsatzsteuer sind neu festzusetzen, wenn sich das Verhältnis zwischen den Einnahmen und Ausgaben des Bundes und der Länder wesentlich anders entwickelt; Steuermindereinnahmen, die nach Abs. 3 Satz 5 in die Festsetzung der Umsatzsteueranteile zusätzlich einbezogen werden, bleiben hierbei unberücksichtigt. Werden den Ländern durch Bundesgesetz zusätzliche Ausgaben auferlegt oder Einnahmen entzogen, so kann die Mehrbelastung durch Bundesgesetz, das der Zustimmung des Bundesrates bedarf, auch mit Finanzzuweisungen des Bundes ausgeglichen werden, wenn sie auf einen kurzen Zeitraum begrenzt ist. In dem Gesetz sind die Grundsätze für die Bemessung dieser Finanzzuweisungen und für ihre Verteilung auf die Länder zu bestimmen.

(5) Die Gemeinden erhalten einen Anteil an dem Aufkommen der Einkommensteuer, der von den Ländern an ihre Gemeinden auf der Grundlage der Einkommensteuerleistungen ihrer Einwohner weiterzuleiten ist. Das Nähere bestimmt ein Bundesgesetz, das der Zustimmung des Bundesrates bedarf. Es kann bestimmen, dass die Gemeinden Hebesätze für den Gemeindeanteil festsetzen.

(5a)Die Gemeinden erhalten ab dem 1. Januar 1998 einen Anteil an dem Aufkommen der Umsatzsteuer. Er wird von den Ländern auf der Grundlage eines orts- und wirtschaftsbezogenen Schlüssels an ihre Gemeinden weitergeleitet. Das Nähere wird durch Bundesgesetz, das der Zustimmung des Bundesrates bedarf, bestimmt.

(6) Das Aufkommen der Grundsteuer und Gewerbesteuer steht den Gemeinden, das Aufkommen der örtlichen Verbrauch- und Aufwandsteuern steht den Gemeinden oder nach Maßgabe der Landesgesetzgebung den Gemeindeverbänden zu. Den Gemeinden ist das Recht einzuräumen, die Hebesätze der Grundsteuer und Gewerbesteuer im Rahmen der Gesetze festzusetzen. Bestehen in einem Land keine Gemeinden, so steht das Aufkommen der Grundsteuer und Gewerbesteuer sowie der örtlichen Verbrauch- und Aufwandsteuern dem Land zu. Bund und Länder können durch eine Umlage an dem Aufkommen der Gewerbesteuer beteiligt werden. Das Nähere über die Umlage bestimmt ein Bundesgesetz, das der Zustimmung des Bundesrates bedarf. Nach Maßgabe der Landesgesetzgebung können die Grundsteuer und Gewerbesteuer sowie der Gemeindeanteil vom Aufkommen der Einkommensteuer und der Umsatzsteuer als Bemessungsgrundlagen für Umlagen zugrunde gelegt werden.

(7) Von dem Länderanteil am Gesamtaufkommen der Gemeinschaftsteuern fließt den Gemeinden und Gemeindeverbänden insgesamt ein von der Landesgesetzgebung zu bestimmender Hundertsatz zu. Im Übrigen bestimmt die Landesgesetzgebung, ob und inwieweit das Aufkommen der Landessteuern den Gemeinden (Gemeindeverbänden) zufließt.

(8) Veranlasst der Bund in einzelnen Ländern oder Gemeinden (Gemeindeverbänden) besondere Einrichtungen, die diesen Ländern oder Gemeinden (Gemeindeverbänden) unmittelbar Mehrausgaben oder Mindereinnahmen (Sonderbelastungen) verursachen, gewährt der Bund den erforderlichen Ausgleich, wenn und soweit den Ländern oder Gemeinden (Gemeindeverbänden) nicht zugemutet werden kann, die Sonderbelastungen zu tragen. Entschädigungsleistungen Dritter und finanzielle Vorteile, die diesen Ländern oder Gemeinden (Gemeindeverbänden) als Folge der Einrichtungen erwachsen, werden bei dem Ausgleich berücksichtigt.

(9) Als Einnahmen und Ausgaben der Länder im Sinne dieses Artikels gelten auch die Einnahmen und Ausgaben der Gemeinden (Gemeindeverbände).

Tab. 4.4 Beeinflussbarkeit der Höhe kommunaler Einnahmen. (Quelle: Rau 1994, S. 504, leicht verändert)

Beeinflussbar-keit der Höheder Einnah-men	niedrig	mittel	hoch
Höhe der Einnahmen			
Groß	Allgemeine Zuweisung	Gemeindeanteil an der Einkommenssteuer	Realsteuern, Gebühren und spezielle Entgelte
Mittel	Ersatz von Sozialhilfeleistungen	Zweckzuweisun-gen, Gewinnanteile, Konzessionsabgaben, Investitionszuschüsse	Kredite
Niedrig	Schuldendiensthilfen, Zinseinkünfte	Verkaufserlöse, Mie-ten, Beiträge	Entnahmen aus Rück-lagen, örtliche Steuern

Grundsätzlich lassen sich die Finanzierungsmöglichkeiten der Gemeinden auch in die oben beschriebene Systematik der Innen- und Außenfinanzierung überführen. Aufschlussreicher erscheint für die vorliegenden Zwecke aber eine Ordnung der Finanzierungsmöglichkeiten nach deren Beeinflussbarkeit und Höhe der Einnahmen nach Rau (1994, S. 503 ff.), wie sie Tab. 4.4 darstellt.

4.7   Aufgaben zur Reflexion und Vertiefung

Fragen

- Verdeutlichen Sie sich, weshalb von den Eigentümern privat in das Unternehmen eingebrachte Geldmittel zum Bereich der Außenfinanzierung gezählt wird.
- Unterscheiden Sie Außen- und Innenfinanzierung auf der einen und Eigen- und Fremdfinanzierung auf der anderen Seite.
- Beschreiben Sie, weshalb die GmbH auch als die „kleine AG" bezeichnet wird.
- Reflektieren Sie, weshalb Leasing und Factoring zur Gruppe der Kreditsubstitute zählen.
- Erläutern Sie den Inhalt der so genannten Goldenen Bilanzregel mit eigenen Worten.
- Verdeutlichen Sie sich den Aussagegehalt der verschiedenen Grade an Liquidität – für welche Arten von Entscheidung sind diese Kennziffern hilfreich?
- Was besagt der Verschuldungsgrad? Weshalb spricht man in diesem Zusammenhang von vertikalen Finanzierungsregeln?
- Skizzieren Sie mit eigenen Worten die Einnahmearten von Gemeinden.

Literatur

Bieker, R. (2006). *Kommunale Sozialverwaltung*. München.
Bestmann, U. (Hrsg.). (2001). *Kompendium der Betriebswirtschaftslehre* (10. Aufl.). München.
Brede, H. (2005). *Grundzüge der Öffentlichen Betriebswirtschaftslehre* (2. Aufl.). München.

Däumler, K.-D. (2002). *Betriebliche Finanzwirtschaft* (8. Aufl.). Herne.

Gourmelon, A., Mroß, M., & Seidel, S. (2011). *Management im öffentlichen Sektor. Organisationen steuern-Strukturen schaffen-Prozesse gestalten.* Heidelberg.

Hax, H. (1998). Finanzierung, In M. Bitz, K. Dellmann, M. Domsch, & F. W. Wagner (Hrsg.), *Vahlens Kompendium der Betriebswirtschaftslehre,* (Bd. 1, 4. Aufl.,S.175–233.). München.

Rau, Th. (1994). *Betriebswirtschaftslehre für Städte und Gemeinden.* München.

Süchting, J. (1989). *Finanzmanagement* (5. Aufl.). Wiesbaden.

Vogelsang, K., Lübking, U., & Ulbrich, I.-M. (2005). *Kommunale Selbstverwaltung* (3. Aufl.). Berlin.

Zimmermann, H., & Henke, K.-D. (1990). *Einführung in die Finanzwissenschaft* (6. Aufl.). München.

Beschaffung i. e. S. (Materialwirtschaft) 5

5.1 Verständnis und Grundlagen

Neben der Produktion, dem Absatz und der Finanzierung gehört die Beschaffung zu den elementaren Funktionen, die in jeder Form von Betrieb wahrzunehmen sind. Bevor die Produktion/Bereitstellung von Waren oder Dienstleistungen erfolgen kann und diese schließlich abgesetzt werden können, sind die notwendigen Faktoren der Produktion (Produktionsfaktoren) sowie Finanzmittel zunächst zu beschaffen oder abstrakter formuliert: Sie sind der Nutzung durch den Betrieb zugänglich zu machen – ein Erwerb von Eigentum an diesen Faktoren ist nicht zwingend notwendig und z. B. im Falle des Produktionsfaktors „Arbeit" auch gar nicht möglich.

▶ Die Beschaffungsfunktion (i. w. S.) umfasst demnach sämtliche i. w. S. Mittel, die zur betrieblichen Leistungserstellung notwendig sind, d. h. zum Beispiel sowohl Rohstoffe, Werkstoffe, Maschinen, aber auch Geldmittel oder menschliche Arbeitskräfte (vgl. Tempelmeier 1998, S. 237).

Entsprechend dieser Logik wären sämtliche Beschaffungsvorgänge allesamt auf die Beschaffungsfunktion zu konzentrieren. Die Beschaffung und die jeweils damit verbundenen Überlegungen und Aktivitäten von Material, Personal, Finanzmitteln etc. unterscheidet sich jedoch in ihrer konkreten Ausgestaltung erheblich voneinander, so dass der jeweilige Gegenstand der Beschaffung in den entsprechenden Teilfunktionen, wie z. B. der Personalwirtschaft, der Finanzwirtschaft etc. in der betrieblichen Praxis separat behandelt werden.

Im Weiteren soll die Materialbeschaffung als Beschaffung i. e. S. aus dem Gesamtkomplex der Beschaffung herausgelöst werden (Tempelmeier 1998, S. 237).

© Springer Fachmedien Wiesbaden 2015
M. Mroß, *Betriebswirtschaft im öffentlichen Sektor,*
DOI 10.1007/978-3-658-07121-9_5

5.2   Ziele und Zielkonflikte

Für den oben eingegrenzten Beschaffungsbereich werden in der Regel die folgenden Ziele zu Grunde gelegt (Weber 2003, S. 53):

- Qualitätssicherung: Die Beschaffenheit und Eigenschaften der eingesetzten Materialien haben einen signifikanten Einfluss auf die Qualität des Endproduktes. So kann aus minderwertigen, angeschafften Materialien kaum ein hochwertiges Produkt entstehen.
- Kostengünstigkeit: Durch niedrige Einstandspreise und sorgsames Wirtschaften im Beschaffungsbereich wird ein Beitrag zu einem kostengünstigen Endprodukt geleistet. Im Rahmen der „just-in-time"-Logik wird der Bestand im Idealfall genau in dem Augenblick wieder aufgefüllt, in dem das letzte Stück das Lager verlässt. Die Folgen sind insbesondere geringe Kosten für Lagerhaltung und geringe Kosten für Kapitalbindung.
- Liquiditätsziel: Gelingt es dem Beschaffungsbereich die Kosten für Kapitalbindung gering zu halten, dann stehen dem Betrieb mehr Finanzmittel für eine anderweitige Verwendung zur Verfügung.
- Gewährleistung von Lieferfähigkeit: Der Beschaffungsbereich muss durch eine entsprechende Bestell- und Lagerpolitik sicherstellen, dass die Leistungsherstellung nicht aufgrund von Materialmangel unterbrochen wird.

Die genannten Ziele können nicht gleichzeitig verfolgt und erfüllt werden. Es bestehen Zielkonflikte. Es bedarf kaum einer näheren Erklärung, dass die Ziele Qualitätssicherung und Kostengünstigkeit in einer gewissen Konfliktbeziehung zueinander stehen. In der Regel wird es schwierig sein qualitativ hochwertige Materialien zu niedrigen Preisen zu beschaffen. Des Weiteren steht das Liquiditätsziel mit dem Ziel der Gewährleistung von Lieferfähigkeit in Konkurrenz. So führt ein hoher Lagerbestand dazu, dass die Liquidität des Betriebes aufgrund der gebundenen Finanzmittel leidet, gleichzeitig wird es aber unwahrscheinlicher, dass es zu Produktionsausfällen aufgrund von Materialmangel kommt et vice versa. Das Ziel der Gewährleistung der Lieferfähigkeit kann auch in Konkurrenz zum Ziel der Qualitätssicherung stehen. Hohe Lagerbestände können dazu führen, dass Materialien in den Herstellungsprozess einfließen, die aufgrund der langen Lagerhaltung veraltet oder nur noch bedingt geeignet sind.

5.3   Materialklassifikation: Die ABC-Analyse

5.3.1   Ziel der ABC-Analyse

Insbesondere in größeren Betrieben wird die Anzahl der anzuschaffenden Materialien schnell eine Größe erreichen, in der es schwer fallen wird zu beurteilen, welche Materialien welchen wert- und zahlenmäßigen Stellenwert im gesamten Beschaffungswesen einnehmen. Zu denken sei hier nur an die Vielzahl der Materialien, die für den Betrieb einer auch nur mittelgroßen Organisationseinheit anfallen, wie etwa: Stifte, Ordner, CDs, Papier, Druckerpatronen etc.

In diesen Fällen ist es sinnvoll, sich ein Bild davon zu verschaffen, welche Beschaffungsgegenstände welchen Wert aufweisen. Mit einer solchen Information wäre es beispielsweise möglich, eine größere Aufmerksamkeit (z. B. durch Errechnung der optimalen Bestellmenge etc.) solchen Materialien zu schenken, deren Anteil am Gesamtwert aller Beschaffungsvorgänge besonders hoch ist. Dies ist insbesondere von Vorteil, wenn man bedenkt, dass es schon allein aus (Arbeits-) Kapazitätsgründen für die Mitarbeiter im Beschaffungsbereich kaum möglich sein wird, jeder Materialart eine gleich hohe Aufmerksamkeit schenken.

In dem unten angegebenen Beispiel wäre es auch wirtschaftlich unvernünftig, etwa der Materialart M 4 mit einem Beschaffungswert von nur 250 € genauso viel Aufmerksamkeit zu schenken, wie der Materialart M 6 mit einem Beschaffungswert von 8.000 €. Führt eine Reduktion der Beschaffungskosten um 10 % für M 4 zu Ersparnissen von 25 €, werden bei M 6 schon 800 € eingespart. Es wäre daher vernünftig die Einsparungsaktivitäten in diesem Fall ausschließlich auf M 6 zu konzentrieren.

5.3.2   Durchführung der Analyse

Um diejenigen Materialien zu identifizieren, deren Bedeutung für den Betrieb besonders hoch ist, empfiehlt sich das folgende Vorgehen (vgl. Weber 1996, S. 320 ff.):

1. Basierend z. B. auf den Daten der Vergangenheit wird der Beschaffungswert der Materialien M 1 bis M 10 festgestellt (z. B.: 162, 5 Stück. × 15 €/Stück. = 2.437,50 € für die Materialart M 1) (vgl. Tab. 5.1).

Tab. 5.1 Grunddaten ABC-Analyse

Materialart	Beschaffungsmeng in Stück	Beschaffungspreis in Euro pro Stück	Beschaffungswert in Euro
M 1	162,5	15,-	2.437,5
M 2	625	10,-	6.250
M 3	750	2,-	1.500
M 4	250	1,-	250
M 5	75	6,-	450
M 6	1.000	8,-	8.000
M 7	1500	2,-	3.000
M 8	100	18,-	1.800
M 9	1.500	0,50	750
M 10	200	11,-	2.200
Gesamt			26.637,5

Tab. 5.2 ABC-Tabelle

Materialart	Beschaffungs- wert in Euro	Anteil am Gesamt- beschaffungs- wert in v. H.	Kumulierter Anteil am Gesamt- beschaffungs- wert in v. H.	Anteil an den gesamten Materialarten in v. H.	Kumulierter Anteil an der Gesamtanzahl der Materia- lien in v. H.
M 6	8.000	30	30	10	10
M 2	6.250	23,5	53,5	10	20
M 7	3.000	11,3	64,8	10	30
M 1	2.437,5	9,2	73,9	10	40
M 10	2.200	8,3	82,2	10	50
M 8	1.800	6,8	88,9	10	60
M 3	1.500	5,6	94,6	10	70
M 9	750	2,8	97,4	10	80
M 5	450	1,7	99,1	10	90
M 4	250	0,9	100,0	10	100
Gesamt	26.637,5	100,00		100,00	

2. Ordnen der Materialien entsprechend ihrem Beschaffungswert; angefangen mit dem höchsten Wert (vgl. Spalte 1 und 2 in der ABC-Tabelle(Tab. 5.2)).
3. Errechnen der Prozent-Anteile am Gesamtbeschaffungswert je Materialart (z. B. für M 6 der Wert von 30 % in Zeile 2/Spalte 3 der ABC-Tabelle)
4. Kumulierung der Prozent-Anteile der unter Schritt 3 festgestellten Anteile am Gesamt- beschaffungswert je Materialart (z. B. für M 2 die Werte 30 + 23,5 = 53,5 % in Zeile 3/ Spalte 4 der ABC-Tabelle).
5. Analog zu den Schritten 3 und 4 bzgl. der wertmäßigen Anteile, wird nun in den Spalten 5 und 6 der ABC-Tabelle der zahlenmäßige Anteil in Prozent ermittelt und kumuliert.

Diese Grunddaten zu den einzelnen Beschaffungs- bzw. hier Materialarten gilt es in einem nächsten Schritt in eine ABC-Tabelle zu überführen.

Entsprechend der Bezeichnung ABC werden im Weiteren drei Klassen gebildet, wobei die Einteilung nach ABC keineswegs zwingend ist. Je nach Umfang der Streuung kann es sich auch anbieten vier (ABCD-Analyse) zu bilden.

Wie groß die Spannweiten der Klassen jeweils sind, lässt sich nur anhand der Zweck- mäßigkeit beurteilen. Häufig werden für die Klasse A die Spanne 0–75 %, für die Klasse B die Spanne 76–90 % und für die Klasse C die Spanne 91–100 % vorgegeben. Wen- det man diese Einteilung auf das Beispiel an, dann ergibt sich folgende Ordnung für die ABC-Tabelle: A-Güter: M 6, M 2, M 7, M 1 und B-Güter: M 10, M 8 sowie C-Güter: M 3, M 9, M 5. Es ist sinnvoll die Klassengrenzen dort festzulegen, wo im konkreten Fall größere Prozent-„Sprünge" der Wertanteile auftreten, wie z. B. im Beispiel zwischen dem Materialarten M 9 und M 3 und weiter dann zwischen M 7 und M 2, so dass dann in dem

Beispiel nur die Materialien M 6 und M 2 zu den A-Gütern zu zählen wären, M 7 bis M 3 zählen zur Klasse der B-Güter und M 9 bis M 4 zu den C-Gütern.

Den A-Gütern kann im Weiteren dann in der Form eine höhere Aufmerksamkeit geschenkt werden, indem z. B. der Lieferantenauswahl eine besondere Bedeutung beigemessen wird. Der Bezug dieser wichtigen Güter sollte durch langfristige Verträge gesichert und die Qualität und Liefertermine genauer verfolgt werden usw.

5.3.3   Kritik

Das Instrument der ABC-Analyse stellt insgesamt eine praktisch gut einsetzbare und vor allem leicht einzusetzende Methode der Beschaffungsplanung dar, was für sich genommen schon als ein bedeutsamer Vorteil zu begreifen ist. Andererseits ist die ABC-Analyse auch nicht frei von Kritik. Auf einige markante Kritikpunkte soll an dieser Stelle kurz hingewiesen werden (Weber 1996, S. 324):

- Der Fokus der Betrachtung liegt allein auf dem Beschaffungswert, andere Kriterien bleiben unberücksichtigt.
- Substitutionsbeziehungen bleiben unberücksichtigt. Ein A-Gut könnte leicht ersetzbar sein, während ein C-Gut kaum ersetzbar ist.
- Komplementaritätsbeziehungen bleiben unberücksichtigt. Ein C-Gut könnte z. B. immer mit einem A-Gut zusammen verarbeitet oder gebraucht werden (bspw. Drucker/ Druckpatrone).
- Abhängigkeiten vom Fremdbezug, wenn z. B. ein C-Gut stets von außen bezogen werden muss, während ein A-Gut notfalls auch selbst zur Verfügung gestellt werden könnte.

5.4   Elementare Fragen des Beschaffungswesens

5.4.1   (Optimale) Bestellmenge

Um die diejenige Bestellmenge zu ermitteln, die in Anbetracht gegebener Rahmenbedingungen für den Betrieb rechnerisch optimal ist, wird in der Praxis häufig auf die Formel nach Andler zurückgegriffen. Die Formel führt zwar zu mathematisch (annähernd) optimalen Lösungen, ist aber in ihrer Aussagekraft an bestimmte Annahmen gebunden, die den tatsächlichen „Grad an Optimalität" in der praktischen Anwendung bestimmen (Pfeiffer 2001, S. 200):

- Gleichmäßiger und stetiger Lagerabgang
- Die Lieferzeit beträgt praktisch Null, d. h. der Betrieb kann die Zeitpunkte der Anlieferung völlig frei wählen.

- Es gibt keine mengenmäßigen Beschränkungen der Beschaffung, d. h. weder gibt es seitens der Lieferanten z. B. Mindestbestellmengen, noch gibt es auf Abnehmerseite Restriktionen, wie z. B. Lagergröße oder Geldmangel.
- Bestellmenge und tatsächlich gelieferte Menge stimmen vollkommen überein.
- Der Preis pro bestellte Mengeneinheit ist unabhängig von der Bestellmenge und dem Bestellzeitpunkt, d. h. es gibt z. B. keine Mengenrabatte o. ä.
- Der Gesamtbedarf je Bestellperiode ist bekannt und konstant.
- Die Kosten der Lagerhaltung sind abhängig von den Lagerwerten und der Lagerdauer, wobei der Zusammenhang als proportional unterstellt wird.
- Die Beschaffungsmenge bleibt unbeeinflusst von den direkten Beschaffungskosten.
- Die indirekten Beschaffungskosten sind pro Liefereinheit konstant und variieren nur proportional mit der Häufigkeit der Beschaffung.

▶ Mit der optimalen Bestellmenge wird diejenige Bestellmenge bezeichnet, bei der die Gesamtkosten der Beschaffung minimiert werden.

Die Gesamtkosten der Beschaffung setzen sich wiederum aus den folgenden Komponenten zusammen:

- Direkte Beschaffungskosten als Produkt von Menge und Preis pro Einheit.
- Indirekte Beschaffungskosten in Form von fixen Kosten pro Bestellung und den Kosten für den Bestellvorgangs als solchen.
- Lagerkosten z. B. in Form von Raumkosten, Zinskosten für gebundenes Kapital etc.

Die Ausgangsgleichung zur optimalen Bestellmenge lautet damit:

$$K = Bp + \frac{Kf}{M}B + \frac{Mp}{2}z$$

Es gilt: K: Gesamtkosten; B: Bedarf; p: Preis je Mengeneinheit; Kf: Bestellfixe Kosten; M: Bestellmenge; z: Lagerkostensatz in Prozent

Gesucht wird das Minimum dieser Kostenfunktion einschließlich der entsprechenden kostenminimalen Bestellmenge. Es ist folglich die 1. Ableitung der Funktion nach der Bestellmenge M zu ermitteln und gleich Null zu setzen. Durch Auflösung nach der Menge M ergibt sich die Formel zur Ermittlung der optimalen Bestellmenge:

$$Mopt = \sqrt{\frac{2BKf}{Pz}}$$

Außer der Ermittlung der Bestellmenge über die beschriebene Formel, wird in der Praxis häufig auch auf Erfahrungswerte zurückgegriffen, in dem sich beim Bestellverantwortlichen durch Ausprobieren verschiedener Mengen im Zeitverlauf eine ungefähre Vorstellung davon eingestellt, welche Bestellmenge als hinreichend „optimal" angesehen werden kann.

5.4.2 Zeitpunkt der Beschaffung

Die Frage nach dem Zeitpunkt der Beschaffung lässt sich kaum allgemeinverbindlich beantworten, sondern hängt von einer Reihe von Fragestellungen ab, von denen hier nur einige beispielhaft zu nennen sind: Dauer der (Wieder-)Beschaffung, Wert der Beschaffungsgegenstände, Haltbarkeitsfragen der Materialien, Preisschwankungen etc.

Grundsätzlich lassen sich daher drei Vorgehensweisen der Beschaffung unterscheiden:

- Einzelfallbeschaffung bei Bedarf
- Beschaffung auf Vorrat
- Einsatzsynchrone Beschaffung („just-in-time")

Die Einzelfallbeschaffung setzt im konkreten Bedarfsfall voraus, dass seitens der Lieferanten eine sichere und stete Lieferbereitschaft gewährleistet wird. Es besteht hier die Gefahr, dass aufgrund von Lieferproblemen (z. B. Verzögerungen) Produktionsverzögerungen eintreten können. Von Vorteil ist, dass diese Art der Beschaffung nur geringe Kapitalbindungs- und Lagerhaltungskosten aufweist. In der Praxis findet diese Variante vor allem in der auftragsbezogenen Einzelfertigung zur Kompensation von Fehlplanung in der Beschaffung statt.

Die Vorratsbeschaffung bietet sich insbesondere für solche Güter an, die an eine bestimmte Beschaffungszeit gebunden sind und die durch Lagerzeiten keine Qualitätseinbußen erfahren. Einen Vorrat auf Lager zu nehmen, bedeutet jedoch auch mehr Güter zu besitzen als gerade zur Leistungserstellung benötigt werden. Es sind folglich die entsprechenden Kosten für gebundenes Kapital zu berücksichtigen.

Im Fall der einsatzsynchronen Beschaffung erfolgt die Belieferung „just-in-time", also im Idealfall genau zum dem Zeitpunkt, an dem die Güter auch in dem Leistungsprozess benötigt werden. Kosten für Lagerung und gebundenes Kapital fallen allenfalls in einem sehr geringen Umfang an. Eine Zwischenlagerung von Gütern findet im Lager des Betriebes in diesem Fall nicht statt, da die Güter bildhaft gesprochen quasi auf der Autobahn in den LKW gelagert werden. „Just-in-time"-Beschaffung setzt voraus, dass die Herstellungsprozesse äußerst exakt geplant sind und kontinuierlich ablaufen. Daneben setzt diese Variante auch eine entsprechende Marktmacht des Käufers voraus, da auch geringere Lieferverzögerungen mit hohen Konventionalstrafen verbunden sind.

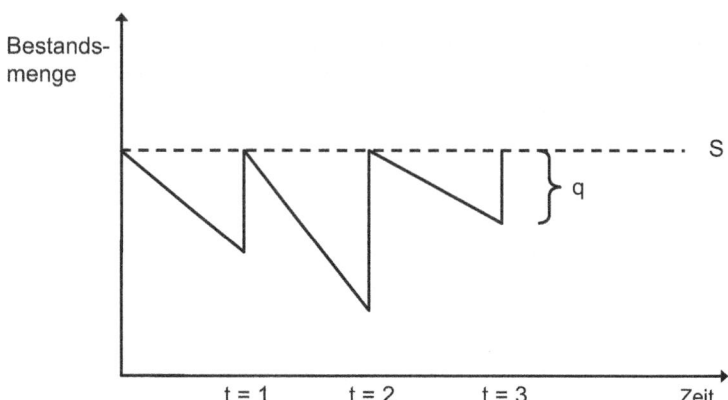

Abb. 5.1 Bestellrhythmus-Verfahren

5.4.3 Bestellpolitik

Ist die Entscheidung für eine Vorratsbeschaffung (s. o.) gefallen, dann stellt sich weiter die Frage, wann bzw. nach welchen Maßgaben der Vorrat (wieder-) angelegt werden soll. Dazu lassen sich im Wesentlichen zwei Verfahrensarten unterscheiden:

- Bestellrhythmus-Verfahren und
- Bestellpunkt-Verfahren.

Das Bestellrhythmus-Verfahren charakterisiert sich dadurch, dass der Lagerbestand nach einer feststehenden Zeitspanne t, also z. B. jeden Monat, bis zum einem ebenfalls feststehenden Bestand S wieder aufgestockt wird. Die jeweils bestellte Menge q schwankt dabei, je nachdem wie viel in der Zeitspanne verbraucht wurde (vgl. Abb. 5.1).

Beispiel

Im Lager für Büromaterial sollen immer 5.000 Blatt Druckerpapier verfügbar sein, da erfahrungsgemäß jeden Monat rd. 4.500 Blatt verbraucht werden. Die restlichen 500 Blatt sollen für unvorhergesehene Druckaufgaben vorhanden sein. Zu jedem 1. des Monats werden die verbrauchten Seiten bis zum Sollbestand von 5.000 wieder aufgefüllt, so z. B. am 1.4. 4.200 Seiten, am 1.5. 4.550 Seiten usw.

Anders verhält es sich im Bestellpunkt-Verfahren (vgl. Abb. 5.2).

Während oben die Bestellmenge abhängig vom tatsächlichen Verbrauch und damit variabel war, stellt die Bestellmenge q im Falle des Bestellpunkt-Verfahrens eine feste Größe dar. Die Höhe der Bestellmenge lässt sich dabei z. B. mit Hilfe der oben beschriebenen Formel nach Andler optimieren. Der Zeitpunkt t der Bestellung ist variabel und

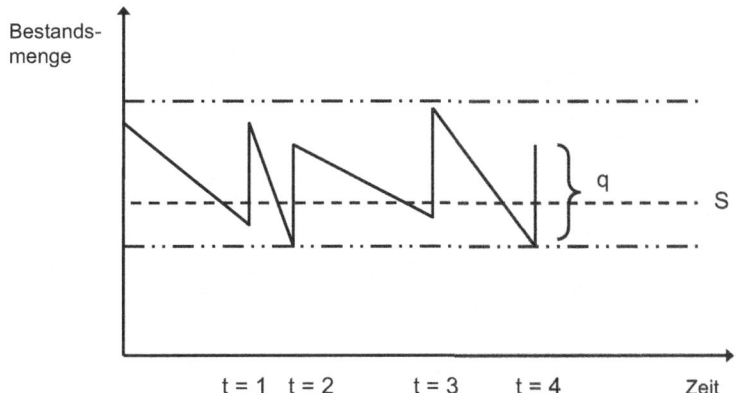

Abb. 5.2 Bestellpunkt-Verfahren

richtet sich danach, wann ein bestimmter, zuvor festgelegter Meldebestand s erreicht oder unterschritten wurde. Sinnvollerweise ist der Meldebestand so hoch zu bemessen, dass es während der Zeit bis zur Lieferung zu keinerlei Materialengpässen kommt. Da immer eine als optimal erkannte Menge bestellt wird, schwankt der nach der Lieferung verfügbare Bestand mit dem jeweiligen vorangegangenen Verbrauch.

Beispiel

In einem Lager für Büromaterial sollen stets 500 Seiten Papier als Mindestbestand vorhanden sein. Als optimale Bestellmenge wurden 4.250 Blatt errechnet. Als Meldebestand wurden 450 Blatt festgelegt. Am 3.4. sind nach der letzten Entnahme noch 440 Seiten vorhanden, so dass sofort 4.250 Seiten bestellt werden. Schon am 28.4. wird der Mindestbestand von 450 Seiten wieder erreicht, so dass wieder 4250 Blatt bestellt werden, anschließend wird der Meldebestand erst wieder am 4. Juni erreicht usw.

5.5 Aspekte des Beschaffungswesens im öffentlichen Sektor

5.5.1 Einleitung

Für die Beschaffungsfunktion ist zunächst allgemein festzuhalten, dass öffentliche Einrichtungen für eine Reihe von Gütern die Rolle eines Nachfragemonopolisten wahrnehmen. Für den kommunalen Bereich ist hier beispielhaft etwa der Straßenbau und auf Bundesebene die Nachfrage nach militärischen Gütern zu nennen. Auf der operativen Ebene liegen die Besonderheiten vor allem im formalisierten Verfahren der Beschaffungs-Vorarbeiten begründet. Eingebettet in die Grundintention des öffentlichen Beschaffungswe-

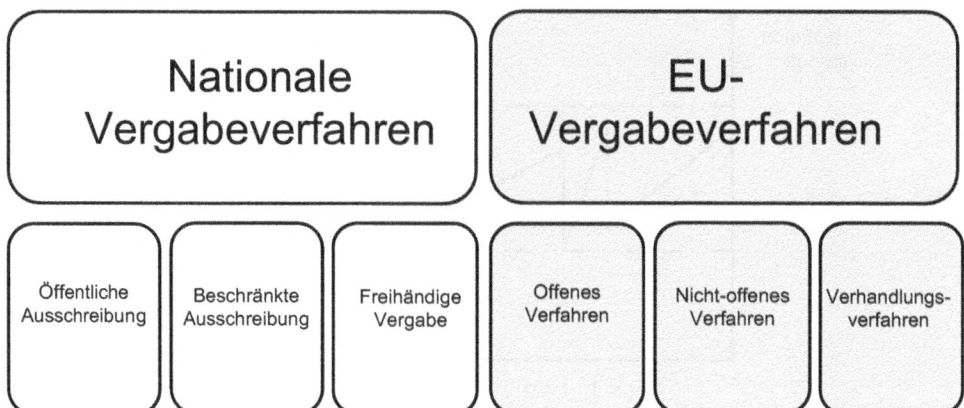

Abb. 5.3 Vergabeverfahren

sens – einerseits einem „Hoflieferantentum" entgegenzutreten und andererseits dem Wettbewerbsgedanken zu folgen – haben öffentliche Auftraggeber formale Vergaberegeln zu beachten, die folgend in ihren Grundzügen darstellt werden (vgl. Abb. 5.3).

5.5.2 Nationale und EU-weite Ausschreibungsverfahren

Im Grundsatz sind öffentliche (Beschaffungs-) Aufgaben öffentlich auszuschreiben. Wird ein bestimmter EU-Schwellenwert überschritten, ist der Auftrag EU-europaweit auszuschreiben (vgl. Abb. 5.4).

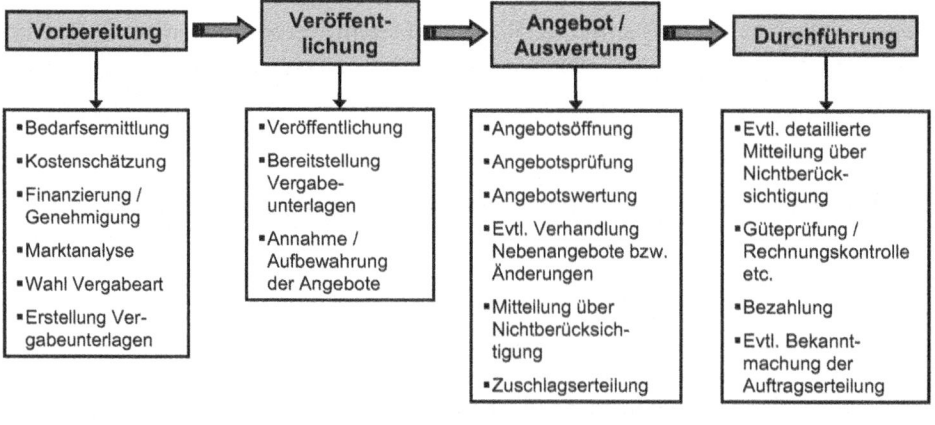

Abb. 5.4 Prozess der öffentlichen Ausschreibung. (Quelle: Blome 2007, S. 48, leicht verändert)

Das nationale Ausschreibungsverfahren findet Anwendung, wenn die Schwellenwerte nach § 100 Gesetz gegen Wettbewerbsbeschränkungen (GWB) nicht erreicht werden. Das Ziel des nationalen Vergaberechts besteht vor allem im sparsamen Umgang mit Haushaltsmitteln begründet. So legt § 75, Abs. 2 Gemeindeordnung/NRW fest, dass die Gemeinde das günstigste Angebot ermitteln und annehmen muss.

Im Rahmen der (nationalen) öffentlichen Ausschreibung (EU: Offenes Verfahren) wird im Grunde jedes interessierte Unternehmen dazu aufgefordert, innerhalb einer festgelegten Zeitspanne ein Angebot abzugeben. Da die einzelnen Bieter nicht von dem Angebot der Mitbewerber wissen, soll durch dieses Verfahren ein Höchstmaß an Wettbewerb erreicht werden. Das wirtschaftlichste – nicht billigste – Angebot erhält schließlich den Zuschlag. Die öffentliche Ausschreibung soll die Regel darstellen.

Zur Bewertung der öffentlichen Ausschreibung lässt sich festhalten, dass der Arbeitsaufwand für die öffentliche Ausschreibung im Vergleich zu den anderen Verfahren hoch ist. Obwohl dieses Verfahren die Regel darstellen soll, wird es in der Praxis doch häufig gemieden – insbes. im Bereich der VOL (s. unten) kommt dem nur eine eher geringerer Bedeutung zu. Darüber hinaus ist die öffentliche Ausschreibung auch teils nicht zielführend, wenn gute Marktübersicht besteht und potenziell in Frage kommende Bieter schon vorher bekannt sind. Als mögliche Kriterien der Auftragsvergabe kommen z. B. in Betracht:

- erforderliche Sachkenntnis des Bieters?
- Leistungsfähigkeit des Bieters?
- Zuverlässigkeit des Bieters?
- technische und wirtschaftliche Mittel des Bieters?
- Angebotspreis?

Sind die ermittelten Preise insgesamt zu hoch, kann die Submission aufgehoben und eine neue Ausschreibung vorgenommen werden.

Unter bestimmten Umständen (z. B. unverhältnismäßig hoher Aufwand der öffentlichen Ausschreibung, Geheimhaltung) kann der Kreis und die Anzahl der Bieter jedoch auch eingegrenzt werden, wobei im Regelfall der nationalen Vergabe aber mindestens drei Bieter verbleiben sollten. Die Rede ist dann von der beschränkten Ausschreibung (EU: nicht-offenes Verfahren). Der Grund für das Abweichen von der öffentlichen Ausschreibung ist dabei nach § 3 Nr. 5 VOL/A stets aktenkundig zu machen.

In weiteren Fällen kann der Auftrag auch durch direkte Ansprache und Verhandlung mit einem bestimmten Lieferanten vergeben werden. In diesem Fall handelt es sich um eine freihändige Vergabe (EU: Verhandlungsverfahren). Der öffentliche Auftraggeber tritt an die ihm geeignet erscheinenden möglichen Lieferanten direkt heran, um mit ihnen die Leistungsbedingungen auszuhandeln. Dieses Vorgehen ist an kein förmliches Verfahren gebunden, d. h. es ist sehr weitgehend individuell gestaltbar.

Die freie Vergabe kommt beispielsweise in Frage, wenn die Leistung besonders dringlich ist, nach Art und Umfang nicht von vornherein eindeutig festgelegt werden kann oder eine vorangegangene öffentliche oder beschränkte Ausschreibung ohne Erfolg verlief und auch eine erneute Ausschreibung kein annehmbares Ergebnis erwarten lässt. Hohe praktische Relevanz kommt der freihändigen Vergabe insbesondere im Rahmen der so genannten Bagatellgrenze zu. Auf Erlass des Ministeriums kann unterhalb einer bestimmten Grenze die freihändige Vergabe ohne weitere Begründung angewendet werden. Die wichtigsten Regeln zum konkreten praktischen Vorgehen der öffentlichen Beschaffungsvorgänge finden sich festgelegt in so genannten Verdingungsordnungen (vgl. z. B. Kremer 2006):

- Verdingungsordnung für Leistungen/ohne Bauleistungen (VOL)
- für Bauleistungen (VOB)
- für freiberufliche Leistungen (VOF)

Die Verdingungsordnungen sind nach A, B, C Teilen aufgebaut:

- Teil A enthält Bestimmungen über das bei der Vergabe einzuhaltende Verfahren (Vorschriften über Publizität, einzuhaltende Fristen, Zulassung und Wertung von Angeboten, den Zuschlag und die dabei herzustellende Transparenz). Die Bestimmungen werden durch sog. Vergabehandbücher ergänzt.
- Teil B enthält allgemeine Geschäftsbedingungen für den Abschluss eines Vertrages.
- Teil C enthält technische Vorgaben, wobei nur die VOB über einen Teil C verfügt.
- Die VOF verfügt nur über einen Teil A.

5.6   Aufgaben zur Reflexion und Vertiefung

Fragen

- Wiederholen Sie die Ziele des Beschaffungsbereichs und reflektieren Sie mögliche Zielkonflikte
- Verdeutlichen Sie sich den Nutzen, der sich aus einer ABC-Analyse für den Beschaffungsbereich ableiten lässt.
- Was konkret bezeichnet die optimale Bestellmenge?
- Verdeutlichen Sie sich den Unterschied zwischen Bestellrhythmus-Verfahren und dem Bestellpunkt-Verfahren, indem Sie mögliche Vor- und Nachteile dieser Verfahren gegenüberstellen.
- Wiederholen Sie die nationale und EU-Vergabeverfahren im öffentlichen Beschaffungsbereich und geben Sie den Prozess einer öffentlichen Ausschreibung mit eigenen Worten wieder.

Literatur

Blome, C. (2007). *Öffentliches Beschaffungsmarketing. Ein Kennzahlensystem für das Vergabemanagement*. Diss., Wiesbaden.

Kremer, M. (2006). Die Vergabe nach der Verdingungsordnung für Leistungen (VOL) in NRW. *Deutsche Verwaltungs-Praxis* (Bd. 4, S. 147–152)

Pfeiffer, R. (2001). Materialwirtschaft und Fertigung. In U. Bestmann (Hrsg.), *Kompendium der Betriebswirtschaftslehre* (10. Aufl., S. 158–311).

Tempelmeier, H. (1998). Beschaffung und Logistik. In M. Bitz, K. Dellmann, M. Domsch, & F. M. Wagner (Hrsg.), *Vahlens Kompendium der Betriebswirtschaftslehre* (Bd. 1, S. 235–274). Stuttgart.

Weber, H. K. (1996). *Industriebetriebslehre* (2. Aufl.). Berlin.

Weber, W. (2003). *Einführung in die Betriebswirtschaftslehre* (5. Aufl.). Wiesbaden.

Absatz und Marketing

6.1 Verständnis und Grundlagen

Als letzter Schritt des betrieblichen Leistungsprozesses beinhaltet die Funktion Absatz die Verwertung der betrieblichen Leistung. In dieser letzten Phase gilt im Falle marktwirtschaftlichen Verhaltens durch den Verkauf von Sachgütern oder Dienstleistungen, den Rückfluss der eingesetzten Finanzmittel zu erreichen. Die Funktion Absatz umfasst demzufolge alle Tätigkeiten eines Betriebes, die im engeren Sinne dazu dienen, die bereitgestellten Sachgüter oder Dienstleistungen auf dem Markt abzusetzen.

Angesichts eines im Regelfall nicht gegebenen Marktes, wird bereits an dieser Stelle deutlich, dass die Absatzfunktion für den öffentlichen Sektor der Modifikation bedarf. Darauf wird unten noch eingegangen werden.

Anstatt des klassischen Begriffs des Absatzes wird heute vielfach der Begriff „Marketing" verwendet. Der Marketing-Begriff soll dabei für eine bestimmte Denkhaltung stehen, mit der verdeutlicht werden soll, dass eine explizite Ausrichtung an den Wünschen der Kunden erfolgen (z. B. Nieschlag et al. 2002). Diese drückt sich beispielsweise darin aus, dass die Nachfragewünsche der potenziellen Kunden genau analysiert werden und auf Änderungen dieser Wünsche mit entsprechend angepassten Produkten reagiert wird. So gesehen avanciert Marketing zu einer „Unternehmensphilosophie" (Meffert 1998, S. 37) und umfasst häufig dann auch andere wissenschaftliche, insbesondere psychologische Perspektiven, die bei einer engen Auslegung nicht mehr dem eigentlichen Bereich der Betriebswirtschaftslehre zuzurechnen sind.

Abzugrenzen ist der Absatz letztlich noch von häufig synonym gebrauchten Begriffen wie Verkauf und Vertrieb. Unter Verkauf soll nur der direkte Vorgang der Abgabe der Leistung gegen Entgelt bezeichnet werden, während Vertrieb eher gleichzusetzen ist mit der Distributions-Funktion, wie sie unten beschrieben wird.

© Springer Fachmedien Wiesbaden 2015
M. Mroß, *Betriebswirtschaft im öffentlichen Sektor,*
DOI 10.1007/978-3-658-07121-9_6

6.2   Ausrichtung der Absatzwirtschaft: Aufgaben und Ziele

In der Nachkriegsvergangenheit herrschte ein so genannter Verkäufermarkt, indem es für den Betrieb auf ungesättigten Märkten vor allem um die Frage ging, wie die Produktion weiter ausgedehnt werden kann. Heutige Märkte zeichnen sich zumeist durch einen mehr oder weniger hohen Sättigungsgrad aus, so dass allgemein von Käufermärkten auszugehen ist. Auf Käufermärkten liegt die Marktmacht auf Seiten der Käufer und die Verkäuferseite muss sich folglich auf deren Wünsche einstellen.

Diese Veränderungen führen zu der Notwendigkeit auch die Aufgaben des Absatzes auf die Gegebenheiten eines Käufermarktes abzustimmen, um daraus wiederum konsistente Ziele ableiten zu können (Meffert 1998, S. 74 f.):

- Aufgaben der Absatzwirtschaft:
  - systematische Durchführung und Kontrolle von Planungs- und Entscheidungsprozessen des Absatzbereichs
  - Durchführung von Marktforschung als Informationsgrundlage für Entscheidungen im Absatzbereich
  - marktbezogene Maßnahmen betriebsübergreifend aufeinander abstimmen
  - Ausrichtung der betrieblichen Leistung am Bedarf der Nachfrager
  - aktuelle und künftige Markt- und Wettbewerbsverhältnisse bei allen absatzpolitischen Überlegungen berücksichtigen.

Diese Aufgaben der Absatzwirtschaft lassen sich dann wirksam erfüllen, wenn Klarheit über die verfolgten absatzwirtschaftlichen Ziele besteht, die wiederum im Einklang mit den anderen betrieblichen Zielen stehen sollten. Meffert (1998, S. 74 f.) führt folgende absatzwirtschaftliche Ziele auf:

- Ziele der Absatzwirtschaft:
  - Sachziel
    Das Sachziel der Absatzwirtschaft stellt der Vertrieb der bereitgestellten Güter bzw. Dienstleistungen dar, wobei auch der Vertrieb als solcher unter wirtschaftlichen Gesichtspunkten zu erfolgen hat.
  - Formalziel
    Das Formalziel konkretisiert die wirtschaftlichen Ziele, wobei unter absatzwirtschaftlicher Betrachtung insbesondere Größen wie Umsatz, Deckungsbeitrag und natürlich Gewinn eine hervorgehobene Rolle spielen. Unter absatzpolitischer Perspektive ist speziell der Marktanteil zu betonen, der den Grad der Ausschöpfung des Marktpotenzials durch ein Unternehmen und in Relation zur Konkurrenz angibt.
  - Psychologisches Ziel
    Das psychologische Ziel verfolgt eine positive Beeinflussung des Konsumentenverhaltens im Hinblick auf das Unternehmen und seine Produkte. Es liegt auf der Hand, dass je mehr es gelingt das psychologische Ziel zu erreichen, desto leichter das Sachziel der Absatzwirtschaft erfüllt wird.

6.3 „Marketing"-Forschung

Absatzpolitische Entscheidungen fallen regelmäßig unter Ungewissheit und sind stets mit dem Risiko versehen, dass das Produkt durch den Kunden nicht akzeptiert wird. Es ist daher eine Kernaufgabe der Marketing-Forschung diese Ungewissheit durch die Bereitstellung von entsprechenden Daten bzw. Informationen auf ein akzeptables Maß zu reduzieren. Eine vollständige Beseitigung von Ungewissheit ist aber nicht möglich. Zur Reduktion von Ungewissheit bedient sich die Marketing-Forschung im Wesentlichen zwei Informationsgebieten: Zum einen werden Informationen über unternehmens- bzw. betriebsexterne Sachverhalte bereitgestellt, zum anderen über betriebsinterne Sachverhalte. Entsprechend finden auch die Bezeichnungen externe und interne Marketing-Forschung (syn. Marktforschung) Verwendung. „Die Gewinnung, Auswertung und Interpretation dieser externen Markt- und internen Unternehmensdaten ist Aufgabe der Marketing-Forschung." (Zentes 1998, S. 392).

Abbildung 6.1 gibt einen Überblick über den Aufbau der Marketing-Forschung, dem auch die nachfolgenden Ausführungen folgen.

6.3.1 Externe Marketing-Forschung (Marktforschung)

Aus methodischer Sicht kann die Marktforschung in Primärforschung und Sekundärforschung unterteilt werden (Zentes 1998, S. 395 ff.).

Die Primärforschung rekrutiert die notwendigen Daten durch eigene Erhebungen. Durch so genannte Feldforschung werden neue, bislang nicht bekannte Daten beschafft

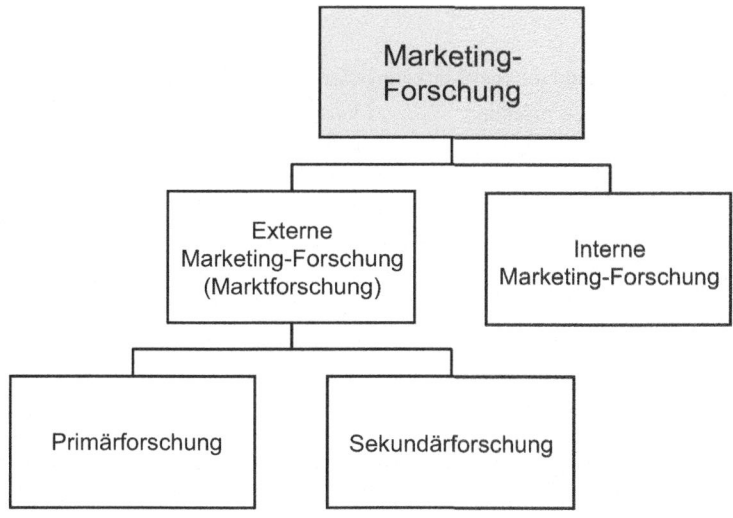

Abb. 6.1 Marketingforschung

und analysiert. Gängige Techniken, derer sich die Primärforschung bedient, sind insbesondere die Befragung (standardisierte Interviews, Fragebögen etc.) sowie auch die Beobach-
tungen und die Messungen durch technische Geräte (apparative Messung), wie z. B. die
Blickaufzeichnung. Das Ziel von Befragungen kann es z. B. sein, die Konsumgewohnhei-
ten oder die Kaufmotive von potenziellen Kunden zu erfragen oder auch um Informationen über das Image des Betriebes oder den Bekanntheitsgrad von Produkten zu erhalten.

Im Rahmen der Sekundärforschung wird hingegen auf vorhandene, anderweitig bereits
erhobene Daten zu Analysezwecken zurückgegriffen. Sekundärforschung greift vor allem
auf Statistiken zurück, wie sie z. B. in Form von demographischen Daten oder auch Kon-
junkturprognosen zur Verfügung gestellt werden. Gerade vor dem Hintergrund zeit- und
kostenorientierter Überlegungen kommt der Auswertung von Sekundärdaten eine bedeutende Rolle zu.

6.3.2   Interne Marketing-Forschung

Die interne Marketing-Forschung greift auf innerbetriebliche Daten- und Informations-
quellen zurück. Als solche kommen etwa eigene Statistiken über Absatzzahlen, -gebiete
oder -gruppen in Frage, aber auch solche Daten, wie Erhebungen über Mängel an Produkten oder produktbezogene Kosten, die auch unabhängig von der Absatzfunktion – z. B. im
Rahmen des Qualitätsmanagements (bzw. Beschwerdemanagements) – ohnehin erhoben
werden.

Sowohl der Rückgriff auf fremde Forschung als auch die eigenen Daten zeichnen sich
durch spezifische Vorteile aus (Nieschlag et al. 1991, S. 610), wie die Übersicht in Tab. 6.1
verdeutlicht.

Tab. 6.1 Vorteile externer und interner Marketing-Forschung

Vorteile externer Marketing-Forschung	Vorteile interner Marketing-Forschung
Keine Betriebsblindheit der Forscher	Größere Vertrautheit mit dem Forschungsproblem
Geringere Gefahr interessensgefärbter Auskünfte und tendenziöser Meldungen	Bessere Möglichkeiten der Einflussnahme und Kontrolle während des Forschungsprozesses
Höhere Objektivität der Forschung	Gewinnung von Forschungserfahrungen sowie Verbleib von Erkenntnissen im Unternehmen
Möglichkeit des Einsatzes von Spezialisten (Statistiker, Psychologen etc.)	Geringeres Risiko von Indiskretionen
Größere Aktualität des methodischen Fachwissens	Wegfall der bei Zusammenarbeit mit externen Instituten gegebenen Kommunikationsprobleme
Möglichkeit wesentlicher Kosteneinsparungen	Bessere Möglichkeiten zur Nutzung spezifischer Kenntnisse der Entscheidungsträger

6.4   Absatzpolitisches Instrumentarium: Marketing-Mix

6.4.1   Begriff: Marketing-Mix

Das absatzpolitische Instrumentarium umfasst alle dem Betrieb zur Verfügung stehenden Mittel und Maßnahmen zur Marktbeeinflussung.

Für die operative Ebene bedeutet dies nichts anders als die Gesamtheit derjenigen Marketing-Instrumente, mit Hilfe derer aufgrund einer möglichst optimalen Kombination die zuvor ausgewählten Marktbereiche entsprechend der jeweils festgelegten Ziele und Strategien in der gewünschten Weise beeinflusst werden sollen (Becker 1998, S. 483 ff.; Kotler 1999, S. 27).

Werden die verschiedenen Möglichkeiten der operativen Absatzwirtschaft gezielt aufeinander abgestimmt, dann folgt daraus der so genannte Marketing-Mix. Dieser umfasst die absatzpolitischen Instrumente der Produkt-, Preis-, Distributions- und Kommunikationspolitik (vgl. Abb 6.2).

6.4.2   Produktpolitik

Begreift man unter einem Produkt allgemein die von einem Betrieb angebotenen materiellen und immateriellen Leistungen, die dazu geeignet sind Bedürfnisse von tatsächlichen oder potenziellen Kunden zu befriedigen, dann wird leicht verständlich, weshalb die

Abb. 6.2 Marketing-Mix

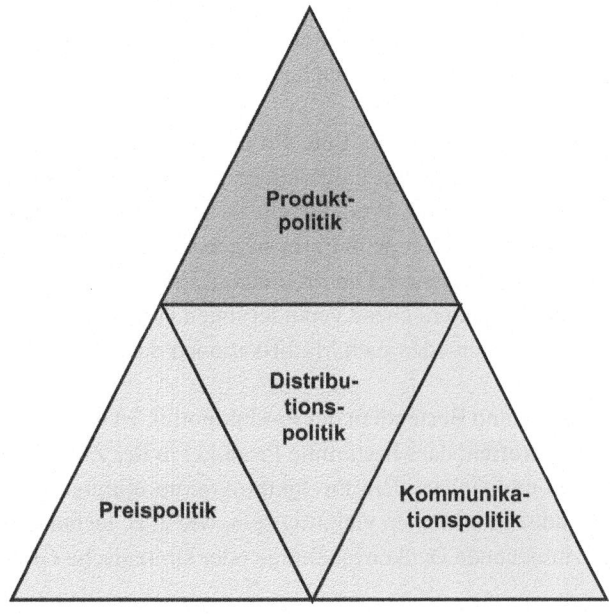

Abb. 6.3 Bereiche der Produktpolitik

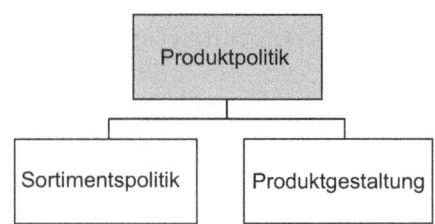

i. w. S. Gestaltung dieser Produkte gerade für erwerbswirtschaftliche Unternehmen von hoher Bedeutung ist (vgl. Abb. 6.3).

▶ Die Produktpolitik steht für Unternehmen regelmäßig am Beginn von absatzbezogenen Überlegungen, wenn es beispielsweise im Zuge der Sortimentspolitik über das Produktprogramm zu entscheiden gilt. Das Produktprogramm bezeichnet sämtliche Produkte, die ein Betrieb oder ein Unternehmen anbietet.

Fragen der Sortimentspolitik befassen sich demnach mit folgenden Teilaspekten:

- Sortimentsbreite: d. h. die Menge der angebotenen Produkte (z. B. für Fahrzeughersteller: PKW, LKW, Motorräder)
- Sortimentstiefe: d. h. die Anzahl von Variationen, die je Produkt angeboten werden (z. B. PKW als Limousine, Kombi- oder Cabriofahrzeug).

Innerhalb der Produktgestaltung geht es im Wesentlichen um die Festlegung von bestimmten Eigenschaften und der Beschaffenheit des Produktes. Angesprochen sind hier etwa die äußere Erscheinung (z. B. Verpackung), das verwendete Material, das Design/die Form, die Farbe etc. In einer weitergehenden Differenzierung lassen sich Fragen der Produktgestaltung nach zwei Bereich aufteilen:

- Produkt-Innovation: Eine Produktinnovation im eigentlichen Sinne liegt dann vor, wenn Produkte mit vollkommen neuartigen Eigenschaften angeboten werden. Es handelt sich also um Produkte, die es so vorher nicht gegeben hat. Als Beispiel lassen sich z. B. Mobiltelefone in Form so genannter „Smartphones" nennen.
- Produkt-Variation: Die Produktvariation meint die Veränderung von bereits vorhandenen Produkten. Diese Veränderungen können z. B. in Form von technischen Weiterentwicklungen oder auch Modifikationen des Designs erfolgen.

Aufgabe und Bestandteil der Produktpolitik ist es schließlich auch die Entscheidung darüber zu treffen, dass bestimmte Produkte in der Zukunft gar nicht mehr angeboten werden sollen und sie aus dem Produktprogramm eliminiert werden (Produkt-Elimination). Die Gründe dafür können vielfältig sein, wie z. B. technische und/oder modische Veralterung, unzureichende Deckungsbeiträge oder strategische Grundsatzentscheidungen.

6.4.3 Kontrahierungspolitik

Innerhalb der traditionellen Absatzlehre wird in der Regel allein auf die Preispolitik im Zusammenhang mit der Untersuchung der „Preis-Absatz-Funktion" (s. unten) abgestellt. Im Zuge neuer Entwicklungen und einer Wandlung der reinen Absatzlehre zu einer „Marketing-Wissenschaft" hat die Preispolitik ihre dominierende Position jedoch eingebüßt. Der Terminus der Kontrahierungspolitik umfasst zwei Bereiche:

- Preispolitik und
- Konditionenpolitik.

Als Gegenstand der Preispolitik lassen sich Entscheidungen über die am Absatzmarkt für die Produkte verlangten Preise verstehen.

▶ Die Konditionenpolitik hat hingegen Entscheidungen über besondere Absatzkonditionen, wie Rabatte, Gestaltung von Zahlungsbedingungen, Skonti, Boni, Garantie, Rückgaberechte etc. zum Gegenstand, wobei sich insbesondere Fragen der Rabattgewährung durchaus auch unter preispolitischen Erwägungen subsumieren lassen.

Die elementare Fragestellung, die es im Rahmen der Preispolitik zu beantworten gilt, stellt die der Preisfestsetzung dar. Dabei bieten sich grundsätzlich die folgenden Betrachtungsweisen an, an denen sich die Bemessung des Preises im Einzelfall orientieren kann:

- Im Zuge einer kostenorientierten Preisbemessung erfolgt die Ausrichtung nach den Selbstkosten des Produktes. Der Preis des Produktes richtet sich entsprechend danach, welche Kosten eine Einheit (Stück, Liter etc.) des Produktes verursacht. Im einfachsten Fall ergänzt um einen Gewinnzuschlag, der – für den Fall, dass ausschließlich eine Kostendeckung angestrebt wird – auch den Wert Null angenehmen kann, erfolgt die Festsetzung des Preises.
- Im Fall der marktorientierten Preisbemessung orientiert sich der Betrieb für die Preisfestsetzung eines konkreten Gutes an den Gegebenheiten des Marktes. Dabei sind einerseits mögliche Reaktionen von Wettbewerbern sowie andererseits auch mögliche Substitutionsbeziehungen von Produkten zu beachten.
- Einen Kernbereich innerhalb der marktorientierten Preispolitik stellt die Preisdifferenzierung dar, wenn es die Marktbeziehungen bedingen, dass ein und dasselbe Produkt zu unterschiedlichen Preisen angeboten werden soll. Die Preispolitik befasst sich mit folgenden Fragestellungen:
  - Personale Preisdifferenzierung
    …, ob für alle Kunden der gleiche Preis gilt (Nachlässe für Kinder? Rentner etc.?)
  - Lokale Preisdifferenzierung
    …, ob räumlich, z. B. regional, andere Preise gelten sollen.

- Temporäre Preisdifferenzierung
  ..., ob zu jeder Zeit der gleiche Preis gilt (z. B. Saisonpreise, Tag- Nachtstrom etc.)
- Sachliche Erwägungen
  ..., ob sachliche Erwägungen im Preis berücksichtigt werden (Mengenrabatte, Verwendungszweck des Gutes, wie privater vs. gewerblicher Gebrauch)

Jeder Anbieter von Produkten/Dienstleistungen wird eine (ggf. auch intuitive) Vorstellung über den Zusammenhang vom Preis seines Produktes und der mit der Höhe des Preises variierenden Absatzmenge besitzen. Preispolitische Erwägungen aufgrund von marktbezogenen Überlegungen sind stets an mehr oder weniger explizit formulierte Vorstellungen über den Zusammenhang von Preis und möglichen Absatz gekoppelt. Die so genannte Preis-Absatz-Funktion spiegelt diesen Zusammenhang wider (vgl. Abb. 6.4).

Im Regelfall wird man davon ausgehen, dass die abgesetzte Menge mit ansteigendem Preis sinkt und entsprechend umgekehrt. Die Preis-Absatz-Funktion der Abb. 6.4 für den Fall normaler Güter verläuft daher von links oben nach rechts unten. Ein gegenteiliger Nachfrageeffekt gilt z. B. bei Prestige-Gütern, die desto mehr nachgefragt werden, je teurer sie werden. Dies beschreibt der so genannte „Snob-Effekt".

Die Fläche E steht für den zu den entsprechenden Preisen und Mengen erzielbaren Erlös (Erlös = Preis x Menge). Der Preis v kennzeichnet einen so genannten Prohibitivpreis, der so hoch ist, dass keinerlei Nachfrage mehr besteht. Die Preis-Absatz-Kurve schneidet in diesem Fall die Ordinate bei Menge Null. Die Menge w stellt die so genannte Sättigungsmenge dar. Sie schneidet die Abszisse im Preis p = Null, was besagt, dass sich – selbst wenn das Produkt im Extrem zu Preis Null verschenkt würde – hier keine weiteren Abnehmer mehr finden lassen.

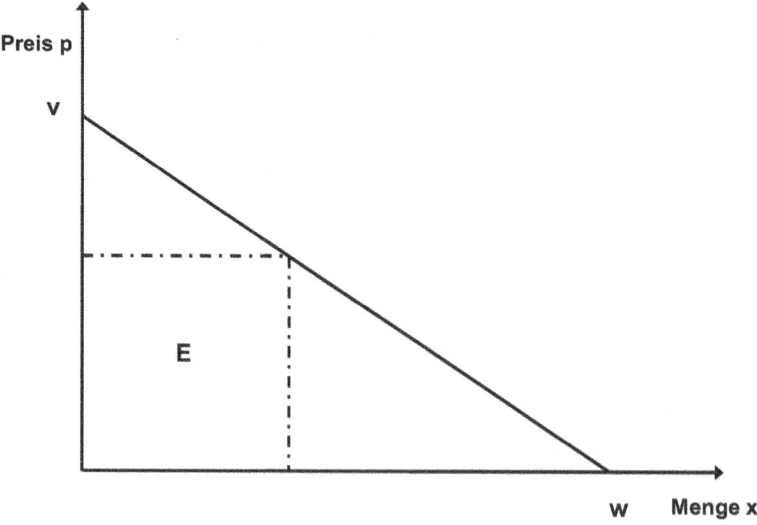

Abb. 6.4 Preis-Absatz-Funktion

Den tatsächlichen Verlauf der Preis-Absatz-Funktion für ein Produkt zu ermitteln, ist in der Praxis mit sehr viel Aufwand verbunden oder oft auch gar nicht möglich. Dabei liegt es auf der Hand, dass der tatsächliche Verlauf der Funktion nur in seltenen Fällen – wie in der Abbildung – linear verlaufen wird.

6.4.4   Distributionspolitik

▶ Die Distributionspolitik befasst sich, einfach formuliert, mit der Frage, wie das Produkt seinen Weg zum potenziellen Kunden findet.

Als elementar erweist sich dabei etwa die Entscheidung, ob der Betrieb das Produkt direkt an den Konsumenten abgegeben oder der Vertrieb mittelbar, z. B. über den Handel, erfolgen soll (Abb. 6.5).

Entsprechend lassen sich zwei Stränge der Distributionspolitik unterscheiden:

* Die Frage nach den Absatzkanälen, das heißt die Gestaltung des Weges von der Herstellung bis zum Konsumenten.
* Die Frage der Logistik, das heißt Fragen des Transportes, der Lagerhaltung und der Standortwahl.

Die Aufgabe der Distributionspolitik kann nun konkret darin gesehen werden, dass die Produktleistung des Herstellers so zu transformieren ist, dass sie den Bedürfnissen der

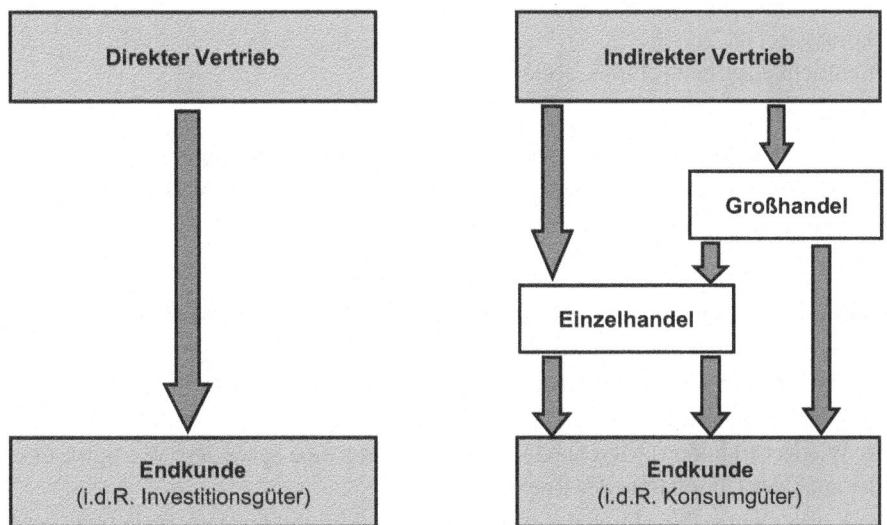

Abb. 6.5 Absatzwege. (Quelle: Nieschlag et al. 1994, S. 467, verändert)

Nachfrager entspricht (Wöhe 2002, S. 580). So umfasst die räumliche Transformation, dass das Produkt am Ort der Nachfrage verfügbar ist. In zeitlicher Hinsicht geht es darum, dass das Produkt möglichst jederzeit, d. h. unabhängig vom Produktionszeitpunkt verfügbar ist, was im Regelfall eine Form der Lagerhaltung erfordert, die für Dienstleistungen im engsten Sinne nicht möglich ist. Die quantitative und qualitative Transformation bezeichnet schließlich das Erfordernis, dass auf den Konsumenten abgestufte (Klein-) Mengen verfügbar sein sollen, die im Idealfall in bedarfsgerechte Leistungsbündel (z. B. Benzinkauf mit Reiselektüre und Reiseproviant) integriert werden (Wöhe 2002, S. 580).

Es wird deutlich, dass Distribution weit mehr umfasst als Transportfragen zwischen Hersteller und Konsument. Überlegungen dahingehend, wie diese Inhalte wahrgenommen werden sollen, führen unweigerlich zu Fragen nach den geeigneten Transportmitteln, um beispielsweise das Produkt in den gewünschten Mengen am Absatzort zur Verfügung zu stellen. Es stellen sich ferner Fragen nach möglichen und/oder geeigneten Transportwegen (Bahn, Schiff, LKW etc.), der Lagerkapazität und Lagerstandorten. Hinsichtlich dieser Fragen spricht man auch von der so genannten physischen Distribution.

6.4.5 Kommunikationspolitik

Die Aufgabe der Kommunikationspolitik besteht darin, die relevante Umwelt des Betriebes gezielt im Sinne des Betriebes zu beeinflussen und den potenziellen Kreis der Konsumenten mit den nötigen Informationen, insbesondere über das betriebliche Leistungsprogramm zu versorgen. Zur Erfüllung dieser Aufgabe bedient sich die Kommunikationspolitik im Wesentlichen der folgenden Instrumente:

- Verkaufsförderung („Sales Promotion")
- Werbung
- Öffentlichkeitsarbeit („Public Relations")

► Unter Verkaufsförderung versteht man im ursprünglichen Sinne jede kurzfristige, direkte Maßnahme, die darauf ausgerichtet ist, den Verkauf am Verkaufspunkt („PoP" Point of Purchase) zu aktivieren (folgend Wanner 2001, S. 392 f.).

Die Verkaufsförderung bedient sich dabei in der Regel drei Ansatzpunkte:

- Der eigene Außendienst über die Durchführung von Schulungen oder der Etablierung von Verkaufswettbewerben.
- Der Wiederverkäufer („Merchandising") z. B. durch eine besondere Warenpräsentation oder auch der Übernahme der Regalpflege.
- Der Konsument selbst, durch das Aushändigen von Produktproben, kleineren Geschenken (Zugaben) oder dem Veranstalten von Gewinnspielen.

▶ Werbung zielt im Vergleich zur Verkaufsförderung auf eine eher mittel- bis länger-fristige, indirekte Wirkung beim potenziellen Kunden. Der Terminus steht dabei für alle Maßnahmen, die mit dem Ziel zum Einsatz kommen, das Konsumverhalten der Nachfra-ger in eine bestimmte gewünschte Richtung zu beeinflussen.

Dabei zielt Werbung darauf ab, bei potenziellen Kunden bestimmte Bedürfnisse anzu-sprechen, um letztlich die Nachfrage nach einem bestimmten Produkt zu steigern. Des Weiteren soll Werbung selbstverständlich bewirken, dass das betreffende Produkt auch bei dem betreffenden Betrieb gekauft wird. Um diese Ziele zu realisieren lassen sich eine breite Palette von Werbemitteln einsetzen, wie z. B.:

- Fernseh- und Kinospots
- Radioeinspielungen
- Anzeigen in Zeitungen/Zeitschriften
- Außenwerbung (z. B. auf Bussen, Plakatwänden)
- Direktwerbung (z. B. Prospekte)

Was die tatsächliche Wirkung von Werbung beim Konsumenten angeht, so kann davon ausgegangen werden, dass mittels Werbung wohl die Rangskala von individuellen Bedürf-nissen verändert werden kann, nicht aber einer gegebenen Bedürfnisstruktur vollkommen neue Bedürfnisse hinzugefügt (Wanner 2001, S. 396).

Während es Ziel der Werbung ist, durch spezifische Aktivitäten über ein Produkt zu informieren, ist es zentrale Aufgabe der Öffentlichkeitsarbeit („Public relations") die Öf-fentlichkeit über den Betrieb, das Unternehmen oder auch die Verwaltung zu informieren. Dabei wird keineswegs angestrebt eine quasi journalistisch-objektive Berichterstattung zu leisten, sondern es ist vielmehr das Ziel, in der Öffentlichkeit solche Informationen zu platzieren, die dem Ansehen des Betriebes förderlich sind. Letztlich geht es auch darum ein allgemeines Vertrauen und eine positive Einstellung gegenüber dem Betrieb zu erzeu-gen. Führt man sich vor Augen, dass Öffentlichkeitsarbeit im Grunde auch als Werbung für den Betrieb als solchen verstanden werden kann, dann wird nachvollziehbar, dass sich diese zum Teil auch der gleichen Werbemittel bedient. Hinzukommen können spezifische Instrumente, wie Betriebsbesichtigungen, Pressekonferenzen etc. herangezogen werden.

6.5 Aspekte von Absatzwirtschaft und Marketing im öffentlichen Sektor

6.5.1 Absatzpolitische Instrumente im öffentlichen Sektor

Nachfolgend gilt es ausgewählte Ansatzpunkte darzustellen, die zeigen, dass die Kernge-danken des absatzpolitischen Instrumentariums in vielen Fällen auf die öffentliche Ver-waltung übertragen werden können (vgl. für eine Vertiefung z. B. Hohn 2007).

- **Produktpolitik**

  Produktpolitische Überlegungen finden in der öffentlichen Verwaltung Anwendung, wenn beispielsweise in Folge einer Aufgabenkritik darüber nachgedacht wird, welche Leistungen angeboten werden sollen (Sortimentspolitik) oder auch, welche Produkte fortan nicht mehr öffentlich bereitgestellt werden sollen (Produktelimination). Der Handlungsrahmen ist für die öffentliche Hand insofern begrenzt, da sich solche grundsätzlichen Überlegungen nur auf so genannte freiwillige Leistungen (z. B. Schwimmbäder, Kulturangebote) erstrecken können. Aber auch jenseits derart grundsätzlicher Entscheidungen finden operative produktpolitische Überlegungen statt: Etwa zur Ausgestaltung des Programms des kommunalen Schauspielhauses (Komödien, Dramen, spezielle Kinder-Schauspiele etc.), der Gestaltung von Öffnungszeiten (z. B. Frühschwimmer, Vormittagsstunden reserviert für Schulklassen etc.) oder auch der verständlichen Formulargestaltung von amtlichen Bescheiden. So kann eine produktpolitische Entscheidung darin bestehen, dass das Schauspielhaus z. B. Dramen aus dem Programm herausnimmt (Produktelimination) und dafür Komödien ein fester Bestandteil werden.

- **Preispolitik**

  Im Hinblick auf die eingeführte Differenzierung zwischen markt- und kostenorientierter Preisfestsetzung wird man für den öffentlichen Bereich im Regelfall davon ausgehen können, dass eine kostenorientierte Preisfestsetzung ohne Gewinnzuschlag erfolgt und allenfalls eine (Selbst-)Kostendeckung angestrebt wird.

  Was die dargestellten Möglichkeiten der Preisdifferenzierung anbetrifft, kann allgemein festgehalten werden, dass grundsätzlich alle Differenzierungsansätze für die öffentliche Verwaltung offen stehen. Gleichwohl setzen auch hier für bestimmte Produkte festgeschriebene Gebühren dem Gestaltungsspielraum von Kommunen Grenzen. In vielen Bereichen lässt sich jedoch entsprechend der oben eingeführten Ordnung Preisdifferenzierung betreiben:

  - personale Preisdifferenzierung, indem bestimmte Leistungen für bestimmte Personengruppen günstiger oder gar kostenlos abgegeben werden (z. B. Rentner, Schüler, Arbeitslose etc.),
  - lokale Preisdifferenzierung, indem z. B. in der Innenstadt andere Parkgebühren verlangt werden als am Standrand.

- **Distribution**

  Da die öffentliche Verwaltung, nicht anders als andere Dienstleistungsbetriebe auch, nahezu durchgängig Dienstleistungen, d. h. immaterielle Produkte, anbietet, kommt den Distributionsinstrumenten nicht die gleiche Bedeutsamkeit zu, wie dies etwa bei Industriebetrieben der Fall ist. Gleichwohl werden z. B. Fragen der örtlichen und zeitlichen Transformation berührt, wenn vermehrt auch Verwaltungsleistungen über das Internet in Form des so genannten
  E-Government initiiert oder gar abgerufen werden können.

  Befasst sich die Distributionsfunktion im Kern mit der Frage, wie das Produkt seinen Weg zum Kunden findet, dann lässt sich auch für die öffentliche Verwaltung die grundsätzlich Frage stellen, ob der Kunde dazu immer den Weg in das Rathaus nehmen muss oder ob nicht auch „das Rathaus zum Kunden kommen kann". Zu denken sei hier etwa an die Möglichkeit, dass quasi „Außendienstmitarbeiter" von Verwaltungen unter bestimmten Voraussetzungen den Kunden zu Hause aufsuchen.

Ein anderes Beispiel stellt der so genannte Bürgerbus dar, der bestimmte (ländliche) Gemeindegebiete z. B. wöchentlich und stundenweise anfährt und zur Erledigung von kleineren Amtsgeschäften (z. B. Beantragung oder Abholung von Personalausweisen) genutzt werden kann.

- **Kommunikationspolitik**

  Die Kommunikationspolitik dient in der öffentlichen Verwaltung den gleichen Zielen wie sie allgemein auch für den erwerbswirtschaftlichen Bereich beschrieben wurden, wobei der Bereich der Werbung mangels eines Absatzmarktes oftmals eher im Sinne von Öffentlichkeitsarbeit eingesetzt wird (vgl. folgend Schmidt 2004, S. 84 f.).

  Werbung im eigentlichen Sinne ist im öffentlichen Sektor z. B. im Bereich des Fremdenverkehrs oder auch der Wirtschaftsförderung anzutreffen. Eher auf Einstellungs- und Verhaltensänderungen zielen z. B. Plakat- oder Werbespotaktionen der Gesundheitsfürsorge oder der Verkehrserziehung. Beispielhaft sei auch auf großflächige Plakate an Autobahnen hingewiesen, die stets in neuen Variationen vor zu schnellem Fahren warnen oder zum Abstand halten auffordern. Als Maßnahme der „Verkaufs"förderung im weiteren Sinne lassen sich Veranstaltungen der „offenen Tür" ansehen, wobei hier durchaus auch eine Interpretation i. S. v. Öffentlichkeitsarbeit denkbar erscheinen. Öffentlichkeitsarbeit im konkreten Sinne findet in der öffentlichen Verwaltung in der Regel immer dann statt, wenn – überwiegend gesetzlich verpflichtend – der Öffentlichkeit Einblick in die Arbeits- und Entscheidungswege gegeben werden. Als Beispiele lassen sich aufführen der § 48, Abs. 2 GO/NRW, wonach die Sitzungen des Rates öffentlich sind oder auch der § 80, Abs. 5 GO/NRW, demnach der Haushaltsplanentwurf öffentlich bekannt zu geben ist. Politisch wird auf diese Weise auch einer demokratischen Transparenzverpflichtung Rechnung getragen.

6.5.2 Grenzen und Probleme

Lange Zeit ist das Denken in Kategorien wie „Absatz" oder „Marketing" in der öffentlichen Verwaltung vernachlässigt worden. Einerseits war dieser Mangel bedingt durch die traditionell eher rechtswissenschaftliche Orientierung der öffentlichen Verwaltung, andererseits hat auch die Betriebswirtschaftslehre diesen Bereich lange Zeit nur als einen wenig lohnenswerten Forschungsbereich ausgemacht.

Beide Argumente werden nachvollziehbar, wenn man bedenkt, dass Umfang und Art des Verwaltungshandelns auch heute noch nahezu durchgängig durch gesetzliche Vorgaben fixiert ist, Leistungen oft unentgeltlich abgegeben werden oder es an wirklich objektiven, quantifizierbaren Erfolgsgrößen für „erfolgreiches" Verwaltungshandeln fehlt.

Daneben trifft für eine Reihe von Produkten der öffentlichen Verwaltung der Umstand zu, dass sie vom Kunden/Bürger zwangsweise abgenommen werden müssen und zudem auch einen Negativ-Nutzen verursachen können. Als Beispiel ist auf ablehnende Bescheide oder auch auf Bußgeldbescheide wegen Falschparkens hinzuweisen. Hier wie dort vermag auch eine ausgefeilte Öffentlichkeitsarbeit oder Werbung beim Kunden keinen Positiv-Nutzen zu vermitteln, so dass bestenfalls über einen für den Kunden nachvollziehbaren Bescheid zumindest eine Akzeptanzwirkung erzielt werden kann.

6.6   Aufgaben zur Reflexion und Vertiefung

Fragen

* Verdeutlichen Sie sich Aufgaben und Ziele der Absatzwirtschaft im Allgemeinen und reflektieren Sie über mögliche Einsatzbereiche im öffentlichen Sektor.
* Erläutern Sie den Begriff des Marketing-Mix anhand eines eigenen Beispiels.
* Verdeutlichen Sie, ob und inwiefern absatzpolitische Instrumente im öffentlichen Sektor sinnvoll eingesetzt werden können – welche Modifikationen wären ggf. notwendig?
* Beurteilen Sie die Aussagekraft der Preis-Absatz-Funktion im öffentlichen Sektor.

Literatur

Becker, J. (1998). *Marketing-Konzeption: Grundlagen des strategischen und operativen marketingmanagements* (6. Aufl.). München.
Hohn, S. (2007). *Public Marketing*. Wiesbaden.
Kotler, P. (1999). *Grundlagen des Marketing* (2. Aufl.). München u.a.
Meffert, H. (1998). *Grundlagen marktorientierter Unternehmensführung, Konzepte-Instrumente-Praxisbeispiele* (8. Aufl.). Wiesbaden.
Nieschlag, R., Dichtl, E., & Hörschgen, H. (1991). *Marketing* (16. Aufl.). Berlin.
Nieschlag, R., Dichtl, E., & Hörschgen, H. (1994). *Marketing* (17. Aufl.). Berlin.
Schmidt, H.-J. (2004). *Betriebswirtschaftslehre und Verwaltungsmanagement* (6. Aufl.). Heidelberg.
Wanner, E. (2001). Marketing. In U. Bestmann (Hrsg.), *Kompendium der Betriebswirtschaftslehre* (10. Aufl.). München.
Wöhe, G. (2002). *Einführung in die Allgemeine Betriebswirtschaftslehre* (21. Aufl.). München.
Zentes, J. (1989) Marketing, In M. Bitz, K. Dellmann, M. Domsch, & F. M. Wagner, *Vahlens Kompendium der Betriebswirtschaftslehre* (4. Aufl., Bd. 1, S. 329–409). Stuttgart.

Rechnungswesen

7.1 Grundlagen und Überblick

Kaum ein anderer betriebswirtschaftlicher Teilbereich kann auf eine ähnlich lange Tradition zurückblicken, wie das betriebliche Rechnungswesen. So lassen sich erste Wurzeln des betrieblichen Rechnungswesens auf die Entstehung der Schreibkunst bis ca. 3.500 v. Chr. zurückverfolgen (Schweitzer und Wagener 1999, S. 49). Selbst diese lange Zeitspanne muss jedoch bei genauerer Betrachtung nicht allzu sehr verwundern, da sich der Wunsch nach Information bzw. genauer nach systematisierter Aufbereitung von Information als ein sehr grundlegendes menschliches Bedürfnis begreifen lässt. Das betriebliche Rechnungswesen vermag diesem Wunsch weitgehend zu entsprechen.

▶ Das Rechnungswesen stellt das zentrale Informationssystem eines Unternehmens bzw. eines Betriebes dar. Als solches dient es der systematischen Erfassung oder Ermittlung sowie der Analyse des in Geldeinheiten abgebildeten Betriebsprozesses (Schweitzer und Wagener 1999, S. 49).

Vor diesem Hintergrund wird deutlich, dass das betriebliche Rechnungswesen – unabhängig von gesetzlichen Erfordernissen – in seinem Kern zunächst einmal ein Werkzeug ist, mit dessen Hilfe Führungskräfte mit den für die entsprechenden Entscheidungen notwendigen Informationen versorgt werden sollen. Die Information von betriebsexternen Zielgruppen (z. B. Gläubigern) lässt sich als eine davon abgeleitete Funktion begreifen (Mroß 2006). Das kaufmännische Rechnungswesen setzte sich aus drei Teilbereichen zusammen (vgl. Abb. 7.1).

Im folgenden Kapitel werden zunächst grundsätzliche Erscheinungsformen von Buchhaltung unterschieden. Im Anschluss daran erfolgt die Darstellung der drei Teilbereiche des Rechnungswesens in ihren Grundzügen.

© Springer Fachmedien Wiesbaden 2015
M. Mroß, *Betriebswirtschaft im öffentlichen Sektor,*
DOI 10.1007/978-3-658-07121-9_7

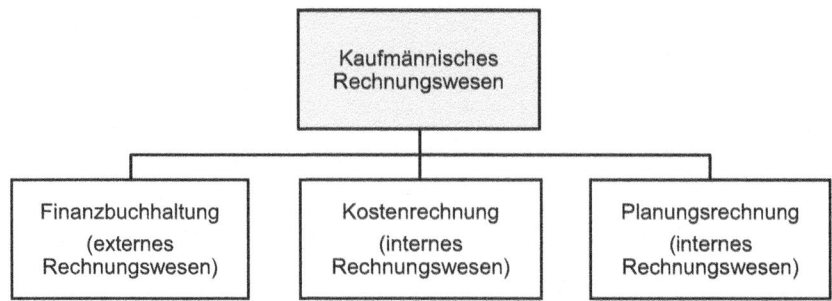

Abb. 7.1 Bereiche des Rechnungswesens

7.2 Buchhaltungssysteme im Überblick

Die Praxis in Wirtschaft und Verwaltung kennt drei verschiedene Systeme des Rechnungswesens:

- zum einen die so genannte „einfache Buchhaltung",
- des Weiteren die doppelte Buchführung in Kontenform, kurz auch Doppik genannt sowie
- schließlich die in der öffentlichen Verwaltung beheimatete Kameralistik.

Die „einfache Buchhaltung" führt ihr Hauptmerkmal schon im Namen. Sämtliche vorkommende Geschäftsvorfälle (z. B. Bareinkauf von Waren) werden nur einmal erfasst. Bei der einfachen Buchführung handelt es sich um eine chronologische Erfassung von Zahlungsvorgängen, die es entsprechend des § 238 Handelsgesetzbuch (HGB) möglich machen, dass ein sachverständiger Dritter sich innerhalb angemessener Zeit einen Überblick über die Geschäftsvorfälle und über die Lage des Unternehmens verschaffen kann. Die Bilanz wird hier im Wesentlichen aus dem Inventar entwickelt. Eine Gewinn- und Verlustrechnung kennt die einfache Buchführung mangels der Trennung zwischen Bestands- und Erfolgskonten nicht. Es sind demnach entsprechende Nebenrechnungen zu führen, um der Pflicht aus § 242 HGB zur Aufstellung einer Gewinn- und Verlustrechnung zu genügen (folgend Buchner 1988, S. 277.)

$$
\begin{array}{rl}
 & \text{neues Reinvermögen} \\
- & \text{altes Reinvermögen} \\
- & \text{Einlagen} \\
+ & \text{Entnahmen} \\
\hline
= & \text{Reingewinn / Verlust}
\end{array}
$$

So gesehen steht die „einfache Buchhaltung" insbesondere in Kontrast zur „doppelten Buchführung", in der – auch hier spricht die Bezeichnung für sich – alle Geschäftsvorfälle doppelt, also zweimal erfasst bzw. gebucht werden.

Die doppelte Buchführung erfasst sämtliche Geschäftsvorfälle nicht nur chronologisch, sondern auch in sachlicher Hinsicht. Die Verbuchung eines Geschäftsvorfalls geschieht auf einem Konto (z. B. Konto: „Kasse") und auf einem Gegenkonto (z. B. Konto: „Wareneingang") in Soll und Haben. Zahlungs- und Leistungsvorgänge werden entsprechend dem zugrunde liegenden Kontensystem (s. unten) getrennt erfasst auf Bestands- und Erfolgskonten. Dieses Vorgehen ermöglicht, dass letztlich zum einen eine Bilanz und zum anderen die Gewinn- und Verlustrechnung innerhalb eines in sich geschlossenen Rechenwerkes erstellt werden kann.

Die kameralistische Buchführung ist als Buchführungssystem der öffentlichen Verwaltung am staatlichen Haushaltsplan ausgerichtet. Im Kern handelt es sich bei der Kameralistik zunächst einmal um eine Einnahmen-Ausgabenrechnung. In ihrer einfachsten Form beinhaltet sie weder eine Inventur, noch die Bewertung von Vermögensgegenständen. Die ihr zur Grunde liegende Logik erinnert dabei zum Teil an die o. g. „einfache Buchführung".

▶ „Das kameralistische Rechnungswesen knüpft an der Verbuchung der kassenmäßigen Vorgänge an und ist völlig auf Zahlungen gerichtet. Seine rein finanzwirtschaftliche Ausrichtung zeigt sich daran, dass nur die Einhaltung von vorgegebenen Haushaltsansätzen verfolgt und keine Erfolgsgrößen ermittelt werden. Insoweit scheint das Liquiditätsziel im Vordergrund zu stehen. Jedoch besitzt dieses Entscheidungsziel für öffentliche Verwaltungen nicht die existentielle Bedeutung wie für privatwirtschaftliche Unternehmungen." (Küpper 2008, S. 2 f.).

Spätestens seit der Innenministerkonferenz vom 21.11.2003 ist eine klare Entwicklung auch der öffentlichen Hand hin zur kaufmännischen Buchführung zu verzeichnen. Es herrscht weitgehend Konsens darüber, dass diese der Forderung der Innenminister, dass das Vermögen der Kommunen und Gemeinden vollständig bewertet und abgebildet werden müsse, aufgrund der innewohnenden Systematik am besten gerecht wird. Angesichts dieser Entwicklung wird im Weiteren ausschließlich von dem kaufmännischen Rechnungswesen ausgegangen. Für andere Formen sei auf das Schrifttum verwiesen (z. B. Oettle 1993), wobei elementare Grundzüge der Kameralistik noch einmal in Abschn. 7.5 aufgegriffen werden.

7.3 Finanzbuchhaltung

Die Finanzbuchhaltung widmet sich der Aufzeichnung der in dem Betrieb anfallenden Geschäftsvorfälle. Die Aufzeichnung als solche erfolgt in Form von Buchungen (Buchungssätzen) auf entsprechenden Konten. Des Weiteren erfolgt im Rahmen der Finanzbuchhaltung die Ermittlung des Vermögens und der Schulden. Schließlich beinhaltet die

Finanzbuchhaltung noch die Gewinn- und Verlustrechnung mit deren Hilfe Auskunft über den Erfolg der betrieblichen Tätigkeit gegeben wird.

7.3.1 Bilanz

Für den Planungs- und Entscheidungsprozess im realen Wirtschaftsleben ist es von größtem Interesse zu erfahren, über welche i. w. S. Werte ein Betrieb verfügt und welchen geldmäßigen Wert diese aufweisen. Um dieses in Erfahrung zu bringen, wird zum Schluss eines jeden (Geschäfts-) Jahres ein so genanntes Inventar erstellt. Ein Inventar stellt ein mengen- und wertmäßiges Verzeichnis sämtlicher Vermögens- und Schuldenteile zu einem bestimmten Stichtag dar.

§240 Handelsgesetzbuch
(1) Jeder Kaufmann hat zu Beginn seines Handelsgewerbes seine Grundstücke, seine Forderungen und Schulden, den Betrag seines baren Geldes sowie seine sonstigen Vermögensgegenstände genau zu verzeichnen und dabei den Wert der einzelnen Vermögensgegenstände und Schulden anzugeben.
(2) Er hat demnächst für den Schluss eines jeden Geschäftsjahrs ein solches Inventar aufzustellen. Die Dauer des Geschäftsjahres darf zwölf Monate nicht überschreiten. Die Aufstellung des Inventars ist innerhalb der einem ordnungsmäßigen Geschäfts-gangentsprechenden Zeit zu bewirken.

Praktisch erfolgt die Erstellung des Inventars mit Hilfe der Durchführung einer Inventur, in welcher – soweit möglich – durch Zählen, Messen, Wiegen etc. eine körperliche Bestandaufnahme aller Vermögensgegenstände und Schulden erfolgt. Bei körperlosen Vermögensteilen oder Schuldtiteln erfolgt die Erfassung aufgrund von vorliegenden Unterlagen (Verträge, Rechnungen etc.). Im Bereich der öffentlichen Verwaltung bedeutet die Aufstellung eines Inventars beispielsweise, dass nicht nur Gebäude, Tische, Computer etc. gezählt und bewertet werden, sondern z. B. auch der Baumbestand, das Straßennetz oder Kulturdenkmäler. Die im Inventar aufgeführten Vermögens- und Kapitalanteile werden schließlich nach einer bestimmten Ordnung in die (Eröffnungs-)Bilanz übernommen.

Die Bilanz ist eine Gegenüberstellung von Vermögen und Kapital eines Betriebes, wobei die Vermögensseite einer Bilanz als Aktiva und die Kapitalseite als Passiva bezeichnet wird (Abb. 7.2).

Die Passiv-Seite gibt Auskunft darüber, woher die in dem Betrieb verwendeten Mittel stammen, wobei sich grob danach unterscheiden lässt, ob es eigene oder fremde Mittel sind (Mittelherkunft).

Die Aktiv-Seite wiederum erfasst grob gesagt, wie die (eigenen und fremden) Mittel verwendet wurden (Mittelverwendung).

Abb. 7.2 Bilanzschema

Führt man sich allein den logischen Zusammenhang vor Augen, dass Mittelherkunft immer identisch sein muss mit der Verwendung eben dieser Mittel, dann leuchtet ein, dass eine Bilanz immer ausgeglichen sein muss – was freilich nicht damit verwechselt werden darf, dass der betreffende Betrieb sich in einer ausgeglichenen wirtschaftlichen Situation befindet.

Wie eine Bilanz im Einzelnen konkret aufgebaut wird, darüber geben §§ 247 ff. Handelsgesetzbuch (HGB) Aufschluss. Abbildung 7.3 bietet einen Überblick.

Für die Verbuchung von konkreten Geschäftsvorgängen werden im Weiteren nun einzelne Konten herausgelöst, auf denen während der Rechnungsperiode bzw. im öffentlichen Sektor während des Haushaltsjahres gebucht wird.

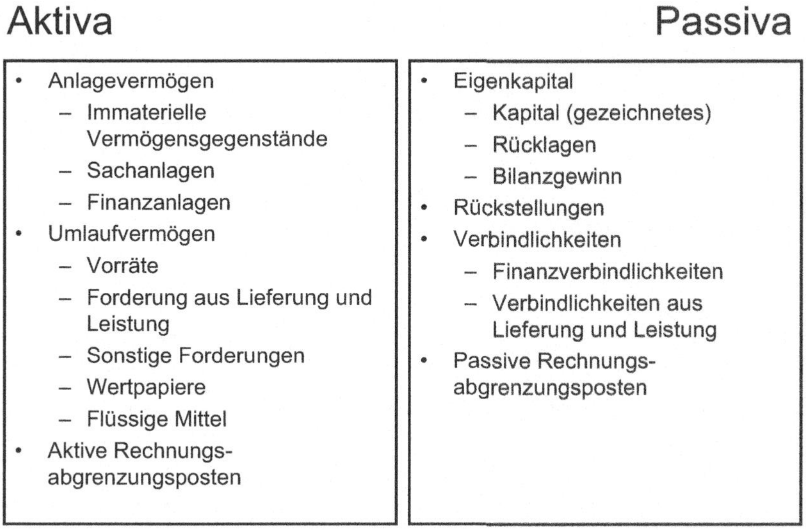

Abb. 7.3 Grundlegende Bilanzinhalte

7.3.2 Bilanzadressaten

Bereits die vorangegangenen Ausführungen sollten deutlich machen, dass die Aufstellung einer Bilanz gerade für größere Unternehmen und Großstädte mit einem gewaltigen Arbeitsaufwand verbunden ist. Es erscheint von daher die Frage berechtigt, wer bzw. welche Gruppen oder Institutionen ein Interesse an der Bilanz eines Betriebes haben. Im Allgemeinen lassen sich die folgenden Interessenten bzw. Adressaten unterscheiden (Probst 2000, S. 13 ff.):

- Die Gesellschafter: Als Kapitalgeber haben sie dem Unternehmen ihr Geld zur Verfügung gestellt und haben freilich ein Interesse daran zu erfahren, ob ihr Geld sicher und renditestark angelegt ist.
- Potenzielle Anleger: Im Prinzip vergleichbar mit den Gesellschaftern wollen sich potenzielle Anleger mit Hilfe der Bilanz ein Bild darüber verschaffen, ob und inwieweit sich ein finanzielles Engagement lohnt.
- Banken: Im Falle der Kreditvergabe gilt es für Banken auch anhand der Bilanz zu beurteilen, ob das Unternehmen kreditwürdig ist.
- Lieferanten und Kunden: Während sich die einen die Frage stellen, ob das Unternehmen wirtschaftlich gesund genug ist, die gelieferte Ware zu bezahlen, fragen sich Kunden z. B., ob eine zuverlässige Belieferung gesichert ist. Für beide Fragen kann die Bilanz Antworten liefern.
- Die Finanzverwaltung: Die Bilanz ist Bestandteil des Jahresabschlusses und damit elementare Grundlage der Besteuerung. Das Interesse der Finanzverwaltung ist somit offenkundig.
- Die Unternehmensleitung: Anhand der Bilanz kann sich das Management einen Eindruck von der wirtschaftlichen Situation des Unternehmens verschaffen. Es kann mit gezielter Bilanzpolitik (siehe unten) versuchen bestimmte Signale zu senden oder auch zu „verschleiern".

7.3.3 Aussagewert der Bilanz

Die Informationen, die aus betriebswirtschaftlicher Sicht dem Aufzeichnungswerk Bilanz entnommen werden können, sind einerseits äußerst vielseitig. So vermag die Bilanz doch einen fundierten Einblick über die Vermögens- und Kapitalsituation eines Unternehmens oder auch öffentlichen Einrichtung zu vermitteln. Andererseits existiert eine Reihe von (gesetzlich zulässigen) Gestaltungsparametern dazu, wie die einzelnen Zahlenpositionen zustande kommen – man spricht hier von „Bilanzpolitik" –, so dass es durchaus einiger Übung und Erfahrung bedarf eine Bilanz „lesen" zu können (vgl. z. B. Probst 2000).

Im Rahmen dieser Einführung gilt es vor allem zu verdeutlichen, dass es sich bei der Bilanz nur um eine Beständerechnung handelt, die zu einem bestimmten Bilanzstichtag die Bestände an Aktiva- und Passivposten ausweist. Über den Saldo (Differenz) zwischen Aktiva und Passiva nennt die Bilanz auch den Erfolg der Periode, d. h. den so genannten

Bilanzgewinn/-verlust, der sich seit der letzten Bilanz eingestellt hat. Die betriebswirtschaftlich im Detail aber eigentlich interessante Frage danach, wo oder wie dieser Erfolg
entstanden ist, darüber gibt die Bilanz nur für sich genommen keine Auskunft.

7.3.4 Kontensystem in der Buchhaltung

Theoretisch denkbar, aber praktisch nicht umsetzbar wäre die Möglichkeit, jede der hun-
derten, vielleicht tausenden Veränderungen des Vermögens- oder Kapitalbestandes (z. B.
Kauf von Bleistiften, Mietvorauszahlung, Zahlungseingänge und -abgänge auf dem Bank-
konto etc.), die im Laufe eines Jahres in Form von Geschäftsvorfällen passieren, direkt in
der Bilanz zu vermerken und stets eine neue Bilanz zu erstellen. Um diese Problematik zu
umgehen, löst man die einzelnen Vermögens- und Kapitalarten aus der Bilanz heraus, in
dem jeweils einzelne Konten gebildet werden. Unter einem

► „Konto ist eine zweiseitige Rechnung [zu verstehen], die auf der einen Seite den
Anfangsbestand und die Zugänge, auf der anderen Seite die Abgänge und den Endbe-
stand enthält. Der Endbestand ergibt sich als Differenz (Saldo) zwischen der Summe aus
Anfangsbestand und Zugängen einerseits und den Abgängen andererseits." (Wöhe 1997,
S. 69)

Abbildung 7.4 zeigt exemplarisch das Konto „Bank", in dem die Bargeldbewegungen des
Betriebes festgehalten werden. Diese Form der Darstellung wird als T-Konto bezeichnet.
    Die kaufmännische Buchhaltung (Doppik) wird deshalb als doppelte Buchhaltung be-
zeichnet, weil jeder Geschäftsvorfall (z. B. der Kauf von Material, die Zahlung von Löh-
nen etc.) auf zwei Kunden notiert, sprich verbucht wird. Begründet ist dieses Vorgehen
darin, dass der Erfolg des Unternehmens/Betriebes ebenfalls zweimal ausgewiesen wird,
nämlich einmal in der Bilanz und einmal in der Gewinn- und Verlustrechnung.

Bank			
Soll		**Haben**	
Anfangsbestand	1.000	Auszahlung	2.500
Einzahlung	2.000	Saldo = Endbestand	500
	3.000		3.000

Abb. 7.4 Beispiel T-Konto „Bank"

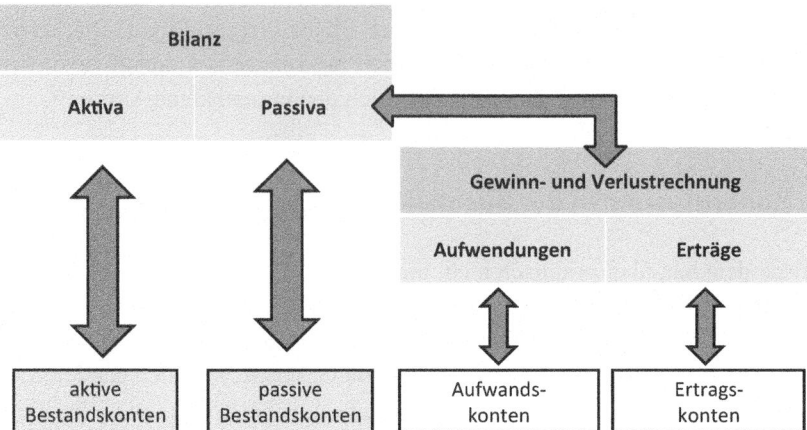

Abb. 7.5 Kontenzuordnung im betrieblichen Rechnungswesen

Entsprechend dieser Ordnung werden i. d. R. zwei Gruppen von Konten unterschieden:

- Bestandskonten und
- Erfolgskonten.

▶ Bestandskonten lassen sich direkt aus der Bilanz ableiten, während Erfolgskonten sich quasi auch als „Unterkonto" des Eigenkapitalkonto verstehen lassen, da der aus der Gewinn- und Verlustrechnung ermittelte Gewinn oder Verlust das Eigenkapital erhöht oder schmälert. Während auf den Bestandskonten die Vermögens- und Kapitalbestände verbucht werden, erfassen die Erfolgskonten Erträge und Aufwendungen.

Am Ende des Geschäfts- bzw. Rechnungsjahres werden die Bestandskonten wieder zur (Schluss-)Bilanz zusammengefasst. Die Bestände der aktiven Bestandskonten finden dabei auf der Aktiva-Seite, die passiven Bestandskonten auf der Passiva-Seite Eingang in die Bilanz.

Die Aufwands- und Ertragskonten (Erfolgskonten) fließen hingegen zusammen in die Gewinn- und Verlustrechnung. Je nachdem, ob Aufwand oder Ertrag überwiegen, mindert oder erhöht sich faktisch das Eigenkapital (vgl. Abb. 7.5).

7.4 Kostenrechnung

7.4.1 Zum Zweck der Kostenrechnung

Die Kostenrechnung bzw. die Kosten- und Leistungsrechnung ist als Instrument des internen Rechnungswesens bezeichnet worden. Als solches richtet sie sich mit ihrem Informationsgehalt in erster Linie an Personen, Institutionen, (interne Adressaten) die im erweiter-

Abb. 7.6 Teilbereiche der
Kostenrechnung

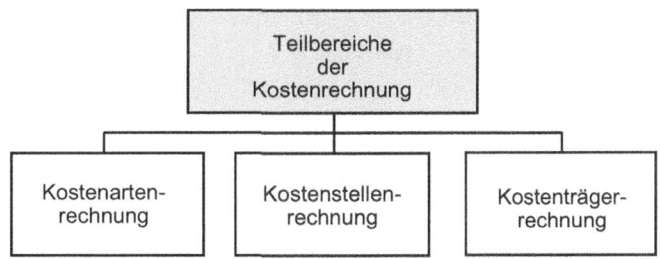

ten Sinne dem internen Kreis der Unternehmung oder der Verwaltung zuzurechnen sind. Die Aufgabe der Kosten- und Leistungsrechnung besteht in der Erfassung, Verteilung und Zurechnung derjenigen Kosten, die bei der Leistungserstellung und Leistungsverwertung anfallen. Die Bedeutung der Kostenrechnung für die betriebliche Praxis ist enorm.

Als Voraussetzung der Wirtschaftlichkeitskontrolle ist die Kenntnis der Kosten unverzichtbar. Mit dem vorgenannten Aspekt eng verbunden ist des Weiteren die Frage nach der Zusammensetzung des Produktprogramms. Die Entscheidung, bestimmte Produkte vermehrt anzubieten oder andere aus dem Programm zu eliminieren, geschieht sinnvollerweise (auch) aufgrund der jeweiligen Produktkosten. Zur Preisfindung und -festsetzung müssen die Kosten pro Leistungseinheit (z. B. Kosten pro Stück oder der Selbstkostenpreis etc.) bekannt sein, so dass ohne Kenntnis der Kosten kein sachlich begründeter Preis festgelegt werden kann.

7.4.2 Gliederung der Kostenrechnung

Oben ist als Aufgabe der Kostenrechnung die Erfassung, Verteilung und Zurechnung von Kosten beschrieben worden. Mit dieser Aufgabenstellung korrespondieren entsprechend auch die Teilbereiche der Kostenrechnung, wie sie regelmäßig unterschieden werden (vgl. z. B. Heinhold 2001; Haberstock 2002; vgl. Abb. 7.6).

- **Kostenartenrechnung**
  Zu Beginn der Konzeption einer Kostenrechnung steht die Kostenartenrechnung. Sie dient der Erfassung und Ordnung aller in der Rechnungsperiode angefallenen Kostenarten und folgt entsprechend dem Ziel, alle Kosten möglichst verursachungsgerecht zuzuordnen. Die zentrale Fragestellung lautet an dieser Stelle: Welche Kosten(arten) sind in welcher Höhe angefallen? Als eine mögliche Strukturierung käme z. B. eine Ordnung nach den Kostenarten Personalkosten (Löhne, Gehälter), Materialkosten, Abschreibungen, Zinsen, Miete in Betracht.
- **Kostenstellenrechnung**
  So hilfreich etwa die Information sein mag, dass in dem Abrechnungszeitraum z. B. Personalkosten in Höhe von 500.000 € angefallen sind, so drängt sich doch für eine nähere Untersuchung unweigerlich die Frage auf, in welchen Bereichen (Kostenstellen) des Unternehmens oder der Verwaltung diese 500.000 €.

Tab. 7.1 Grundsystematik eines Betriebsabrechnungsbogens

Kosten- arten	Kosten- stellen	Abteilung A	Abteilung B	Abteilung C
Art i		Kostenart i der Abteilung A	Kostenart i der Abteilung B	Kostenart i der Abteilung C
Art ii		Kostenart ii der Abteilung A	Kostenart ii der Abteilung B	Kostenart ii der Abteilung C

Personalkosten entstanden sind. Auch hier folgt man weiter dem Ziel der verursachungs-gerechten Zuordnung von Kosten. Die zentrale Fragestellung lautet demnach: Wo sind welche Kosten in welcher Höhe angefallen?

Im einfachsten, aber wenig aussagekräftigen Fall wird der gesamte Betrieb als eine einzige Kostenstelle interpretiert. Mehr Aussagekraft enthält aber z. B. eine Ordnung nach Abteilungen, Sachgebieten, Dezernaten etc. oder gar nach einzelnen Arbeitsplätzen. Welche Einteilung gewählt wird, ist eine Frage der Zweckmäßigkeit und auch die Frage nach der Wirtschaftlichkeit der Kostenrechnung selbst. Es gilt zu bedenken, dass Kostenstellen auch entsprechend „gepflegt" werden müssen, was bei einer sehr feingliedrigen Auftei-lung (z. B. der einzelne Arbeitsplatz) einen nicht zu unterschätzenden Arbeitsaufwand darstellen kann (Heinhold 2001, S. 161 f.).

Die Verteilung von Kostenarten auf die entsprechenden Kostenstellen findet mit Hilfe eines Betriebsabrechnungsbogens (BAB) statt. Stark vereinfach weist dieser die Grund-struktur in Tab. 7.1 auf.

- **Kostenträgerrechnung**
  Nachdem nun durch Kostenarten- und Kostenstellenrechnung ermittelt wurde, welche Kosten wo entstanden sind, findet im Rahmen der Kostenträgerrechnung die Zurech-nung der Kosten auf die Leistungen des Betriebes statt. Als mögliche Leistungen/Kos-tenträger kommen in Betracht (Heinhold 2001, S. 258):
  - Absatzleistungen (z. B. Kundenaufträge)
  - Lagerleistungen (z. B. Produkte, die ohne Kundenauftrag erstellt und zunächst auf Lager genommen werden)
  - Aktivierbare innerbetriebliche Leistungen (z. B. selbstentwickelte Patente)

Es lassen sich zwei Ausprägungen der Kostenträgerrechnung unterscheiden:

- **Kostenträgerstückrechnung**
  Die zentrale Fragestellung lautet hier: Wofür sind welche Kosten in welcher Höhe pro Stück (bzw. pro Einheit) entstanden? Die Kostenträgerstückrechnung (syn. Kalkulation oder auch Selbstkostenrechnung) ermittelt die (Selbst-) Kosten pro Einheit. Dazu las-sen sich insbesondere mit der Divisionskalkulation und der Zuschlagskalkulation zwei grundsätzliche Methoden unterscheiden, auf die im Rahmen dieser Einführung nur hin-gewiesen werden kann (dazu z. B. Haberstock 2002, S. 146 ff.).

- **Kostenträgerzeitrechnung**
  Die zentrale Fragestellung lautet hier: Welche Kosten sind in der Abrechnungsperiode für welche Kostenträger (i.w.S. Produkte) entstanden? Die Kostenträgerzeitrechnung rechnet die in einem Abrechnungszeitraum entstandenen Kosten den in diesem Zeitraum erstellten Leistungen, d. h. den Kostenträgern zu. Es werden somit diejenigen Kosten ermittelt, die von den in dem Zeitraum erstellten Kostenträgern/Produkten bzw. Leistungen verursacht wurden. Im Unterschied etwa zur o. g. Kostenträgerstückrechnung werden hier Produkte oder Produktgruppen unter den Terminus Kostenträger erfasst und nicht einzelne Einheiten dieses Produktes.

7.5 Aspekte des Rechnungswesens im öffentlichen Sektor

7.5.1 Grundlegende Entwicklungen des öffentlichen Rechnungswesens

Auch wenn im Einzelfall andere Zielgrößen und Grundlagen maßgeblich sind, so unterscheidet sich die Anwendung der Kostenrechnung in der öffentlichen Verwaltung nicht prinzipiell von derjenigen in der Privatwirtschaft. Geht es bei zweitgenannter z. B. um Preisfindung, so steht z. B. für die Kommunalverwaltung analog dazu die Gebührenkalkulation im Vordergrund. So verlangt etwa § 77 Abs. 2 der Gemeindeordnung/NRW die Ermittlung von kostendeckenden Gebühren.

Betrachtet man des Weiteren noch einmal den aus Kostenarten und -trägerinformationen resultierenden Betriebsabrechnungsbogen, so wird die Informationsfunktion der Kostenrechnung auch für die öffentliche Verwaltung deutlich. Die Kosteninformationen erlauben beispielsweise eine Kontrolle, inwieweit gegebene Budgets eingehalten werden oder liefern in gemeindeübergreifenden Vergleichen (vgl. Gourmelon et al. 2011, S. 461) (Stichwort: „Benchmarking") Anhaltspunkte, wo andere vergleichbare Gemeinden wirtschaftlicher arbeiten. Nicht zu übersehen ist auch die einfache Tatsache, dass nur bei bekannten Kosten einer Verwaltungseinheit hier gezielt Optimierungsbestrebungen angesetzt werden können und sich bei den Mitarbeitern auch ein entsprechendes Kostenbewusstsein einstellt.

Bedeutsame Unterschiede zur Privatwirtschaft finden sich in der Ausgestaltung der Buchführung. Die Doppik ist die Buchhaltung der Privatwirtschaft, während sich die öffentliche Hand traditionell der Kameralistik bedient oder bedient hat. Für die Gemeinden und Gemeindeverbände der meisten Bundesländer, so etwa in NRW, ist jedoch zu beachten, dass diese längstens bis zum Haushaltsjahr 2008 kameral buchten und im Weiteren dann die doppelte Buchhaltung praktiziert wird. In einigen Bundesländern wird die (erweiterte) Kameralistik weiterhin neben der Buchung als zulässiges Buchführungssystem bestehen bleiben (vgl. Bernhard et al. 2005, S. 42).

Hinsichtlich der Systematik der doppelten Buchführung bestehen zwischen der Anwendung in Privatwirtschaft und öffentlichem Sektor keine Unterschiede. Unterschiede kommen zum Teil bei einzelnen Buchungen bzw. der typischerweise angesprochenen

Aktiva	Passiva
<ul><li>unbebaute Grundstücke</li><li>Infrastrukturvermögen (z.B. Straßen)</li><li>Kunstwerke, Denkmäler</li><li>Abgabeforderungen (z.B. Gebühren, Beiträge)</li><li>Forderungen gegenüber anderen Gebietskörperschaften</li><li>Forderungen gegenüber Unternehmen, an denen Beteiligungen bestehen.</li><li>etc.</li></ul>	<ul><li>Eigenkapital (Rücklage, Sonderrücklage etc.)</li><li>Sonderposten (z.B. Zuwendungen, Gebührenausgleich)</li><li>Verbindlichkeiten aus Krediten (z.B. vom Land, Bund, ERP, Kreditmarkt)</li></ul>
Bilanzsumme	**Bilanzsumme**

Abb. 7.7 Bilanzinhalte im öffentlichen Sektor – Beispiele

Konten zum Tragen. Diesen Fragen wird im Rahmen des „Kommunalen Finanzmanagements" nachgegangen. Regelmäßig wird die kommunale Bilanz darüber hinaus Bestandteile aufweisen, die den Eigenarten einer Gemeinde entsprechen (Abb. 7.7).

Bereichstypische Unterschiede zur Privatwirtschaft weist die kommunale Bilanz hinsichtlich der Zwecke auf, die mit ihr verfolgt werden (Mroß 2006, S. 88 f.). Eine Bilanz hat eine Informations- und Entscheidungsfunktion gegenüber verschiedenen Adressaten zu erfüllen. Für die kommunale Bilanz sind dazu im Zusammenhang mit der Rechenschaftslegung insbesondere zu nennen:

- der Stadtrat,
- Aufsichtsbehörden und Rechnungshof,
- Verwaltungsleitung,
- die interessierte Öffentlichkeit.

Der Adressatenkreis ist somit auch funktionell ein nahezu gänzlich anderer als in der Privatwirtschaft, wobei auch in einigen Bereichen das Erkenntnisinteresse abweicht. Geht es im privatwirtschaftlichen Bereich darum, Kreditwürdigkeit und/oder zukünftige Ertragskraft abzuschätzen, dient die kommunale Bilanz ihren Adressaten beispielsweise zur Beurteilung des tatsächlich stattgefundenen Verbrauchs der anvertrauten öffentlichen Ressourcen.

7.5.2 Öffentliches Rechnungswesen im Wandel

Das öffentliche Rechnungswesen war im Zuge der Einführung des so genannten Neuen Steuerungsmodells (siehe Abschn. 1.7) derjenige Bereich, der erste Bereich, der mit teils

Kontobezeichnung: _____									
	Einnahmen					Ausgaben			
Datum / Buchungs- fall	Text	Reste der Vor- periode	Soll	Ist	Reste	Reste der Vor- periode	Soll	Ist	Reste

Abb. 7.8 Kameralistisches Konto. (Quelle: Brede 2005, S. 191, verändert)

gravierenden Umstellungen konfrontiert wurde. Dabei nahm das öffentliche Rechnungs- wesen starke Anlehnungen an das kaufmännische, ohne dabei aber aufgrund der nicht zu ignorierenden Unterschiede zwischen Unternehmen und Verwaltungen gänzlich de- ckungsgleich zu werden (Lüder 2001).

Seinen Ausgangspunkt nahm die Einführung eines neuen öffentlichen Rechnungswe- sens in der Kritik an der traditionellen kameralen Buchführung. Die (einfache) Kameralis- tik – auch Verwaltungskameralistik – ist ein Verfahren, dessen hauptsächliches Ziel darin besteht bzw. bestand, die finanzwirtschaftlichen (Zahlungs-) Vorgänge zu erfassen (vgl. grundlegend z. B. Fuchs und Zentgraf 1981). In einer vergleichsweise einfachen Dar- stellung werden dazu die jeweiligen Haushaltsansätze, die tatsächlichen Zahlungen und die schließlich noch vorhandenen Mittel in so genannten Haushaltsüberwachungslisten erfasst. Abbildung 7.8 zeigt den typischen Aufbau eines kameralen Kontos.

Da das Augenmerk dieser Methode auf der Dokumentation von Zahlungsbewegun- gen liegt, werden wirtschaftliche Vorgänge, die keine unmittelbaren Zahlungen auslösten (z. B. Abschreibungen) systematisch vernachlässigt. Die Gegenüberstellung von Kosten und Leistungen und die damit verbundene Erfolgsermittlung sind nicht möglich.

Mit der so genannten Erweiterten Kameralistik konnten eine Reihe von Kritikpunkten an der (einfachen) Kameralistik entkräftet werden; insbesondere die Ermittlung von Kos- ten und Leistungen wurde möglich. Allerdings verfügt auch die Erweiterte Kameralistik nicht über eine systematisch angelegte Vermögens- und Schuldrechnung. Diese ist erst mit Nebenrechnungen verfügbar, was etwa im Vergleich zur kaufmännischen Doppik einen unverkennbaren Nachteil darstellt.

Weitere Gründe, die für eine Ablösung auch der Erweiterten Kameralistik zugunsten der kaufmännischen Doppik sprechen sind (vgl. Brede 2005, S. 195 f.):

• Die Kameralistik gilt als „verstaubt“.
• Fehlende Anbindung an moderne Standardsoftware zum Rechnungswesen.
• Deutsches Spezifikum – international nicht verbreitet.

Planungsebene	Ergebnishaushalt	Finanzhaushalt	(Plan-Vermögens-rechnung)
Rechnungsebene	Ergebnisrechnung	Finanzrechnung	Vermögens-rechnung
	(Doppischer Verbund)		

Abb. 7.9 Kern-Bestandteile des Neuen öffentlichen Rechnungswesens. (Quelle: Lüder 2006, S. 188, leicht verändert)

- (Neues) betriebswirtschaftlich geschultes Personal verstärkt betriebswirtschaftliches Denken in den Verwaltungen.
- Doppik ermöglicht internationale Vergleichbarkeit der Zahlen des öffentlichen Rechnungswesens.

Das Neue Öffentliche Rechnungswesen besitzt mit dem Neuen Kommunalen Finanzmanagement (NKF) auf der Ebene der Gemeinden den stärksten Verbreitungsgrad, während sich etwa der Bereich der Bundesverwaltung als eher sperrig erweist. Das Neue Öffentliche Rechnungswesen weist die in Abb. 7.9 aufgeführten Kernbestandteile auf (vgl. folgend Lüder 2006, S. 188 f.).

Darüber hinaus zählen die Mehrjahresplanung, die Kosten- und Leistungsrechnung sowie die Wirkungsrechnung zum Neuen Öffentlichen Rechnungswesen.

7.5.3 Neues Kommunales Finanzmanagement (NKF)

Das Neue Kommunale Finanzmanagement (NKF), wie es in fortgeschrittener Form in Nordrhein-Westfahren gehandhabt wird, basiert auf der kaufmännischen Buchführung (Doppik). Das NKF setzt sich dabei aus drei wesentlichen Komponenten zusammen – das so genannte „Drei-Komponenten-System":

- Ergebnisplan (bzw. Ergebnisrechnung)
- Finanzplan (bzw. Finanzrechnung)
- kommunale Bilanz

Im Haushaltsplan unterscheidet das NKF nach dem Ergebnis- und dem Finanzplan sowie produktorientierten Teilplänen. Der Ergebnisplan dient dazu, sämtliche (geplanten) Erträge und Aufwendungen darzustellen und insofern das Ressourcenaufkommen und den Ressourcenverbrauch der Kommune anzuzeigen (Ressourcenverbrauchskonzept). Werden diese Daten mit den entsprechenden Vergangenheitswerten verglichen, so lässt sich anhand der Plandaten ausweisen, ob die Kommune voraussichtlich einen Zuwachs oder einen Verbrauch an Eigenkapital erfahren wird.

Der Finanzplan hingegen stellt sämtliche Ein- und Auszahlungen aus der üblichen Verwaltungstätigkeit sowie der Investitions- und Finanzierungstätigkeit dar. Analog zum Ergebnisplan werden auch im Finanzplan die Daten der Vergangenheit berücksichtigt, so dass daraus eine Einschätzung der voraussichtlichen finanziellen Lage der Kommune erfolgen kann. Sowohl der Ergebnis- als auch der Finanzplan berücksichtigen hinsichtlich ihrer zeitlichen Reichweite die zwei letzten vergangenen Jahre, das betreffende Haushaltsjahr sowie die jeweiligen Planungen für die nächsten drei Jahre. Während Ergebnis- und Finanzplan die gesamte Kommune umfassen, richten sich (produktorientierte) Teilergebnis – und Teilfinanzpläne auf Einzelbereiche.

7.6 Aufgaben zur Reflexion und Vertiefung

Fragen

- Verdeutlichen Sie sich den Unterschied zwischen externem und internem Rechnungswesen.
- Vollziehen Sie nach, dass und weshalb die beiden Seiten einer Bilanz immer ausgeglichen sein müssen.
- Nennen und erläutern Sie Unterschiede bei den Adressaten einer Bilanz im privaten und im öffentlichen Sektor.
- Welcher Zusammenhang besteht zwischen Bestands- und Erfolgskonten sowie der Bilanz und der Gewinn- und Verlustrechnung?
- Grenzen Sie die Bereiche der Kostenrechnung voneinander ab.
- Verdeutlichen Sie sich den elementaren Zweck eines Betriebsabrechnungsbogens (BAB).
- Skizzieren Sie den Unterschied von Kameralistik und Doppik.
- Beschreiben Sie in eigenen Worten die Bestandteile des Drei-Komponenten-Systems im Neuen Kommunalen Finanzmanagement (NKF).

Literatur

Bernhardt, H., Mutschler, K., & Stockel-Veltmann, Ch. (2005). *Kommunales Finanzmanagement NRW* (3. Aufl.). Witten.

Brede, H. (2005). *Grundzüge der Öffentlichen Betriebswirtschaftslehre* (2. Aufl.). München.

Buchner, R. (1988). *Buchführung und Jahresabschluss*. München.

Fuchs, M., & Zentgraf, H. (1981). *Betriebsabrechnung in öffentlichen Einrichtungen* (4. Aufl.). Göttingen.

Gourmelon, A., Mroß, M., & Seidel, S. (2011). *Management im öffentlichen Sektor. Organisationen steuern-Strukturen schaffen-Prozesse gestalten*. Heidelberg.

Haberstock, L. (2002). *Kostenrechnung I* (11. Aufl.). Berlin.

Heinhold, M. (2001). *Kosten- und Erfolgsrechnung in Fallbeispielen* (2. Aufl.). Stuttgart.

Küpper, H.-U. (2008). Kaufmännische Buchführung und Kameralistik. www.hochschul-management.de/kuepper.pdf. Zugegriffen: 10. Aug. 2010.

Lüder, K. (2001). *Neues öffentliches Haushalts- und Rechnungswesen*. Berlin.

Lüder, K. (2006). Ordnungsmäßigkeits-Grundsätze für das Neue Öffentliche Haushalts- und Rechnungswesen. In W. Jann, M. Röber, & H. Wollmann (Hrsg.), *Public Management – Grundlagen, Wirkungen, Kritik. Festschrift für Christoph Reichard zum 65* (S. 187–203). Berlin: Geburtstag.

Mroß, M. (2006). Zum Zweck der kommunalen Bilanz. *Verwaltungsrundschau, 3*, 87–89.

Oettle, K. (1993). Kameralistik. In K. Chiem-lewicz & M. Schweitzer (Hrsg.), *Handwörterbuch des Rechnungswesens* (3. Aufl., S. 1048–1055). Stuttgart.

Probst, H.-J. (2000). *Bilanzen lesen leicht gemacht: GuV – gerätselt und verstanden?* Wien.

Schweitzer, M., & Wagener, K. (1999). Geschichte des Rechnungswesens. In M. München & von Lingenfelder (Hrsg.), *100 Jahre Betriebs-wirtschaftslehre in Deutschland 1898–1998* (S. 49–71).

Wöhe, G. (1997). *Bilanzierung und Bilanzpolitik* (9. Aufl.). München.

Produktion

8

8.1 Grundlagen und Überblick

▶ In Betrieben aller Art werden Leistungen erbracht. Den Prozess der Leistungserstellung bezeichnet man allgemein als Produktion. Dabei ist es üblich sowohl bei der Produktion von materiellen, also physisch greifbaren Gütern als auch bei der Bereitstellung von Dienstleistungen von einem Produkt zu sprechen. Das Produkt stellt das Ergebnis der Produktion dar.

Zu unterscheiden ist dieses betriebswirtschaftliche Verständnis von Produkt von dem Produktverständnis, wie es in der öffentlichen Verwaltung im Rahmen des so genannten Neuen Steuerungssystems (outputorientierte Steuerung) Verwendung findet (vgl. ausführlich Gourmelon et al. 2011, S. 10 ff.).

Im Rahmen der im Kap. 6 eingeführten Sortimentspolitik wird u. a. festgelegt, welche Produkte durch den Betrieb hergestellt werden sollen. Die Umsetzung dieser produktpolitischen Entscheidung erfolgt im Produktionsbereich. Das Ziel der Produktion kann unter betriebswirtschaftlichen Erwägungen und unter Berücksichtigung des ökonomischen Prinzips dahingehend festgelegt werden, dass die zu erstellenden Produkte in den geplanten Mengen zu möglichst geringen Kosten hergestellt werden sollen. Ob überhaupt bzw. in welchem Umfang dieses Ziel erreicht wird, ist von einer Reihe von Gegebenheiten und Einflussgrößen abhängig, wie z. B.:

- Verfügbarkeit, Quantität und Qualität der Produktionsfaktoren,
- die Technik, die zur Produktion zur Verfügung steht,
- das geltende Recht, wie es z. B. in Form von Regelungen zur Arbeitszeit, Umweltschutz oder gar festgelegtem Arbeitsentgelt, auf die Produktion einwirkt,

© Springer Fachmedien Wiesbaden 2015
M. Mroß, *Betriebswirtschaft im öffentlichen Sektor,*
DOI 10.1007/978-3-658-07121-9_8

• der Markt, der – sofern vorhanden – etwa durch Preise, Qualitätsunterschiede, Nach-
frageentwicklungen die Produktion im Bereich der Erwerbswirtschaft ganz wesentlich
bestimmt.

Nicht nur für die Erwerbswirtschaft stellt des Weiteren die Frage nach dem Ort der Leistungserstellung, d. h. des Standortes, eine zentrale Größe dar. Während private Unternehmen weitgehend frei entscheiden können, in welcher Stadt oder auch in welchem Staat sie
ihre Produkte herstellen, gestaltet sich diese Frage für Betriebe des öffentlichen Sektors
i. d. R. zwar weitaus weniger frei, aber deswegen nicht weniger bedeutsam. Während im
Weiteren nun zunächst Fragen der Standortwahl betrachtet werden, gilt es im Anschluss
daran einzelne Produktionsfaktoren und mögliche Produktions- bzw. Fertigungsverfahren
zu erörtern. Die Ausführungen zur Produktion enden schließlich mit einigen elementaren
Fragestellungen zu dem Themenbereich der Kosten.

8.2   Standortwahl

8.2.1   Grundsatzfragen der Standortwahl

Wie bereits eingeführt, bezeichnet der Standort allgemein denjenigen Ort, an dem der
Betrieb tätig ist. In der hier verwendeten Terminologie soll unter Standort so auch der
geographische Ort verstanden werden, an dem die Produktionsfaktoren zur betrieblichen
Leistungsverstellung eingesetzt bzw. kombiniert werden. Je nach Größe und Branche
können Betriebe einen einzigen oder auch mehrere Standorte besitzen. Häufig zerlegen
Betriebe, die in mehreren, teils verschiedenen Produktfeldern tätig sind, die Produktion
der verschiedenen Produkte auf verschiedene Standorte. Eine andere Erscheinungsform
der Aufteilung der Standorte stellt diejenige nach betrieblichen Funktionen und Teilfer-
tigungsschritten dar, wenn z. B. Vormontage, Montage und Endmontage örtlich getrennt
erfolgen. Für Betriebe jeder Art stellt sich die Standortfrage im Grunde bei zweierlei An-
lässen: (Neu-)Gründung des Betriebes oder Verlagerung in Form von Standortteilung oder
Standortwechsel. Folgende elementare Unterscheidungen sind im Einzelfall zu treffen:

• **Gebundener vs. freier Standort**
  Eine erste Entscheidung erfolgt über die Frage, ob hinsichtlich der Standortwahl über-
  haupt eine Wahlmöglichkeit vorliegt. Die Unterscheidung von gebundenen und freien
  Standorten stellt auf die Tatsache ab, dass bestimmte Betriebe an einen bestimmten
  Standort gebundenen sind. Dies ist durchgängig etwa bei der Rohstoffgewinnung der
  Fall, wenn z. B. die Kohleförderung an demjenigen Ort fixiert ist, wo sich das Kohle-
  vorkommen befindet. Es kann aber davon ausgegangen werden, dass die meisten Betriebe bei der Wahl ihres Standortes frei von solchen gänzlich unumgänglichen Zwän-
  gen sind, so dass sich eine Wahlentscheidung stellt.

Für einen Großteil des öffentlichen Sektors lässt sich von einem faktisch und/oder rechtlich bedingten gebundenen Standort ausgehen. Verwaltungseinheiten von Gebietskörperschaften werden ihren Sitz stets auf dem Gebiet z. B. der Gemeinde haben (müssen), genauso wie analog der Sitz einer Landes- oder Bundesregierung innerhalb der eigenen Landes- bzw. Staatsgrenzen liegt. Innerhalb dieses groben Rahmens ist die Standortwahl im öffentlichen Sektor eher von kunden- oder bürgerbezogenen Aspekten wie der Erreichbarkeit, verkehrstechnischer Anbindung oder von Fragen der Bevölkerungsstruktur und -verteilung abhängig. So werden z. B. Schulen oder Kindergärten in der Nähe von Wohngebieten angesiedelt.

- **Fester vs. wechselnder Standort**

  Eine andere Unterscheidung der Standortfrage erfolgt danach, ob es sich um einen festen oder einen wechselnden Standort handelt. Bei Betrieben mit absolut gebundenen Standorten liegt offenkundig ein fester Standort vor. Bei den meisten Betrieben, die materielle Güter anbieten, wird von einem festen Standort auszugehen sein. Bei der Standortentscheidung handelt es sich i. d. R. um eine längerfristige Festlegung, da so genannte „sunk cost" angefallen sind. Dies sind i. w. S. „Kosten", die für Gebäude, Maschinen etc. aufgebracht werden und die bei einem Wechsel des Standortes verloren gehen bzw. nicht oder nur unter hohen Verlusten durch Verkauf o. ä. zurückgeholt werden können.

  Für Produzenten von Dienstleistungen besteht zuweilen die Möglichkeit, die Leistung auch unabhängig vom Sitz des eigenen Unternehmens zu erbringen. Als Beispiel seien etwa Beratungsunternehmen genannt, die ihre Dienstleistungen größtenteils vor Ort bei den jeweiligen Klienten erbringen.

8.2.2 Entscheidungsfaktoren der Standortwahl

Sofern die Möglichkeit der freien Standortwahl besteht, gilt es für den Betrieb die Vor- und Nachteile der jeweils in Frage kommenden Lokalität gegeneinander abzuwägen. Welche Kriterien oder Standortfaktoren dabei für den Vergleich herangezogen werden, hängt letztlich vom Gegenstand des Betriebes und dem betrieblichen Hauptzweck ab. So wird eine Spedition andere Kriterien als besonders wichtig erachten als ein Krankenhaus. Allgemein und mehr oder weniger branchenübergreifend, lassen sich gleichwohl drei Kategorien von Standortfaktoren unterscheiden (vgl. Tab. 8.1).

Diese und andere denkbare Standortfaktoren werden dem Entscheider i. d. R. nicht gleichermaßen wichtig sein. Wahrscheinlicher ist es, dass Unterschiede in der Wertigkeit bestehen, ohne aber dass exakt anzugeben wäre, welches Kriterium um wie viel wichtiger ist als ein anderes. Da es sich bei den Kriterien häufig um qualitative Aspekte handelt, die sich einer eindeutigen Berechnung naturgemäß entziehen, bietet sich die Anwendung einer Nutzwertanalyse an, um den Entscheidungsprozess zu objektivieren. Auf das Instrument der Nutzwertanalyse wird in Kap. 10 eingegangen.

Tab. 8.1 Standortfaktoren. (Quelle: Verändert nach Vahs und Schäfer 2005, S. 71)

Einsatzbezogene Standortfaktoren, z. B.	Produktionsbezogene Standortfaktoren, z. B.	Absatzbezogene Standortfaktoren, z. B.
Grundstücke, Gebäude	Klima	Absatzmarkt
Personal	Geologie	Absatzkontakte
Infrastruktur	Politischer u. sozialer Rahmen	Konkurrenzsituation
Staatlicher Rahmen, Steuern	Staatlicher Rahmen	Entsorgung
Anlagen	Infrastruktur	Infrastruktur
Material	Personal	Staatlicher Rahmen

8.3   System der Produktionsfaktoren

Um materielle Güter oder Dienstleistungen erstellen zu können, ist es notwendig, dass Faktoren verschiedenster Art zusammenwirken und/oder mit einander kombiniert werden; die Rede ist dann von (Produktions-) Faktorkombination.

Gemeinsam ist den verschiedenen Produktionsprozessen, dass vorhandene materielle und immaterielle Güter in neuartige materielle oder immaterielle Güter (Dienstleistungen) umgewandelt werden. Während dieses Umwandlungs- bzw. Produktionsprozesses gehen einige der dabei verwendeten Güter unter, d. h. sie werden im Produktionsprozess verbraucht. Diese Art Güter werden als Einsatzgütern bezeichnet.

Als Beispiele für Ergebnisse von Produktionsprozessen können etwa Autos, Computer, Hosen aber auch Dienstleistungen z. B. in Form einer Versicherungsberatung, der Tätigkeit eines Immobilienmaklers, aber auch die Erstellung eines Bescheides im Rahmen öffentlichen Verwaltung oder die Durchführung einer polizeilichen Verkehrskontrolle genannt werden.

Die Faktoren, die im Zuge der Erstellung von materiellen Gütern und Dienstleistungen benötigt werden, können auf verschiedene Art und Weise systematisiert werden. Innerhalb der Betriebswirtschaftslehre ist die Ordnung von Erich Gutenberg bis heute die einflussreichste (vgl. Abb. 8.1).

Elementarfaktoren gehen direkt in die Leistung ein bzw. sie sind unmittelbar am Prozess der Leistungserstellung beteiligt.

- Dass ausführende oder objektbezogene menschliche Arbeit an der Leistungserstellung beteiligt ist, bedarf keiner Erläuterung. Wenn auch in unterschiedlicher Intensität, so existiert doch kaum ein Produkt, das tatsächlich ohne jedes menschliches Zutun entsteht. Objektbezogene menschliche Arbeit meint diejenige Arbeit, die unmittelbar am Arbeitsgegenstand (Werkstück, Ratsuchender, Kunde, Patient etc.) stattfindet.
- Als Betriebsmittel werden solche Faktoren bezeichnet, die während des Leistungsprozesses zwar gebraucht, aber nicht verbraucht werden. Betriebsmittel stehen dem Betrieb daher länger- bzw. langfristig zur Nutzung zur Verfügung (z. B. Gebäude, Maschinen, Büroausstattung).

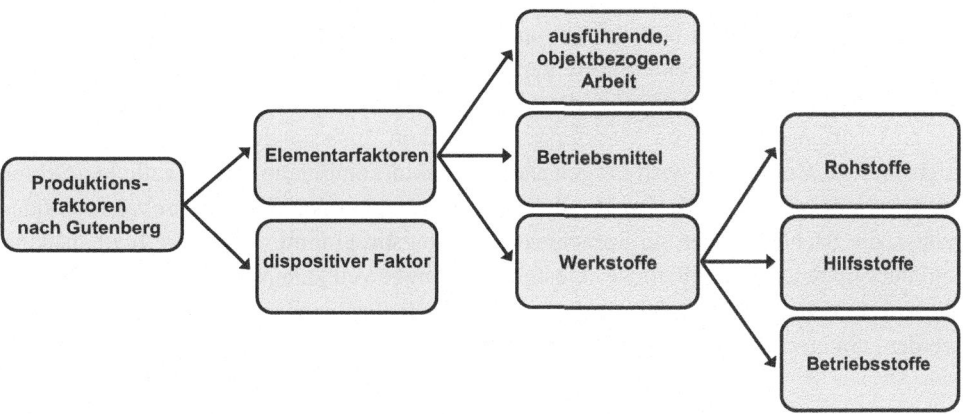

Abb. 8.1 System der Produktionsfaktoren nach Gutenberg

- Werkstoffe gehen in das zu erstellende Produkt ein; sie werden Bestandteil desselben. Werkstoffe lassen sich weiter untergliedern nach Roh-, Hilfs- und Betriebsstoffen.
  - Rohstoffe gehen in das Produkt mit ein und bilden die Hauptbestandteile des Produktes, wie dies z. B. für Holz bei der Herstellung eines Tisches der Fall ist.
  - Hilfsstoffe gehen ebenfalls in das Produkt mit ein, stellen aber nur nebensächliche Bestandteile des Produktes dar, z. B. Schrauben oder Leim bei der Produktion eines Tisches.
  - Betriebsstoffe, wie z. B. Energie, werden bei der Herstellung des Produktes verbraucht. Inwiefern sie in das Produkt mit eingehen kann letztlich kaum eindeutig beantwortet werden.
- Der dispositive Faktor ist im Gegensatz zu den soeben erläuterten Elementarfaktoren nicht unmittelbar am Leistungserstellungsprozess beteiligt. Es handelt sich um (Führungs-) Tätigkeiten der Geschäfts- und Betriebsleitung (Unternehmensführung). Aufgabe des dispositiven Faktors ist es, das Geschehen im Betrieb zu steuern (z. B. Rechnungswesen), zu planen und den Planungsinhalt umzusetzen oder zu organisieren. Insbesondere in größeren Organisationen werden die Tätigkeiten der Planung und der Organisation von der obersten Organisationsleitung an nachgeordnete Instanzen (Abteilungsleiter, Amtsleiter, Dezernenten etc.) übertragen. In diesem Fall werden diese ebenfalls zu Komponenten des dispositiven Faktors.

Wie leicht nachvollzogen werden kann, haben alle der oben genannten Produktionsfaktoren einen Preis (z. B. den Anschaffungspreis von Maschinen und für den Faktor Arbeit in Form von Arbeitsentgelt) und tragen zur Entstehung des Produktes in unterschiedlichem Ausmaß und Qualität bei. Die Frage, welche Produktionsfaktoren, in welcher Weise und mit welcher Intensität miteinander kombiniert werden sollen, damit das Produkt/die Dienstleistung entsteht, stellt eine wichtige, wenn nicht sogar die wichtigste produktionswirtschaftliche Entscheidung dar. So könnte etwa die Herstellung eines Tisches mit zwei Schreinergesellen und drei Hilfskräften erfolgen oder der gleiche Tisch könnte mit nur einem Gesellen und zwei Hilfskräften und einer Maschine hergestellt werden. Die Frage nach der unter Kostenaspekten vorteilhaftesten Faktorkombination ist nicht nur eine der bedeutsamsten, sondern auch eine, die sich ändern kann, wenn z. B. die Lohnkosten oder die Anschaffungskosten von Maschinen sich ändern. Insbesondere der Einsatz des Betriebsmittels „Computer" wirft Fragen nach der Faktorkombination im öffentlichen Sektor immer wieder neu auf. Werden Bescheide in einem zentralen Schreibbüro verfasst oder nutzen die Sachbearbeiter ein Sprachtexterkennungsprogramm, existieren Textbausteine und/oder tippen die Schriftstücke selbst etc. und inwieweit kann der Bürger als Kunde im Zuge des so genannten E-Government in die Dienstleistungserstellung mit einbezogen werden, um hier nur einige Hinweise zu geben.

8.4 Produktionsverfahren

Insbesondere materielle Güter, aber bei entsprechend analoger Interpretation auch Dienstleistungen können nach verschiedenen Verfahren bereitgestellt werden. Abbildung 8.2 veranschaulicht zwei mögliche Systematisierungen.

- **Ordnung nach Ablaufprinzipien**
  Im Fall der Produktion nach dem Verrichtungsprinzip werden Betriebsmittel (z. B. Maschinen) und Arbeitsplätze, die gleichartige Verrichtungen bzw. Tätigkeiten ausführen zu so genannten „Werkstätten" zusammengeführt. Verschiedenen Ausprägungen von Schlosserarbeiten können so z. B. zu einer Schlosserei-Werkstatt (Werkstattfertigung) zusammengefasst werden (vgl. Wöhe 2002, S. 423). Das zu fertigende Gut wird nach

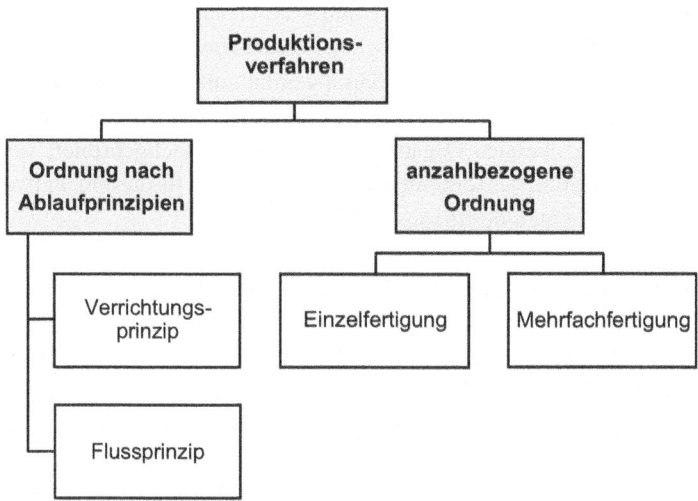

Abb. 8.2 Produktionsverfahren

einander von einer Werkstatt zur nächsten befördert, bis letztlich das endgültige Produkt entstanden ist.

- In seiner Reinform lässt sich das Verrichtungsprinzip nicht auf den öffentlichen Sektor übertragen. Gleichwohl finden sich Ansätze, welche die Kernidee des Prinzips, d. h. gleichartige Tätigkeiten zusammen zu fassen und dann hintereinander zu schalten, aufnehmen. Bei der Erbringung von Dienstleistungen, wie dies im öffentlichen Sektor den Normalfall darstellt, lassen sich zum Beispiel so genannte Front- und Backoffice-Aktivitäten/
Tätigkeiten unterscheiden. Frontoffice-Aktivitäten zeichnen sich dadurch aus, dass sie entweder vom Kunden selbst oder von Mitarbeitern mit Kundenkontakt erledigt werden. Backoffice-Aktivitäten hingegen müssen nicht zwingend in direktem Kundenkontakt erledigt werden (Fließ 2009, S. 231). Es entspricht im Wesentlichen einer verrichtungsbezogenen Zusammenfassung von Tätigkeiten, wenn solche Tätigkeiten, die eine Beteiligung des Kunden erfordern, von solchen, die das nicht erfordern, getrennt werden. So wäre die einfache Erstberatung bzw. -auskunft oder Antragsentgegennahme eine Tätigkeit des Frontoffice, während die qualifizierte Bearbeitung, etwa die genaue Prüfung bzgl. der rechtlichen Voraussetzungen eine Tätigkeit des Backoffice.
- Des Weiteren lassen sich auch so genannte Bürgerbüros oder zentrale Anmeldestellen in Kfz-Angelegenheiten diesem Grundprinzip zuordnen, solange in diesen Bereichen nicht auch die abschließende Bearbeitung der Vorgänge erfolgt.
- Bei der Produktion nach dem Flussprinzip werden Betriebsmittel und Arbeitsplätze in der Reihenfolge angeordnet wie die notwendige Bearbeitungsreihenfolge dies erfordert. In der reinen Form der Fließfertigung sorgt eine
automatisierte Vorrichtung dafür, dass das zu bearbeitende Gut von einer Verrichtung zur nächsten transportiert wird. Die in der vorgegebenen Reihenfolge und Zeit („Taktzeit") durchgeführten Verrichtungen führen mit der letzten Verrichtung schließlich zum Endprodukt. In der Form der Reihenfertigung ist der zeitliche Rhythmus hingegen nicht vorgegeben, so dass die arbeitende Person in gewissen Grenzen das Arbeitstempo selbst bestimmt. Zeitliche Abstimmungsprobleme, die bei der Fließfertigung im Idealfall nicht auftreten können, müssen hier durch Zwischenlager aufgefangen werden.
  - Der Kerngedanke des Flussprinzips kommt auch im öffentlichen Dienstleistungssektor immer dann zum Tragen, wenn einzelne Arbeitsschritte, die zur Erbringung der Dienstleistung erforderlich sind, nicht von einer Stelle komplett erbracht werden, sondern auf verschiedene Stellen (z. B. Prüfung von sachlicher, rechtlicher, rechnerischer Richtigkeit, Zuständigkeit) verteilt ist.
- **Anzahlbezogene Ordnung**
Wird in einem Produktionsgang nur jeweils eine Produkteinheit hergestellt, dann ist die Rede von Einzelfertigung. Bei der Einzelfertigung handelt es sich nahezu immer um eine auftragsbezogene Herstellung, das heißt, die Produktion beginnt erst dann, wenn ein konkreter Auftrag vorliegt, wie dies z. B. bei Maßanzügen, Kreuzfahrtschiffen, oder dem öffentlich initiierten Bau von
Autobahnen, Brücken etc. der Fall ist.

Mehrfachfertigung kann als Sorten-, Serien- oder Massenproduktion auftreten. Im Fall der Sortenproduktion werden in kleinerer Stückzahl eng verwandte Varianten eines (Grund-) Produktes hergestellt (z. B. Autoreifen als Sommer-, Winter-, Allwetterreifen). Bei der Serienproduktion werden mehrere Produkte hergestellt, die sich insbesondere bzgl. technischer Ausstattungen unterscheiden, im Grundaufbau aber ähnlich sind (z. B. Automobil „VW-Golf" mit unterschiedlichen Ausstattungen). Nicht immer lassen sich jedoch Sorten- und
Serienfertigung völlig trennscharf voneinander abgrenzen. Massenfertigung liegt schließlich vor, wenn ein standardisiertes Produkt in unbegrenzter Stückzahl hergestellt wird (z. B. Zigaretten).

8.5   Elementare Kostenverläufe

8.5.1   Allgemeine Ordnungen

Einen mit der Herstellung von Gütern und Dienstleistungen eng verbundenen Themenkomplex stellen die mit der Leistungserstellung anfallenden Kosten dar. Produktionsentscheidungen lassen sich sinnvoll nicht von Überlegungen hinsichtlich der zu erwartenden Kosten trennen, so dass einige grundlegende Zusammenhänge an dieser Stelle aufzuzeigen sind. Das Thema Kosten kann nach unterschiedlichen Gesichtspunkten strukturieren werden:

- Es lässt sich die Frage aufwerfen, für welchen anlassgebenden Prozess bestimmte Kosten anfallen: Kosten für Reisen (Reisekosten), Kosten für Reparaturvorgänge (Reparaturkosten), Kosten für die Leistungserstellung (Produktionskosten) etc.
- Alternativ lassen sich Kosten auch für die Art der zugrunde liegenden Kostengüter ordnen: Materialkosten, Personalkosten, Kapitalkosten etc.
- Weiter sei auf die Einteilung nach Betriebsbereichen hingewiesen: Beschaffungs-, Produktions-, Absatz-, Finanzierungskosten etc.
- Es können Gesamtkosten von den Durchschnitts- oder syn. Stückkosten unterschieden werden.

Es ist offensichtlich, dass die hier beispielhaft genannten Unterscheidungsmöglichkeiten sich keineswegs einander ausschließen, so kann es sich, um ein Beispiel zu geben, etwa bei Material- und Produktionskosten um einen einzigen Kostenwert handeln.

Während Gesamtkosten selbstredend zunächst einmal alle Kosten umfassen, die während einer Abrechnungsperiode entstanden sind, lassen sich auch Personal- oder Transport-Gesamtkostenstellen etc. ermitteln. Die Stückkosten weisen diejenigen Kosten aus, die durchschnittlich auf eine Produkteinheit entfallen (gesamte Stückkosten). Daneben können Stückkosten aber auch bezogen auf eine bestimmte Kostenart ermittelt werden, wie z. B. Lohn-Stückkosten.

Beispiel

Eine Stadtverwaltung erstellt im Jahr 50.000 Bescheide, die von Beschäftigten erstellt werden, die in Summe Bezüge in Höhe von 400.000 € erhalten. Die Lohn-Stückkosten betragen dann 400.000 €: 50.000 = 8 € je Bescheid.

8.5.2 Fixkosten

In der Regel wird man davon ausgehen können, dass je mehr ein Betrieb an Leistung erbringt, desto mehr Kosten fallen absolut betrachtet an. So nachvollziehbar dieser Zusammenhang auch sein mag, es fallen genauso auch Kosten an, die unabhängig von der Höhe der Produktionsleistung sind, die sogar unabhängig davon sind, ob überhaupt etwas hergestellt wird.

▶ Kosten, die unabhängig von einer Beschäftigung anfallen, werden als fixe Kosten oder Fixkosten bezeichnet.

Fixe Kosten lassen sich demnach durch Verringerung der Produktionsleistung absolut nicht senken. Sie steigen aber auch nicht, wenn die Produktion ansteigt. Als fixe Kosten können z. B. Mietkosten, Kosten für Gebäude, Maschinenbereitstellung, Versicherungen und zum Teil auch Gehaltskosten genannt werden. Fixkosten lassen sich demnach nur dadurch absolut reduzieren, wenn z. B. Gebäude verkauft, Versicherungen gekündigt oder Mitarbeiter entlassen werden.

- Der Gesamtbetrag der in einer Periode anfallenden fixen Kosten wird als die fixen Gesamtkosten bezeichnet.
- Die auf eine einzelne Produkteinheit entfallenden fixen Kosten, werden als fixe Stückkosten bezeichnet.

Abbildung 8.3 zeigt den Verlauf der fixen Gesamtkosten Kf und verdeutlicht, dass die fixen Gesamtkosten unabhängig davon, ob z. B. 10.000 oder 20.000 Stücke produziert werden, stets 8.000 € betragen.

Als Sonderfall der Fixkosten sind so genannte sprungfixe oder auch syn. Intervallfixe Kosten zu nennen (vgl. Abb. 8.4). Charakteristisch ist für diese Kosten, dass sie immer nur für ein bestimmtes Intervall, also eine bestimmte Spanne an Stückzahlen konstant bleiben und bei Erreichen eines Punktes an sprunghaft ansteigen bzw. absinken und sodann wieder innerhalb eines Intervalls konstant bleiben. Sprungfixe Kosten basieren auf der praxisnahen Annahme, dass sich die für den Produktionsprozess eingesetzten Produktionsfaktoren nicht beliebig teilen lassen.

Angenommen ein Betrieb gerät mit der vorhandenen Anzahl von verfügbaren Arbeitsstunden an seine Kapazitätsgrenze. In der Regel wird es nun selten möglich sein, die Arbeitsstunden entsprechend dem Bedarf immer nur für einzelne Stunden zu erhöhen. In

Abb. 8.3 Fixe Gesamtkosten

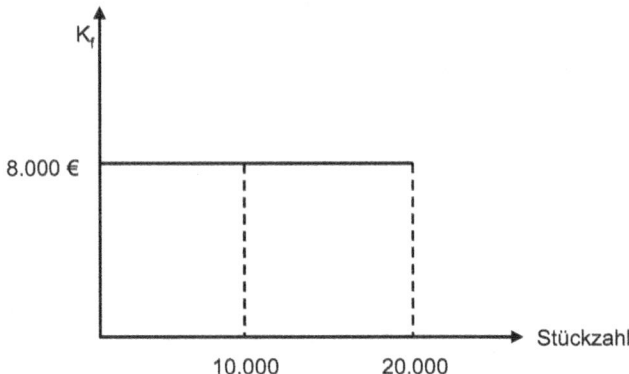

Abb. 8.4 Sprungfixe Kosten

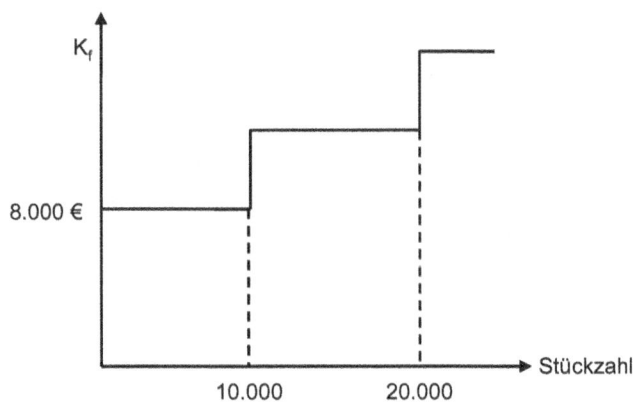

der Realität wird die Betriebsleitung größere Blöcke von Stunden z. B. in Form von neuen Vollzeitarbeitsplätzen sichern, was dazu führt, dass die Kosten nicht etwa stundenweise proportional zur Produktionsmenge, sondern in einem Schritt um die Stunden eines Vollzeitbeschäftigten ansteigen.

Bei den fixen Stückkosten steht die Frage im Mittelpunkt, wie sich die fixen Kosten auf die einzelnen Produkteinheiten verteilen. Dabei liegt es auf der Hand, dass die fixen Stückkosten kf umso geringer sind, je mehr Produkteinheiten hergestellt werden, weil gilt: $kf = Kf/x$.

Abbildung 8.5 verdeutlicht den Zusammenhang der abnehmenden fixen Stückkosten bei ansteigender Ausbringungsmenge, was nichts anderes besagt, als dass sich die Fixkosten auf immer mehr Stücke verteilen und somit pro Stück abnehmen. Diese Beziehung gilt es etwa zu beachten, wenn über die Größe von Organisationseinheiten zu entscheiden ist. So kann etwa die Wäscherei einer Pflegeeinrichtung, die in Folge von Kooperationen die Wäsche von zwei oder mehr Pflegeeinrichtungen wäscht, aufgrund der höheren Wäschemenge mit geringeren fixen Stückkosten kalkulieren.

Abb. 8.5 Fixe Stückkosten

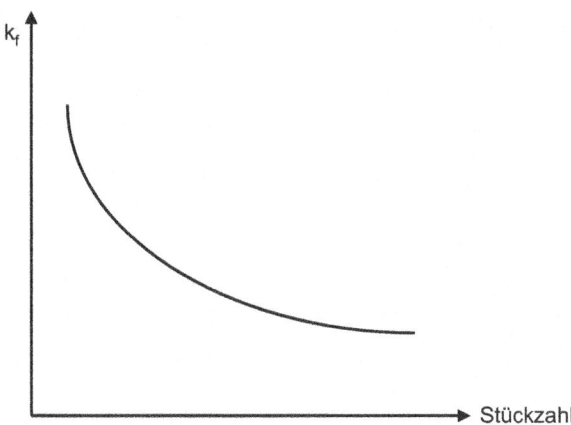

8.5.3 Variable Kosten

Variable Kosten vervollständigen die kostenbezogenen Betrachtungen an dieser Stelle.

▶ Als variable Kosten werden diejenigen Kosten bezeichnet, die abhängig sind von der Produktionsmenge.

Kosten, die als variable Kosten unmittelbar mit der Leistungserstellung zusammenhängen, verursachen z. B. die Akkordentlohnung, Material, das in die Leistungserstellung direkt eingeht (Rohstoffe etc.). Wie zuvor bei den fixen Kosten können auch die variablen Kosten nach Gesamt- und Stückkosten unterteilt werden. Während die variablen Gesamtkosten alle direkt mit der Herstellung einhergehenden Kosten umfassen, ergeben sich die variablen Stückkosten als Quotient von variablen Gesamtkosten Kv und der Stückzahl x, also Kv/x = kv.

Fasst man die Ausführungen an dieser Stelle zusammen, dann folgt für die Gesamtkosten K, dass diese die gesamten fixen und gesamten variablen Kosten umfassen: K = Kf + Kv

Entsprechend umfassen die gesamten Stückkosten k die fixen Stückkosten und die variablen Stückkosten, so dass gilt: k = kf + kv.

8.6 Produktion von Dienstleistungen

Produktionsbezogene Überlegungen, wie sie in der Betriebswirtschaftslehre traditionell angestellt werden, beziehen sich sehr häufig auf die Erstellung von physisch greifbaren Gütern. In modernen Volkswirtschaften vollzieht sich allerdings ein großer Teil der Wertschöpfung im so genannten Dienstleistungssektor.

Sowohl Dienstleistungen als auch greifbare Produkte dienen als Güter der menschlichen Bedürfnisbefriedigung. Gleichwohl weisen Dienstleistungen – unabhängig davon,

Abb. 8.6 Merkmale von
Dienstleistungen

ob sie im privaten oder öffentlichen Bereich erbracht werden – im Vergleich zu greifbaren
Gütern besondere Merkmale auf (vgl. Abb. 8.6).

- Die Dienstleistung ist immateriell, also körperlos.
  Die Folge ist, dass sie nicht gelagert werden kann und auch eine Produktion auf Vorrat
  nicht möglich ist.
- Es trifft das so genannte „uno actu-Prinzip" zu.
  Das heißt, Produktion und Konsum der Dienstleistung finden in einer Handlung, absolut synchron statt.
- Integration eines externen Faktors.
  Die Produktion einer Dienstleistung benötigt z. B. die Mitwirkung desjenigen, an den
  sich die Dienstleistung richtet („Keine Beratung ohne Ratsuchenden"). Entsprechend
  ist die Qualität der Dienstleistung (auch) von dem Dienstleistungsempfänger abhängig.
  Je genauer z. B. der Kunde weiß, was er möchte, je präziser er sich artikulieren kann
  etc., desto besser (und im umgekehrten Falle schlechter) wird die Beratungsqualität
  sein, die der Mitarbeiter erbringen kann.

Daneben kann aber auch ein Gegenstand die Rolle des externen Faktors einnehmen, wie
etwa die Dienstleistung der Autoreparatur das Vorhandensein eines entsprechenden Autos
voraussetzt.

In der wirtschaftlichen Realität ist es bisweilen durchaus schwierig (materielle) Güter
von Dienstleistungen eindeutig abzugrenzen, da eine Reihe von Gütern nur dadurch entstehen kann, wenn darin Dienstleistungen mit einfließen. Denken wir etwa an den Bau
eines Hauses, in dem auch die Dienstleistung des Architekten verkörpert ist.

8.7 Weitere Besonderheiten für den öffentlichen Sektor

- **Standortfrage**
  Wie in Abschn. 8.2 bereits angesprochen wurde, stellt sich die Frage nach dem Standort, an dem die (öffentliche) Dienstleistung erbracht werden soll auch für den öffentlichen Sektor. Hinsichtlich der konkreten Standortfrage unterscheidet sich der öffentliche
  Sektor jedoch in mancher Hinsicht von der Privatwirtschaft. Die Entscheidungskriterien der Privatwirtschaft sind für die öffentliche Verwaltung regelmäßig in der Hinsicht

weniger bedeutsam, dass der Standort selten nach ökonomischen, sondern im Regelfall nach politischen Kriterien erfolgt. Im Einzelnen können dieses etwa folgende Standortfaktoren sein (Schmidt 2004, S. 101 f.):

– Erreichbarkeit für Bürger-Mitarbeiterschaft (Stichwort: Kundenorientierung)
– Zusammenarbeit mit Organisationseinheiten des gleichen Ressorts, mit Institutionen anderer Verwaltungszweige oder mit nichtstaatlichen Vollzugsträgern (letztlich also die Effizienz des behördlichen Leistungsgeschehens)
– Bodenbezogene Standortparameter (wie etwa Grundstückskosten oder technische Grundstückeigenschaften)

• Inwiefern sich für die öffentliche Verwaltung in nicht allzu ferner Zukunft die Standortfrage im Zuge eines Voranschreitens des so genannten „E-Governments" in einer sehr grundsätzlichen Weise stellt, bleibt abzuwarten. Perspektivisch kann es angesichts vergleichbarer Entwicklungen z. B. im Bankensektor zumindest nicht ausgeschlossen werden, dass sich physische Standorte für bestimmte öffentliche Dienstleistungen als entbehrlich erweisen werden. Inwieweit das Merkmal der Kundenorientierung des Verwaltungshandelns solchen Entwicklungen entgegenwirken kann, erscheint angesichts der Kraft des Ökonomisch-Faktischen höchst fraglich.

• **Bedeutung von Produktionsfaktoren**
Wie bei allen Dienstleistungsbetrieben, so auch im öffentlichen Sektor, sind Werkstoffe regelmäßig nur von untergeordneter Bedeutung für die Leistungserstellung. Allerdings weisen einige Werkstoffe in der öffentlichen Verwaltung zwar nur einen geringen materiellen Wert auf, sind jedoch, wie z. B. Siegel oder Urkunden durchaus von hervorstehender faktischer bzw. symbolischer Bedeutung (Schuster 2001, S. 159).

Eine weitaus höhere Bedeutung kommt im Dienstleistungsbereich der ausführenden menschlichen Arbeit zu, die im Zusammenspiel mit dem Kunden das Ergebnis und die Qualität des Dienstleistungsproduktes wesentlich bestimmt. Nicht zuletzt deshalb wird der Kunde zum Teil auch als „externer Produktionsfaktor" bezeichnet, da er zwar zur Leistungserstellung unabdingbar ist, jedoch dem Verfügungsbereich des Betriebes nicht angehört. Folgt man dieser Aufteilung, dann stellen die oben genannten klassischen Faktoren entsprechend „interne Produktionsfaktoren" dar.

Als Betriebsmitteln im weitesten Sinne spielen langfristig nutzbare Informationen im öffentlichen Bereich eine hervorgehobene Rolle. Es ist jedoch zu konstatieren, dass sich diese in die oben beschriebene Systematik nach Gutenberg, die ihre Wurzeln in der Industriebetriebslehre hat, nur umständlich einordnen lassen.

Als weitere Besonderheit für den öffentlichen Sektor ist hinsichtlich der Handhabung von Produktionsfaktoren der Aspekt der Produktionsbereitschaft zu nennen. Am Beispiel von Beratungsstellen der Suchthilfe, der Polizei oder auch der Feuerwehr wird leicht nachvollziehbar, dass in solchen und ähnlichen Bereichen auch dann Produktionsfaktoren (Beratungspersonal bzw. Feuerwehrleute, Löschfahrzeuge etc.) zu einem bestimmten Mindestumfang einsatzbereit gehalten werden müssen, wenn temporär kein oder nur ein geringer Nutzungsbedarf besteht. Mit welchen zum Teil erheblichen Interpretationsanstrengungen die Anwendung der Produktionsfaktoren-Systematik ins-

Produktionsfaktoren			
Dispositiver Faktor	**Elementarfaktoren**		
	Betriebsmittel	Werkstoffe	Objektorientierte Arbeit
Ausprägung im Polizeibereich z.B. Präsidialbeamte	Fahrzeuge, Gebäude etc.	Elektrizität, Benzin, Munition etc.	Streifen- dienst etc.
I n f o r m a t i o n			
K o m b i n a t i o n **Produkt „innere Sicherheit/Ordnung"**			

Abb. 8.7 Produktionsfaktoren im Polizeibereich. (Quelle: Verändert nach Mroß 2006a, S. 16)

besondere in die öffentliche Kernverwaltung verbunden ist, verdeutlicht Abb. 8.7, in der das Denken in Produktionsfaktoren exemplarisch auf den Polizeibereich übertragen wurde.

8.8   Aufgaben zur Reflexion und Vertiefung

Fragen

- Unterscheiden Sie Arten von betrieblichen Standorten.
- Erläutern Sie anhand von Beispielen das System der Produktionsfaktoren nach Erich Gutenberg.
- Erklären Sie in eigenen Worten folgende Arten von Kosten: Durchschnitts-, Stück-, Fixkosten und variable Kosten.
- Weshalb fallen fixe Stückkosten mit zunehmender Stückzahl?
- Durch welche Merkmale charakterisiert sich eine Dienstleistung?
- Verdeutlichen Sie die Rolle des externen Faktors bei der Dienstleistungserstellung im öffentlichen Sektor.
- Welche Folgerungen ergeben sich im Zusammenhang mit dem Uno-actu-Prinzip?

Literatur

Gourmelon, A., Mroß, M., & Seidel, S. (2011). *Management im öffentlichen Sektor. Organisationen steuern-Strukturen schaffen-Prozesse gestalten.* Heidelberg.

Fließ, S. (2009). *Dienstleistungsmanagement.* Wiesbaden.

Mroß, M. (2006a). Grundsatzfragen einer Polizeibetriebslehre als ökonomische Disziplin. *Polizei & Wissenschaft, 3,* 13–21.

Schmidt, H.-J. (2004). *Betriebswirtschaftslehre und Verwaltungsmanagement* (6. Aufl.). Heidelberg.

Schuster, F. (2001). *Einführung in die Betriebswirtschaftslehre der Kommunalverwaltung.* Hamburg.

Vahs, D., & Schäfer-Kunz, J. (2005). *Einführung in die Betriebswirtschaftslehre* (4. Aufl.) Stuttgart.

Wöhe, G. (2002). *Einführung in die Allgemeine Betriebswirtschaftslehre* (21. Aufl.). München.

Rechtsformen

9

9.1 Verständnis und Überblick

Die Entscheidung, welche Rechtsform der Betrieb erhalten soll, stellt eine der wichtigsten des gesamten betrieblichen Entscheidungsprozesses dar. Verbinden sich doch mit der Wahl der Rechtsform wichtige Folgen, was zum Beispiel die Finanzierungsmöglichkeiten, die Haftung bzw. Haftungsbegrenzung, die Zusammensetzung der Entscheidungsgremien und -organe oder auch der Einflussmöglichkeiten seitens betriebsexterner Interessensgruppen anbelangt.

▶ Unter Rechtsformen sind die gesetzlich vorgesehenen Bestimmungen zu verstehen, die eine Organisationseinheit/einen Betrieb zu einer einheitlich (i. d. R) rechtlich fassbaren Einheit werden lassen.

Für unsere Zwecke – andere Ordnungen sind möglich und geläufig – ist es hilfreich, zwei Gruppen von Rechtsformen zu unterscheiden:

- Rechtsformen des Privatrechts
- Rechtsformen des öffentlichen Rechts

Abbildung 9.1 gibt zunächst einen Überblick über wichtige Rechtsformen des Privatrechts.

Neben diesen Grundformen aus dem Privatrecht existieren noch weitere Rechtsformen als Mischformen (vgl. z. B. König et al. 2011, S. 24 ff.), wie z. B. die Kommanditgesellschaft auf Aktien (KGaA), die GmbH & Co. KG, die AG & Still sowie des Weiteren die Genossenschaften. Im Rahmen dieser Einführung sei jedoch auf diese Formen nur hingewiesen.

© Springer Fachmedien Wiesbaden 2015
M. Mroß, *Betriebswirtschaft im öffentlichen Sektor,*
DOI 10.1007/978-3-658-07121-9_9

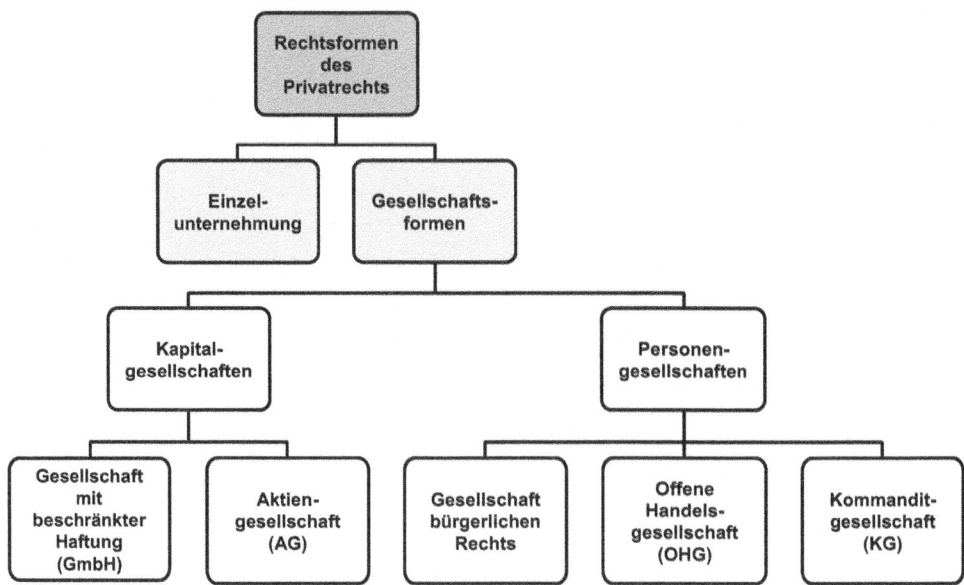

Abb. 9.1 Rechtsformen des Privatrechts

   Allgemein lässt sich festhalten, dass für erwerbswirtschaftlich ausgerichtete (Privat-)
Unternehmen die Rechtsformen des Privatrechts in Frage kommen, während die Rechtsformen des öffentlichen Rechts für Betriebe der öffentlichen Hand zur Verfügung stehen,
insbesondere also solche, die von Städten, Landkreisen und sonstigen Gebietskörperschaften betrieben werden. Neben den öffentlichen Rechtsformen (vgl. Abb. 9.2) steht der

Abb. 9.2 Rechtsformen des
öffentlichen Rechts

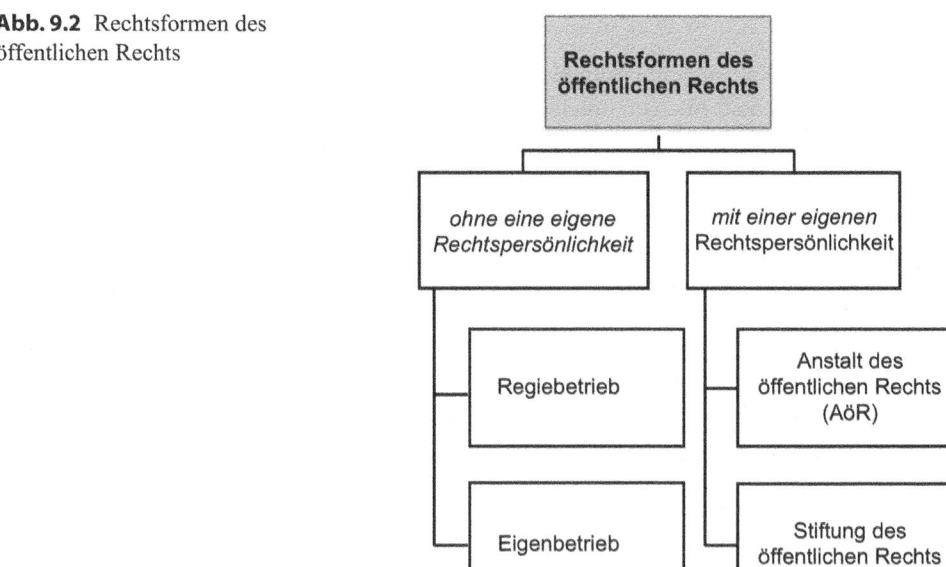

öffentlichen Hand im gesetzlichen Rahmen aber auch die Gründung oder Ausgründung von Eigengesellschaften in privatrechtlicher Form, etwa einer GmbH, offen.

Im Weiteren werden aus der Gruppe der Rechtsformen des Privatrechts die GmbH und die AG sowie aus der Gruppe der Rechtsformen des öffentlichen Rechts der Regiebetrieb, der Eigenbetrieb, die Anstalt des öffentlichen Rechts und die Stiftung näher behandelt, wobei hier noch die reine Verwaltung hinzutritt. Ergänzend werden für den öffentlichen Sektor weitere, in der obigen Systematik nicht einzuordnende Organisationsformen, wie der Zweckverband und die so genannte Öffentlich-Private-Partnerschaft („Public Private Partnership, PPP"), betrachtet.

9.2 Gesellschaft mit beschränkter Haftung

9.2.1 Allgemeines

Die Kapitalgesellschaften GmbH und AG lassen sich allgemein vor allem dadurch charakterisieren, dass die Kapitaleinlage im Vordergrund der wirtschaftlichen Betätigung liegt. Historisch betrachtet lassen sie sich auf das Vereinsrecht im Sinne des Bürgerlichen Gesetzbuches (BGB) zurückführen, in dem es verkürzt formuliert ebenfalls darum geht, einer organisatorischen Einheit, auch unabhängig von Personen, ein gesellschaftliches tätig werden zu ermöglichen.

Das für die GmbH maßgebliche Gesetzeswerk stellt das GmbH-Gesetz (GmbHG) dar, welches vergleichsweise detailliert Bestimmungen dieser Rechtsform regelt. Ursprünglich wurde diese Rechtsform für mittelständische Unternehmen geschaffen, für die die Rechtsform der Aktiengesellschaft nicht zweckmäßig war. Pointiert wird die GmbH daher auch als „die kleine AG" bezeichnet. Inzwischen findet sich die Rechtsform der GmbH auch für kleine und sehr große Unternehmen in Gebrauch.

Für den kommunalen Bereich gewinnt die GmbH seit Jahren stetig an Bedeutung und hat inzwischen den Eigenbetrieb als bevorzugte Rechtsform verdrängt. Gegründet werden kann eine GmbH zu jedem vom Gesetz zugelassenen Zweck (§ 1 GmbHG), wobei es für den kommunalen Bereich zu beachten gilt, dass die kommunale Gesellschaft mit beschränkter Haftung nur dann zulässig ist, wenn ein dringender öffentlicher Zweck dieses erfordert.

9.2.2 Haftung

Wie anhand der Abb. 9.3 deutlich wird, haftet für entstehende Verbindlichkeiten aus dem Geschäftsbetrieb allein die Gesellschaft und nicht die Gesellschafter. Als eigene Rechtspersönlichkeit stellen etwaige Verbindlichkeiten ausschließlich Schulden der GmbH dar, während die Gesellschafter keine darüber hinaus gehenden Verpflichtungen zur Haftung eingehen müssen.

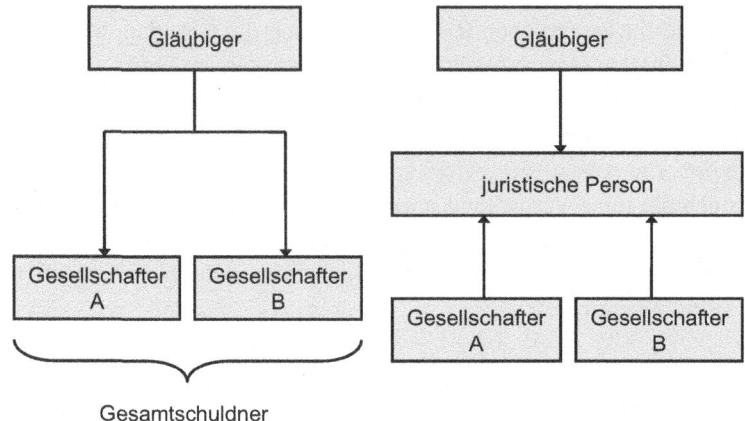

Personengesellschaften   Kapitalgesellschaften

Abb. 9.3 Haftungsunterschiede zwischen Personen- und Kapitalgesellschaften. (Quelle: verändert nach Vahs und Schäfer-Kunz 2005, S. 101)

Die Kapitalgesellschaft ist also als juristische Person mit eigenen Rechten und Pflichten zu begreifen, die losgelöst von den Gründern allein der Gesellschaft obliegen.

9.2.3 Gründung und Gründungsfinanzierung

Für die Gründung einer GmbH kommen sowohl natürliche als auch juristische Personen in Betracht. Um eine GmbH zu gründen, bedarf es eines oder mehrerer Gesellschafter, so dass auch eine „Ein-Personen-GmbH" gegründet werden kann. Formal basiert die GmbH auf dem durch die Gesellschafter geschlossenen (Gesellschafter-)Vertrag (Satzung) bzw. im Falle der Ein-Personen-GmbH durch eine beurkundete Erklärung vor einem Notar. Im rechtlichen Sinne entsteht die GmbH letztlich durch ihren Eintrag in das Handelsregister.

Das Eigen- bzw. Gesellschaftskapital der GmbH wird als Stammkapital bezeichnet. Dieses Stammkapital setzt sich aus den Einlagen der Gesellschafter zusammen, die wiederum als Stammeinlagen bezeichnet werden.

Das Stammkapital einer GmbH muss mindestens 25.000 € betragen, wobei jeder Gesellschafter eine Mindesteinlage von 100 € leisten muss, entsprechend höhere Einlagen müssen auf einen Betrag lauten, der durch 100 teilbar ist.

Je nach Höhe der Stammeinlage bemisst sich der jeweilige Geschäftsanteil der einzelnen Gesellschafter am gesamten Gesellschaftsvermögen. Haben z. B. drei Gesellschafter zu gleichen Teilen ein Stammkapital von insgesamt 30.000 € eingebracht, dann beträgt der Geschäftsanteil an dem gesamten Gesellschaftsvermögen von 1,2 Mio. € je Gesellschafter ein Drittel also jeweils 400.000 €.

9.2.4 Organe und Willensbildung

Die GmbH wird als Körperschaft in der Rechtsform einer Kapitalgesellschaft ausschließlich über ihre Organe handlungsfähig, wobei nur zwei Organe verbindlich festgeschrieben sind:

- Geschäftsführung
- Gesellschafter

Die Bestellung eines Aufsichtsrates geschieht im Regelfall nur fakultativ, also freiwillig. Erst für den Fall, dass die GmbH eine bestimmte Größenordnung überschreitet, ist die Bestellung eines Aufsichtsrates gesetzlich vorgeschrieben. So bestimmt § 77 Abs. 1 Betriebsverfassungsgesetz (BetrVG), dass in einer GmbH, die regelmäßig mehr als 500 Arbeitnehmer beschäftigt, ein Aufsichtsrat zu bestimmten ist.

Eine GmbH muss einen oder mehrere Geschäftsführer haben. Der Geschäftsführer führt die regelmäßigen Geschäfte und vertritt die Gesellschaft gerichtlich und außergerichtlich. Durch seine Handlungen geht die Gesellschaft rechtsverbindlich Verpflichtungen ein bzw. erwirbt Rechte und Ansprüche. Bestimmte Entscheidungen sind der Versammlung der Gesellschafter vorbehalten, wobei solche Einschränkungen der Handlungsfreiheit des Geschäftsführers nur im Innenverhältnis wirken. Dritten gegenüber (z. B. Kunden, Lieferanten etc.) sind sie nicht wirksam.

Die (Versammlung der) Gesellschafter, also der Eigentümer der GmbH, bestellt den Geschäftsführer und kann diesen auch wieder abberufen. Quasi schon per Definition stellen die Gesellschafter das oberste Organ der Willensbildung der GmbH dar. Nach §§ 45, 46 GmbH ist es Angelegenheit der Gesellschafterversammlung den Jahresabschluss festzustellen, die Geschäftsführung zu überwachen und dieser entsprechend Weisungen zu erteilen. Durch die Satzung der GmbH können der Gesellschafterversammlung noch weitere Aufgaben vorbehalten werden, was den Handlungsspielraum der Geschäftsführung dann entsprechend einschränkt.

9.3 Aktiengesellschaft (AG)

9.3.1 Allgemeines

Oben ist die GmbH als „Kleine-AG" bezeichnet worden, womit bereits angedeutet wurde, dass zwischen den beiden Formen der Kapitalgesellschaften vielfältige Ähnlichkeiten bestehen. Insbesondere der historische Bezug zum Verein, wie er zur GmbH festgestellt wurde, gilt in gleicher Weise für die Aktiengesellschaft.

Während sich die GmbH, wie beschrieben, gerade für kleinere und mittlere Unternehmen anbietet, ist die Aktiengesellschaft für große Unternehmen eine verbreitete Rechtsform. Begründet liegt diese Priorität insbesondere darin, dass über diese Rechtsform dem

i. d. R. großen Kapitalbedarf der Großunternehmen Rechnung getragen werden kann, indem durch den Verkauf von kleinen Anteilen an der Gesellschaft (Aktien) sehr viele Personen zur Kapitalisierung beitragen, wobei für den einzelnen Käufer dieser Anteile (Aktionär) das Risiko vergleichsweise gering bzw. gut zu überblicken ist. Das für die Aktiengesellschaft maßgebliche Gesetz stellt das Aktiengesetz (AktG) dar. Es enthält insbesondere Bestimmungen zur Gründung, zur Rechnungslegung, zu den Organen und zur Ausstattung mit Eigenkapital.

9.3.2 Haftung

Hinsichtlich der Haftung der Aktiengesellschaft für ihre Verbindlichkeiten kann analog auf die obigen Ausführungen zur GmbH verwiesen werden.

Als juristische Person haftet für die Verbindlichkeiten der Aktiengesellschaft allein die Gesellschaft, nicht aber die Aktionäre. Das Haftungsrisiko der Aktionäre ist damit begrenzt auf deren Anteil am Gesellschaftskapital, womit sie im schlechtesten Fall (nur) den Wert ihrer Aktien verlieren.

9.3.3 Gründung und Gründungsfinanzierung

Wie schon bei der GmbH setzt auch die Gründung einer Aktiengesellschaft den Abschluss eines Gesellschaftsvertrages bzw. die Erklärung einer Person („Ein-Mann-AG") in notarieller Form voraus.

Das Eigen- bzw. Gesellschaftskapital der Aktiengesellschaft wird als Grundkapital bezeichnet, welches wiederum in Form von Aktien verbrieft ist. Die Aktie steht folglich für einen bestimmten Anteil am Grundkapital einer Aktiengesellschaft. Aktien sind in der Weise kapitalmarktfähig, dass sie i. d. R. einfach von einem Besitzer an einen anderen übertragen, d. h. über eine Aktienbörse verkauft werden können. Zur Gründung einer Aktiengesellschaft bedarf es einer Mindestausstattung an Grundkapital in Höhe von 50.000 €, welche entweder in Nennwert- oder Stückaktien zerlegt werden kann. Der Wert einer Aktie muss nominell auf (mindestens) 1 € lauten.

9.3.4 Organe und Willensbildung

Die obligatorischen Organe der Aktiengesellschaft sind:

• die Hauptversammlung
• der Aufsichtsrat
• der Vorstand

Der Vorstand kann aus einer oder mehreren Personen bestehen. Er führt unbeschränkbar die laufenden Geschäfte der Gesellschaft (§ 82, Abs. 1 AktG) und vertritt diese nach außen, so dass durch das Handeln des Vorstands die Aktiengesellschaft Verpflichtungen eingehen und Rechte erwerben kann. Dabei ist der Vorstand in der Geschäftsführung nicht den Weisungen des Aufsichtsrates oder der Hauptversammlung unterworfen, er führt die Geschäfte vielmehr – anders als bei der GmbH – nach eigenem Ermessen. Er berichtet jedoch dem Aufsichtsrat und führt die Beschlüsse der Hauptversammlung aus. Es ist nicht zuletzt diese rechtlich garantierte starke Position und Unabhängigkeit des Vorstandes, der diese Rechtsform für den öffentlichen Sektor im Vergleich zur GmbH weniger attraktiv macht. Parteipolitische Einflussnahme auf das operative Geschäft der AG wird dadurch zumindest formal erschwert.

Der Aufsichtsrat ist faktisch das eigentliche Kontrollorgan der Aktiengesellschaft. Er wird teils aus Vertretern der Hauptversammlung, d. h. den Eigentümern sowie entsprechend der Mitbestimmungsgesetzgebung teils von den Arbeitnehmern gewählt. Der Aufsichtsrat bestellt für die Dauer von fünf Jahren den Vorstand und kann ihn auch wieder abberufen (vgl. Abb. 9.4). Des Weiteren obliegt ihm auch die Kontrolle des Vorstandes. Die Hauptversammlung als oberstes Organ der Gesellschaft stellt die Zusammenkunft der Aktionäre/Eigentümer dar, in der im Idealfall jeder Aktionär ein Stimmrecht entsprecht seiner Aktienanteile besitzt. In der Hauptversammlung werden beispielsweise die seitens der Hauptversammlung zu entsendenden Aufsichtsratsmitglieder bestellt oder Entscheidungen über die Verwendung des Gewinns getroffen.

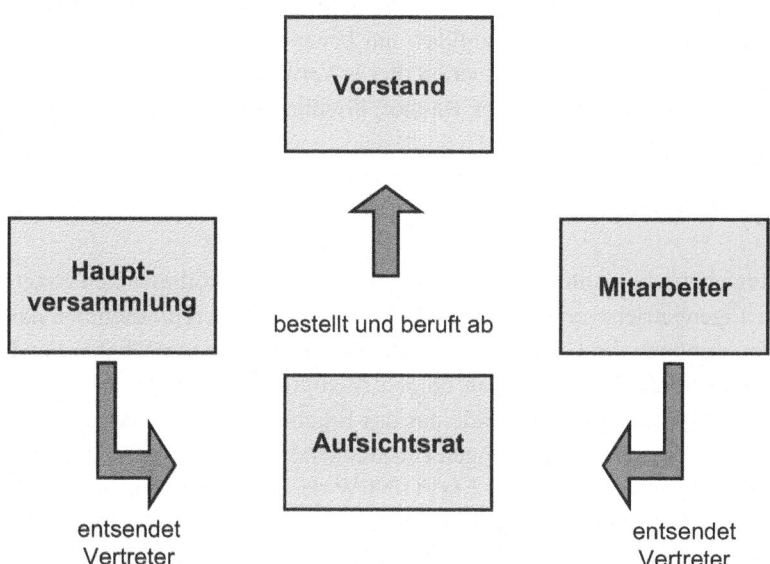

Abb. 9.4 Organe der Aktiengesellschaft

9.4   Amt, Fachbereich, Regiebetrieb

Die übliche Form, in der Gemeinden ihre Aufgaben wahrnehmen, geschieht typischerweise in Form einer Behörde, d. h. zum Beispiel als Gemeinde- oder Kreisverwaltung. Als Leiter der Kommunalverwaltung fungiert der Bürgermeister. Während der Terminus Kommunalverwaltung für die gesamte Organisation steht, werden die organisatorischen Teileinheiten traditionell als Amt und auch Dezernat bezeichnet. Insbesondere im Zuge des Neuen Steuerungsmodells setzte sich verbreitet auch die Bezeichnung Fachbereich durch. Ämter, Dezernate und Fachbereiche stellen allerdings im eigentlichen Sinne keine Rechtsformen dar, sondern sind organisatorische Einheiten, in denen die Kommunalverwaltung ihre Aufgaben(wahrnehmung) ordnet und verteilt.

Der so genannte Regiebetrieb stellt die ursprüngliche Form dar, in der Gemeinden sich i. w. S. wirtschaftlichen betätigen. Wie schon das Amt, das Dezernat oder der Fachbereich stellt der Regiebetrieb eine Form der Organisation und keine Rechtsform im o. g. juristischen Sinne dar. Regiebetriebe sind sowohl rechtlich als auch wirtschaftlich unselbständig und auch organisatorisch nicht von der Verwaltung getrennt. Der Regiebetrieb ist vollständig der Regulierung durch die Gemeinde unterworfen und es gelten die üblichen Vorgaben für das Haushalts- und Rechnungswesen. Einnahmen und Ausgaben werden brutto im Haushalt der Gemeinde veranschlagt, weshalb diese Betriebe auch als (Brutto-) Regiebetriebe bezeichnet werden. Der Regiebetrieb verfügt des Weiteren über keine eigene Personalwirtschaft, sondern ist in den allgemeinen Stellenplan der Verwaltung gänzlich eingebunden. Insgesamt werden also sämtliche zentralen Fragen der Betriebsführung in Regiebetrieben durch die Organe der Kommune entschieden. Regiebetriebe werden als „kostenrechnende Einrichtungen" geführt, um beispielsweise einen genaueren Einblick in die konkrete Kosten-Leistungssituation dieses Verwaltungsbereichs zu gewinnen. Beispiele für Regiebetriebe sind Theater, Bauhof, Friedhofsgärtnerei, Museum etc.

9.5   Eigenbetrieb

Werden Regiebetriebe weiter verselbständigt, spricht man kommunalen Eigenbetrieben i. S. d. der Eigenbetriebsverordnung (EigVO). Eigenbetriebe repräsentieren das kommunale Sondervermögen der Gemeinden. Eigenbetriebe sind die wirtschaftlichen Unternehmen der Gemeinden. Analog zu den obigen Ausführungen spricht man von Netto-Betrieben, da im Haushalt der Gemeinde nur das Ergebnis (Gewinn, Verlust) der Eigenbetriebe erscheint. Eigenbetriebe verfügen entsprechend über eine eigene Rechnungslegung (Jahresabschluss), wobei nach § 19 EigVO/NRW der Eigenbetrieb seine Rechnung nach den Regeln der kaufmännischen doppelten Buchführung führt. Die Buchführung muss den handelsrechtlichen oder den für das Neue Kommunale Finanzmanagement geltenden Grundsätzen entsprechen. Eigenbetriebe sind organisatorisch selbständig, jedoch genauso wie Regiebetriebe rechtlich unselbständig. In wirtschaftlicher Hinsicht sind sie aber weitgehend selbständig, so dass die Eigenbetriebe z. B. mit einem angemessenen Stammkapital auszustatten sind, um wirtschaftlich aktiv zu werden.

Die rechtliche Unselbständigkeit spiegelt sich mittelbar auch in der nur weitgehenden aber nicht vollständigen wirtschaftlichen Unabhängigkeit wider. So haftet z. B. die Gemeinde letztlich für die Schulden des Eigenbetriebes. Eigenbetriebe mit privatwirtschaftlichen Unternehmungen gleichzusetzen wäre von daher verfehlt. In letzter Konsequenz tragen sie kein unternehmerisches (Konkurs-) Risiko und eine Beteiligung Dritter ist ebenfalls nicht möglich. Eigenbetriebe verfügen aber – anders als Regiebetriebe – über eigene Organe, wozu im engeren Sinne zählen:

- Werks- bzw. Betriebsleitung
- Werksausschuss

Aufgrund der rechtlichen Unselbständigkeit sind im erweiterten Sinne auch der Bürgermeister der Gemeinde und die Gemeindevertretung (z. B. Stadtrat) zu den Organen des Eigenbetriebes zu rechnen.

§ 2 Eigenbetriebsverordnung für das Land NRW
Betriebsleitung
(1) Der Eigenbetrieb wird von der Betriebsleitung selbstständig geleitet, soweit nicht durch die Gemeindeordnung, diese Verordnung oder die Betriebssatzung etwas anderes bestimmt ist. Der Betriebsleitung obliegt insbesondere die laufende Betriebsführung. Sie ist für die wirtschaftliche Führung des Eigenbetriebs verantwortlich und hat die Sorgfalt eines ordentlichen und gewissenhaften Geschäftsleiters anzuwenden. Für Schäden haftet die Betriebsleitung entsprechend den Vorschriften des § 84 des Landesbeamtengesetzes.
(2) Die Betriebsleitung besteht aus einer Betriebsleiterin, einem Betriebsleiter oder mehreren Betriebsleiterinnen bzw. Betriebsleitern. Der Rat kann eine Betriebsleiterin oder einen Betriebsleiter zur Ersten Betriebsleiterin oder zum Ersten Betriebsleiter bestellen. Die Betriebssatzung regelt, wie bei Meinungsverschiedenheiten innerhalb der Betriebsleitung zu verfahren ist.
(3) Gehört zur Betriebsleitung eine Beigeordnete oder ein Beigeordneter der Gemeinde, so ist sie Erste Betriebsleiterin oder er Erster Betriebsleiter.
(4) Die Geschäftsverteilung innerhalb einer Betriebsleitung, die aus mehreren Mitgliedern besteht, regeln die Bürgermeisterin oder der Bürgermeister mit Zustimmung des Betriebsausschusses durch Dienstanweisung.

Seit Jahren ist die Bedeutung der Eigenbetriebe als Form des wirtschaftlichen Handelns der Gemeinde zwar zugunsten der privaten Rechtsformen AG und insbesondere der GmbH rückläufig, dennoch dominiert diese Betriebsform nach wie vor das Erscheinungsbild der kommunalen Unternehmensformen (Vogelsang et al. 2005, S. 253).

Beispiele für Eigenbetriebe sind Elektrizitäts-, Gas- und Wasserwerke, öffentlicher Personennahverkehr, Häfen, Stadthallen etc.

9.6   Anstalt öffentlichen Rechts (AöR)

Die Anstalt des öffentlichen Rechts gilt es zunächst von der einfachen, nicht-rechtsfähigen Anstalt abzugrenzen.

Bei einfachen Anstalten, wie z. B. Schulen oder Badeanstalten, handelt es sich im Grunde um organisatorisch ausgegliederte Einheiten der Kernverwaltung. Einfache Anstalten sind demnach vollständig Teil der Verwaltung und in jeder Hinsicht der Willensbildung durch die Kernverwaltung unterworfen.

Die Anstalt des öffentlichen Rechts (AöR) stellt dagegen eine rechtsfähige Körperschaft dar, die von einem Hoheitsträger (z. B. der Gemeinde) kraft des öffentlichen Rechts gegründet wurde. Die AöR ist somit aufgrund ihrer – neben organisatorischen und wirtschaftlichen – auch rechtlichen Eigenständigkeit in einem noch höheren Maße verselbständigt als der Eigenbetrieb. Gleichwohl haftet die Gemeinde für die Schulden der AöR unbeschränkt soweit die Befriedigung der Verbindlichkeiten nicht aus dem Vermögen der Anstalt erfolgen kann. Als juristische Person ist sie mit eigenen Rechten und Pflichten ausgestattet und verfügt z. B. über eine eigene Personalwirtschaft und Sachmittelausstattung. Die Selbständigkeit geht soweit, dass AöR über eine eigene Dienstherrenfähigkeit verfügen, womit sie grundsätzlich befugt sind zur Wahrnehmung von hoheitlichen Aufgaben eigene Beamte zu ernennen (z. B. § 114a GO/NRW).

Seit dem Jahr 1999 ist es den Gemeinden beispielsweise in NRW entsprechend der Gemeindeordnungen (GO) gestattet diese Rechtsform sowohl für wirtschaftliche als auch für nicht-wirtschaftliche Betätigung zu nutzen. Analoge Bestimmungen gelten z. B. auch für Bayern, Rheinland-Pfalz, Niedersachsen, Sachsen-Anhalt.

§ 114 a Gemeindeordnung/NRW (Auszug)
Rechtsfähige Anstalten des öffentlichen Rechts
(1) Die Gemeinde kann Unternehmen und Einrichtungen in der Rechtsform einer Anstalt des öffentlichen Rechts errichten oder bestehende Regie- und Eigenbetriebe sowie eigenbetriebsähnliche Einrichtungen im Wege der Gesamtrechtsnachfolge in rechtsfähige Anstalten des öffentlichen Rechts umwandeln. § 108 Abs. 1 Satz 1 Nr. 1 und Nr. 2 gilt entsprechend.
(2) Die Gemeinde regelt die Rechtsverhältnisse der Anstalt durch eine Satzung. Die Satzung muss Bestimmungen über den Namen und die Aufgaben der Anstalt, die Anzahl der Mitglieder des Vorstandes und des Verwaltungsrates, die Höhe des Stammkapitals, die Wirtschaftsführung, die Vermögensverwaltung und die Rechnungslegung enthalten.
(3) Die Gemeinde kann der Anstalt einzelne oder alle mit einem bestimmten Zweck zusammenhängende Aufgaben ganz oder teilweise übertragen. Sie kann zugunsten der Anstalt unter der Voraussetzung des § 9 durch Satzung einen Anschluss- und Benutzungszwang vorschreiben und der Anstalt das Recht einräumen, an ihrer Stelle Satzungen für das übertragene Aufgabengebiet zu erlassen; § 7 gilt entsprechend.

Abb. 9.5 Leistungsbeziehung
der Anstalt öffentlichen Rechts

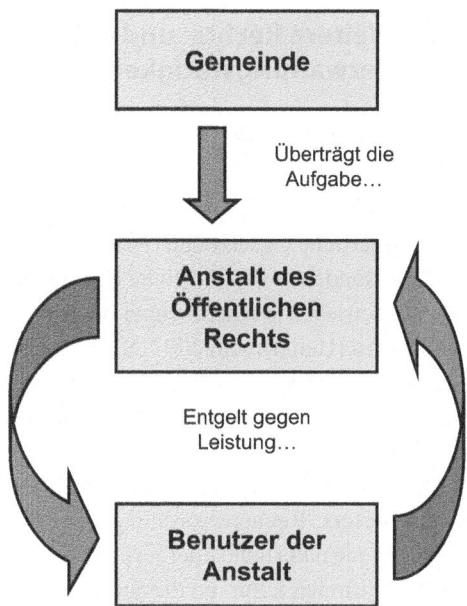

Nach § 114a, Abs. 6 GO/NRW wird die Anstalt regelmäßig von einem Vorstand in eigener Verantwortung geleitet. Der Vorstand vertritt die Anstalt gerichtlich und außergerichtlich. Als Kontrollorgan – ähnlich einem Aufsichtsrat – wird die Geschäftsführung des Vorstands von einem Verwaltungsrat überwacht. Gegenüber den Benutzern der Anstalt nimmt die AöR eine direkte Leistungsbeziehung wahr, d. h. der Leistungsaustausch erfolgt unmittelbar zwischen der Anstalt und dem Kunden, während die Gemeinde zum Kunden in keiner unmittelbaren Beziehung (mehr) steht (vgl. Abb. 9.5).

Die Möglichkeit, eine AöR zu gründen, besteht nicht nur für einzelne Kommunen. Auch zwei oder mehrere Kommunen können Kommunalunternehmen AöR gemeinsam errichten und betreiben.

Hinsichtlich der Bedeutung dieser Rechtsform kann der Einschätzung von Eichhorn und Schulz (2005, S. 187) gefolgt werden: „Fortschrittlich erweist sich diese Rechtsform-alternative insofern, als sie … nicht nur den Dienstleistungen von all-gemeinem wirtschaftlichen Interesse offen steht, sondern allen öffentlichen Dienstleistungen, also der gesamten Daseinsvorsorge …".

Als Beispiele können daher auch solche Aufgabenkreise der Daseinsvorsorge genannt werden, die bislang als nichtwirtschaftliche Betätigungen nur als Amt geführt werden konnten, also etwa die Bereiche Bildung, Kultur, Sport, Gesundheit, Altenbetreuung, Ausstellungswesen und Tourismusförderung (Eichhorn und Schulz 2005, S. 187). Als weitere typische Beispiele für die AöR sind insbesondere die Sparkassen und Rundfunkanstalten zu nennen.

9.7   Weitere Rechts- und Organisationsformen der Verwaltungstätigkeit

9.7.1   Stiftungen

Die elementare Rechtsgrundlage des Stiftungsrechts stellt für die rechtsfähigen Stiftungen das Bürgerliche Gesetzbuch (BGB) in den §§ 80 ff. dar.

Insbesondere wirtschaftliche Unternehmen können auch als Stiftungen des öffentlichen Rechts betrieben werden, wobei diese Rechtsform auf kommunaler Ebene eher selten gewählt wird (Hellermann 2007, S. 163). Diese Rechtsform kann auch allgemein als zweckgebundenes Vermögen charakterisiert werden, denn dieses Vermögen soll verwendet werden, um damit Aufgaben der öffentlichen Verwaltung zu erfüllen.

Stiftungen entstehen dadurch, dass „ein Stifter" Vermögen bereit stellt, mit dem ein bestimmter Zweck erfüllt werden soll. Die öffentliche Hand kann diese Art der Stiftung durch Gesetz, Rechtsverordnung oder Beschluss des Kabinetts errichten, wobei grundsätzlich jede natürliche oder juristische Person als Stifter für eine Stiftung des öffentlichen Rechts auftreten kann. Ist die Stiftung einmal eingerichtet worden, dann zeichnet sie sich vor allem durch ihre Selbstständigkeit aus. In diesem Sinne hat die Stiftung keine Anteilseigner o. ä., sie steht für sich allein und muss aufgrund der Erträge des Stiftungsvermögens in der Lage sein, den ihr zugedachten (Stiftungs-)Zweck langfristig zu erfüllen (vgl. Abb. 9.6).

Stiftungen auf kommunaler Ebene verfügen regelmäßig über zwei Organe:

- Stiftungsvorstand und
- Kuratorium.

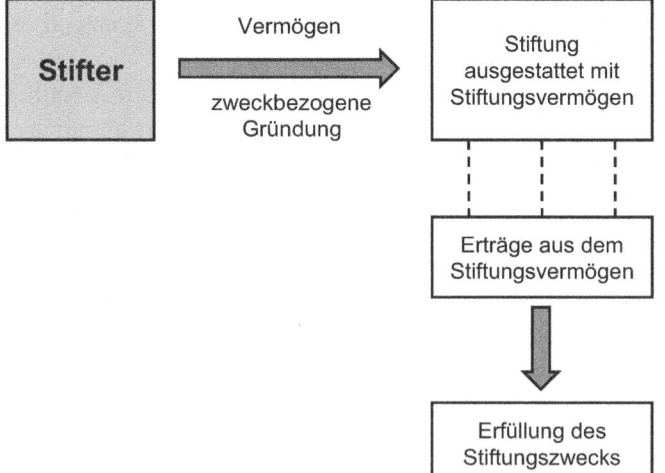

Abb. 9.6 Grundstruktur der Stiftung

Während dem Stiftungsvorstand als Geschäftsführung insbesondere die Vertretung der Stiftung nach außen obliegt, fungiert das Kuratorium (auch Stiftungsrat) als Aufsicht über die Handlungen des Vorstands und fällt alle zentralen, nicht laufenden Entscheidungen.

Dass das Gemeindevermögen nur dann in eine Stiftung eingebracht werden darf, wenn der verfolgte Zweck auf eine Aufgabenerfüllung der Gemeinde abzielt, die nach § 100, Abs. 3 GO/NRW nicht auch durch anderes erbracht werden könnte, ist der Grund für die kommunal eher geringe Bedeutung dieser Rechtsform (Hellermann 2007, S. 163). Als Beispiele für Stiftungen des öffentlichen Rechts können genannt werden: Stiftung Preußischer Kulturbesitz, Stiftung Bundeskanzler-Adenauer-Haus oder auch die Berliner Philharmoniker.

Erweitert man den Blickwinkel der Öffentlichen Betriebswirtschaft allerdings auch auf die so genannte Sozialwirtschaft, wie sie sich etwa in den Großorganisationen der Freien Wohlfahrtspflege (z. B. AWO, Diakonie, Caritas, DRK) darstellt, dann steigt die Bedeutung dieser Rechtsform i. S. e. privaten Stiftung beträchtlich.

9.7.2   Zweckverband

Die Organisationsform des Zweckverbands steht für eine öffentlich-rechtliche Körperschaft, die daraus hervorgegangen ist, dass sich mehrere Städte/Gemeinden zur Erfüllung einer Aufgabe zusammengeschlossen haben (Abb. 9.7).

Die Rechtsgrundlage zur Gründung eines Zweckverbandes stellt z. B. im Land NRW das Gesetz über kommunale Gemeinschaftsarbeit (GkG) dar. Ist einem Zweckverband die Wahrnehmung von Aufgaben durch Gemeinden übertragen worden, dann gehen die damit verbundenen Rechte und Pflichten auch auf den Zweckverband über (§ 6 GkG), d. h. er tritt an die Stelle der Gemeinden. Dabei ist dieser Zusammenschluss nicht auf einzelne Städte/Gemeinden beschränkt, sondern es kann auch die Verbindung mit Kreisen oder gar anderen Verbänden eingegangen werden.

Auf kommunaler Ebene lässt sich der Zweckverband als typische Form der interkommunalen Zusammenarbeit ansehen (Gourmelon et al. 2011, S. 390 ff.). Als öffentlichrechtliche Körperschaft steht dem Zweckverband als solchem – und nicht etwa den einzelnen Städten – z. B. die Finanz- und Personalhoheit zu. Er verwaltet nach § 5 GkG seine Angelegenheiten im Rahmen der Gesetze und seiner Satzung unter eigener Verantwortung (Katz 2004, S. 46).

Abb. 9.7   Arten von Zweckverbänden

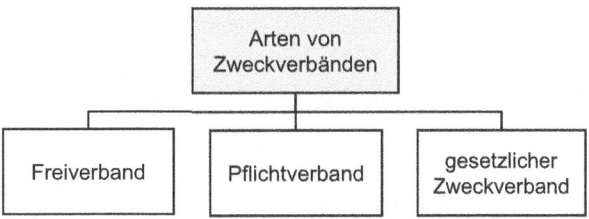

Es lassen sich mehrere Arten von Zweckverbänden unterscheiden: Freiverbände, Pflichtverbände und gesetzliche Zweckverbände.

§ 4 GkG
Wesen, Arten, Mitglieder
(1) Gemeinden und Gemeindeverbände können sich zu Zweckverbänden zusammenschließen, um einzelne Aufgaben, zu deren Wahrnehmung sie berechtigt oder verpflichtet sind, gemeinsam zu erfüllen (Freiverband); für Pflichtaufgaben können sie auch zusammengeschlossen werden (Pflichtverband).

Ein Freiverband entsteht demnach, wenn sich Gemeinden oder Gemeindeverbände freiwillig zu Zweckverbänden zusammenschließen, um so freiwillige und pflichtige kommunale Aufgaben wahrzunehmen. Die Möglichkeit der zwangsweisen Zusammenführung zu einem Pflichtverband besteht indessen an dieser Stelle nur für Pflichtaufgaben. Hier kann durch die Aufsichtsbehörde eine entsprechende Verfügung erlassen werden.

Schließlich ist als dritte Konstellation auch die erzwungene Zusammenführung zur Erledigung von freiwilligen Aufgaben möglich, aus der dann ein gesetzlicher Zweckverband entsteht. Die Zusammenführung von Gemeinden zu gesetzlichen Zweckverbänden ist nur per Gesetz möglich (z. B. § 22 GkG/NRW).

Gesetzlicher Zweckverband
§ 22 GkG
  Voraussetzungen
(1) Einigen sich die Beteiligten über die Bildung eines Freiverbandes nicht, so bedarf es eines Gesetzes, wenn Gemeinden oder Kreise zu einem Zweckverband zusammengeschlossen werden sollen, um einzelne Aufgaben, zu deren Wahrnehmung sie berechtigt, aber nicht verpflichtet sind, gemeinsam zu erfüllen.
(2) Die gemeinsame Aufsichtsbehörde hat die Gründe der beabsichtigten Maßnahme mit den Beteiligten, soweit kreisangehörige Gemeinden beteiligt sind, auch mit dem Kreis in einer mündlichen Verhandlung, zu der wenigstens einen Monat vorher eingeladen werden muss, zu erörtern. Sie hat den Beteiligten eine angemessene Frist zur Bildung eines Freiverbandes zu setzen.

9.7.3 Öffentlich-Private-Partnerschaft – Public Private Partnership (PPP)

9.7.3.1 Begriff und Ziele
Der Begriff der Public Private Partnership bzw. Öffentlich-Privaten-Partnerschaft (oft kurz bezeichnet als PPP) ist vor dem Hintergrund der finanziellen Notlage der öffentli-

chen Hand zu verorten. Allgemein bezeichnet diese Kooperationsform zwischen „privat"
und „öffentlich" eine – wenn auch abgeschwächte – Erscheinungsform der Privatisierung,
wobei Übergänge zwischen „noch öffentlich" und „schon privat" vielfach diffus und nicht
leicht zu beantworten sind. Es liegt auf der Hand, dass der zentrale Grund für die Kooperation von öffentlich und privat im Rahmen von PPP aus der Perspektive der öffentlichen
Hand in der erhofften Effizienzsteigerung bei der Erfüllung öffentlicher Aufgaben zu sehen ist. Die folgenden politischen Zielsetzungen lassen sich daher mit der Implementierung von PPP zusammenfassen (Littwin 2008, S. 3 f.):

- schnelle Projektrealisierung, vor allem in Ansehung von Haushaltssicherungskonzep-
  ten und Kreditdeckeln sowie knappen personellen Ressourcen,
- effizientere Aufgabenerledigung (langfristige Einsparungen im Haushalt und/
  oder Qualitätsverbesserungen) mit dem Ziel eines dauerhaften Werterhalts der Immobilien und Liegenschaften,
- größere finanzielle Planungssicherheit, insbesondere durch Übertragung von Risiken
  auf den Privaten,
- langfristige Verantwortlichkeit des Privaten und Optimierung der betrieblichen Kosten
  u. a. durch die Einführung von Anreizmodellen,
- Verschlankung der Verwaltungsstrukturen,
- Implementierung von privatwirtschaftlichen Steuerungs- und Managementmethoden,
- Einbindung des (regionalen) Mittelstandes und sozialverträgliche Lösungen soweit öffentlich Bedienstete unmittelbar betroffen sind.

Die PPP kann, wie festgestellt wurde, unter die Diskussion der Privatisierung subsumiert
werden. Privatisierung bezeichnet eine durch Einfluss- oder Aufgabenverlagerung be-
wirkte Grenzverschiebung zwischen öffentlicher Hand und privater Wirtschaft zugunsten
der Privatwirtschaft. Es lässt sich dabei die formelle von der materiellen Privatisierung
unterscheiden. Während sich bei der formellen Privatisierung lediglich die Rechtsform
des Betriebes ändert, in dem etwa „die öffentliche Hand in das Rechtskleid zivilrechtlicher
Rechtsformen schlüpft", zieht sich die öffentliche Hand bei der materiellen Privatisierung
tatsächlich in jeder Hinsicht von der betreffenden Aufgabe zurück (Brede 2005, S. 39).
Die Gründe für Privatisierungen sind unterschiedlich je nachdem, welcher Sektor bzw.
welche konkrete öffentliche Aufgabe berührt ist. Die nachstehende Auflistung führt allgemeine Motive auf, die von Fall zu Fall von unterschiedlich hoher Bedeutung sind (Littwin
2008, S. 7):

- Reduzierung der Staatsquote
- Mittelstandsförderung, Unterstützung privater Investitionen
- haushalterische Engpässe zwingen zu Optimierungsüberlegungen
- rigide Strukturen aufbrechen
- Erwartung von preissenkenden Effekte des Marktes
- Verschiebung von Risiken in die Privatwirtschaft
- Zugang zu externem Know-how eröffnen
- personalwirtschaftliche Flexibilisierung

Während aber sowohl die formelle als auch die materielle Privatisierung voraussetzt, dass die öffentliche Hand sich quasi in Richtung der Sphäre „Privat" bewegt, muss dies bei der Öffentlich-Privaten-Partnerschaft nicht zwingend der Fall sein. Public Private Partnership (PPP) bezeichnet jede Form des arbeitsteiligen Zusammenwirkens von öffentlicher Hand und Privatwirtschaft zwecks gemeinsamer Erfüllung einer öffentlichen Aufgabe. Die obige Definition von Brede (2005, S. 39) ist relativ weit, wobei genau dieses auch den vielfältigen und zuweilen diffusen Kooperationsbeziehungen entspricht, die unter der Kurzformel des PPP aufgeführt werden. Zu Recht lässt sich feststellen, dass es sich bei PPP „um einen unstrukturierten Sammelbegriff" handelt (Wissenschaftlicher Beirat 2004, S. 411). Insgesamt stellt PPP danach ein Organisationsmodell der Wahrnehmung öffentlicher Aufgaben dar, dessen Schwerpunkt regelmäßig auf Fragen der Finanzierung liegt.

Um nicht Gefahr zu laufen nun jede, wie auch immer geartete, Zusammenarbeit zwischen dem privaten und dem öffentlichen Sektor als PPP zu begreifen, sollen insbesondere folgende zwei wesentliche Merkmale einer PPP hervorgehoben werden:

- längerfristige Zusammenarbeit zwischen öffentlicher Hand und privater Wirtschaft sowie
- ein aus der Art der Aufgabenwahrnehmung resultierender Abstimmungsbedarf im Zeitverlauf.

9.7.3.2 Weitere Formen der Kooperation – Auswahl

Im Rahmen dieser Einführung kann nicht auf alle möglichen Formen der Kooperation von öffentlich und privat eingegangen werden. Es wird hier auf die inzwischen reichhaltige Spezialliteratur hingewiesen (vgl. z. B. Meyer-Hofmann et al. 2008). Während bei oben beschriebenen Formen des PPP der Schwerpunkt eher im

Bereich der organisatorischen Umsetzung zu sehen ist, zielen andere Formen konkret auf das Finanzierungsargument. Exemplarisch sei auf folgende hingewiesen:

- „sale and lease back"
- „cross-border-leasing"
- „factoring"

Bei dem so genannten „sale-and-lease-back" handelt es sich im Kern um ein Finanzierungsmodell. Das Modell läuft im Wesentlichen darauf hinaus, dass der öffentliche Partner einen Vermögensgegenstand (i. d. R eine Immobilie) an einen privaten Investor verkauft und diesen Gegenstand anschließend wieder zwecks Nutzung zurückmietet (vgl. Abb. 9.8). Ein solches Verfahren bietet sich insbesondere dann an, wenn die Mittel für Renovierungsarbeiten an einem Gebäude, z. B. dem Rathaus, seitens der Gemeinde nicht aufgebracht werden können, das Geld für die zu zahlende Miete aber verfügbar wäre.

Bei dem so genannten „cross-border-leasing" handelt es sich im Kern ebenfalls um eine Vermietungshandlung bzw. genauer um zwei ineinander greifende Vermietungshandlungen.

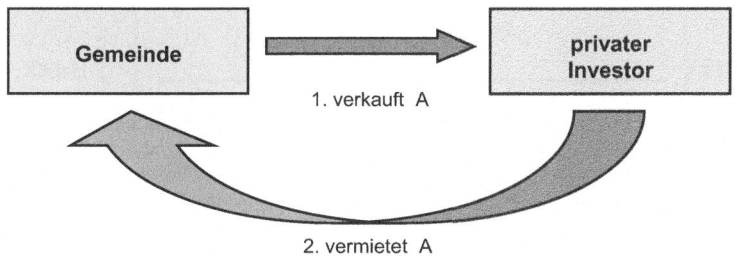

Abb. 9.8 sales-and-lease-back-Verfahren

Die Bezeichnung „cross border" stellt darauf ab, dass es sich um grenzüberschreitende Transaktionen i. d. R. mit US-amerikanischen Investoren handelt, der damit steuerliche Vorteile im amerikanischen Steuersystem ausnutzen kann. Der amerikanische Partner mietet in diesem Fall über einen sehr langen Zeitraum von in der Regel 99 Jahren den Vermögensgegenstand an. Gleichzeitig schließen die Partner auch einen Rück-Vermietungsvertrag ab, aufgrund dessen die Gemeinde den Vermögensgegenstand (z. B. ein Kanalnetz) auch weiterhin nutzen kann. Dieser Rück-Vermietungsvertrag hat eine kürzere Laufzeit von z. B. 30 Jahren, an dessen Ende für die Gemeinde die Option vereinbart wird, dass sie sich aus dem ersten langen Vermietungsvertrag quasi wieder „freikauft" und somit beide Vermietungsverträge beendet sind. Durch zwischenzeitliche Änderungen im amerikanischen Steuerwesen, läuft die Bedeutung dieser Möglichkeit heute aber faktisch gegen Null.

Das so genannte „Factoring" basiert auf dem Verkauf von Forderungen an eine dritte Partei, hier der Factoring-Bank. Wie in Abb. 9.9 deutlich wird, umfasst dieses öffentlich-private Finanzierungsmodell drei Beteiligte: den öffentlichen Partner, ein privates Unternehmen als Investor und eine Bank. Im eigenen Namen und auf eigene Rechnung errichtet der Investor nach Absprache mit dem öffentlichen Partner (i. d. R. eine Gemeine) das Investitionsobjekt (z. B. Müllverbrennungsanlage), das er anschließend auch betreiben wird. Der Investor verkauft nun seine (zukünftigen) Forderungen gegenüber der Gemeinde für den Betrieb der Anlage an eine Bank und finanziert aus dem Verkaufserlös wiederum den Bau der Anlage. Gegenüber der Gemeinde tritt nun die Bank als Gläubiger auf, an den die Gemeinde die entstandenen Forderungen begleicht.

9.7.4 Grenzen von privater Beteiligung und PPP

Die verschiedenen Formen der Kooperation von öffentlich und privat bieten der öffentlichen Hand die Möglichkeit Aufgaben, die ansonsten nicht, noch nicht oder nicht mehr zu finanzieren wären, dennoch anzubieten bzw. anbieten zu lassen. Gleichwohl steht diese Möglichkeit der öffentlichen Hand zum einen nicht für alle Bereiche zur Verfügung (rechtlicher Aspekt) bzw. sollte auch nicht in jedem Fall als eine rationale Handlungsoption angesehen werden (ökonomischer Aspekt).

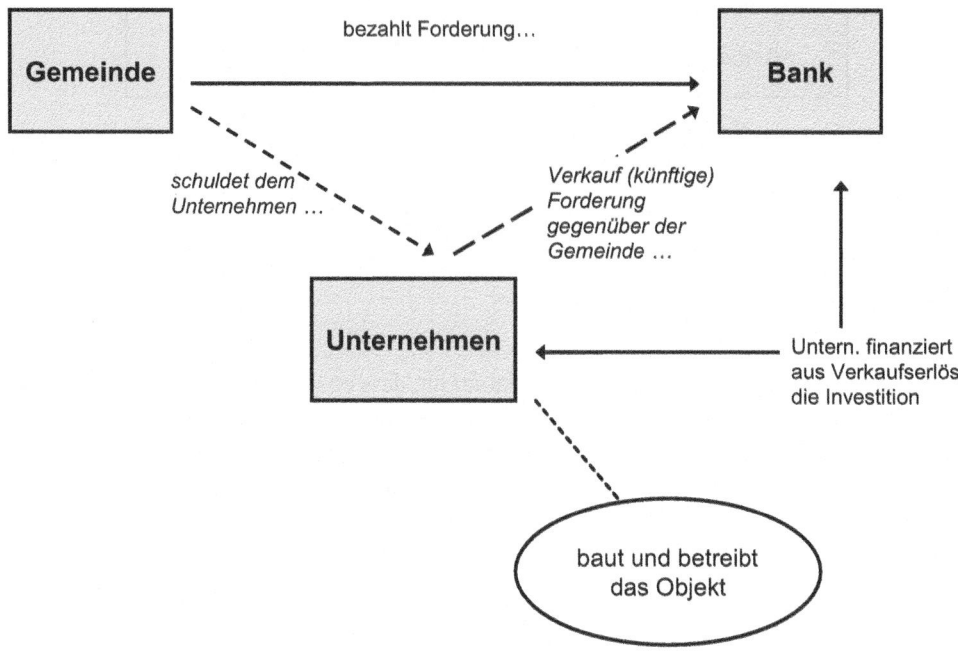

Abb. 9.9 Factoring

Eine Privatisierung von pflichtigen Aufgaben ist für die öffentliche Verwaltung nur im Rahmen einer formellen Privatisierung möglich, bei welcher die öffentliche Hand lediglich eine Rechtsform des Privatrechtes wählt ohne sich selbst als Akteur zurückzuziehen. Einschränkungen bestehen auch bei freiwillig wahrgenommenen Aufgaben. So sieht z. B. der § 111 Gemeindeordnung NRW (ähnlich z. B. auch § 12 Gemeindeordnung Hessen) folgende Einschränkungen vor:

§ 111 Veräußerung von Unternehmen, Einrichtungen und Beteiligungen
(1) Die teilweise oder vollständige Veräußerung eines Unternehmens oder einer Einrichtung oder einer Beteiligung an einer Gesellschaft sowie andere Rechtsgeschäfte, durch welche die Gemeinde ihren Einfluss auf das Unternehmen, die Einrichtung oder die Gesellschaft verliert oder vermindert, sind nur zulässig, wenn die für die Betreuung der Einwohner erforderliche Erfüllung der Aufgaben der Gemeinde nicht beeinträchtigt wird.
(2) Vertreter der Gemeinde in einer Gesellschaft, an der Gemeinden, Gemeindeverbände oder Zweckverbände unmittelbar oder mittelbar mit mehr als 50 v. H. beteiligt sind, dürfen Veräußerungen oder anderen Rechtsgeschäften i. S. des Absatzes 1 nur nach vorheriger Entscheidung des Rates und nur dann zustimmen, wenn für die Gemeinde die Zulässigkeitsvoraussetzung des Absatzes 1 vorliegt.

Eher ökonomischer Natur sind Grenzen, die sich aus der Tatsache heraus ergeben, dass Privatisierung und PPP die Handlungsfreiheit der öffentlichen Hand de facto (auch) eingrenzt. Private Partner werden regelmäßig kaum bereit sein, Ressourcen einzubringen und unternehmerische Risiken zugunsten der Gemeinschaft zu tragen, ohne dafür auch ein bestimmtes Maß an Mitsprache- bzw. Mitentscheidungsrecht zu verlangen.

Ein weiterer Aspekt betrifft die so genannten „sunk costs", also versunkene oder irreversible Kosten. Mit dieser Umschreibung werden gemeinhin bereits angefallene oder noch anfallende i. w. S. Kosten (engl.: „costs") bezeichnet, die in der Gegenwart nicht mehr beeinflusst werden können.

Ökonomisch betrachtet, sollten diese Kosten für die weiteren Entscheidungen keine Rolle mehr spielen, also nicht mehr entscheidungsrelevant sein, da sie unabhängig davon anfallen bzw. anfallen werden, welche Entscheidung getroffen wird. Faktisch wirken sunk costs aber oftmals entscheidungsrelevant nach und beeinflussen die Entscheidung zugunsten derjenigen Alternative, für die sie angefallen sind. Versunkene Kosten können im Falle von PPP dazu führen, dass einmal gewählte private Partner von der öffentlichen Hand wiederholt bevorzugt werden – faktisch sich folglich eine Bindungswirkung entfaltet.

9.8   Entscheidungskriterien der Rechtsformwahl

Ein Rückblick auf die oben beschriebenen möglichen Rechtsformen wirft die Frage auf, für welche Rechtsform sich die öffentliche Hand im Einzelfall entscheiden sollte. In der Regel wird man hier keine allgemeinverbindlichen Empfehlungen geben können. Die Entscheidung hängt im Einzelfall von den verfolgten Zielen und den Prioritäten der jeweiligen Entscheidungsträger ab. Mögliche Überlegungen sollen im Folgenden dargelegt werden, wobei auch diese Auflistung keinen Anspruch auf Vollständigkeit erheben kann.

- Verwaltungs- und politikbezogene Gesichtspunkte können bei der Rechtsformentscheidung eine Rolle spielen, wenn es z. B. darum geht den Kernhaushalt (optisch) zu entlasten. Die (Aus-)Gründung z. B. einer GmbH oder einer Anstalt des öffentlichen Rechtes führt dazu, dass die entsprechenden Positionen, wie etwa Personalkosten, nicht mehr im Haushalt der Gemeinde veranschlagt werden. Dass es sich hierbei eher um eine kosmetische Maßnahme handelt und keine wirkliche Haushaltsentlastung erfolgt, liegt auf der Hand, wenn man bedenkt, dass die Gemeinde für die Schulden, z. B. der GmbH, letztlich aufkommen muss und ein Wechsel der Mitarbeiter in die GmbH regelmäßig mit Bestandsschutz verbunden ist.
- Die Gewährleistung von angemessenen Einfluss- und Weisungsmöglichkeiten spielt aus Sicht der Verwaltung/Politik ebenfalls eine Rolle. Es ließe sich diskutieren, ob dem demokratisch legitimierten Steuerungserfordernis innerhalb von privatrechtlichen Aufsichtsgremien (z. B. Aufsichtsrat) ausreichend Rechnung getragen wird oder ob hier nicht grundsätzlich die jeweilige Gemeindevertretung zuständig wäre.

- Des Weiteren lässt sich auch auf eher unsachliche Kriterien hinweisen, die die Rechtsformwahl beeinflussen. Es entspricht dem realen Geschehen, dass leitende Positionen zuweilen auch an Personen vergeben werden, die sich weniger durch fachliche Kompetenz als durch parteipolitische Verdienste auszeichnen. Auch hier bieten z. B. die privatrechtlichen Rechtsformen leichter umsetzbare Möglichkeiten.
- Betriebswirtschaftliche Kriterien spielen bei der Rechtsformwahl in der Regel eine sehr gewichtige Rolle. Hier werden Einzelaspekte angesprochen, wie Entgelttarife, Fragen der Mitarbeitervertretung, Anwendung des Vergaberechtes, Einrichtung einer wirtschaftlich optimalen Betriebsgröße oder auch konkrete Fragen der Besteuerung der einzelnen Rechtsform und deren Leistungen.
- Ein ebenfalls eher betriebswirtschaftlicher Aspekt stellt des Weiteren die Fragen nach einer möglichen Beteiligung von (privaten und/oder öffentlich-rechtlichen) Dritten dar. Diese Frage kann sowohl unter Finanzierungsgesichtspunkten, etwa der Ausstattung mit Fremdkapital und Verteilung von finanziellen Risiken relevant sein als auch bezüglich der Frage nach der optimalen Betriebsgröße, wenn z. B. ein wirtschaftlicher Betrieb eine Mindestgröße voraussetzt, die von dem öffentlichen Träger allein nicht erreicht werden kann.

9.9 Aufgaben zur Reflexion und Vertiefung

Fragen

- Geben Sie einen Überblick über ausgewählte Rechtsformen des Privatrechts und des öffentlichen Rechts.
- Unterscheiden Sie die Aktiengesellschaft und die Gesellschaft mit beschränkter Haftung anhand von ausgewählten Merkmalen.
- Was ist ein Zweckverband?
- Führen Sie Argumente auf, die eine so genannte PPP aus der Sicht des öffentlich-rechtlichen Partners attraktiv erscheinen lassen.
- Was ist unter dem sales-and-lease-back-Verfahren zu verstehen und welche Vorteile bietet es z. B. aus Sicht einer Gemeinde?
- Verdeutlichen Sie sich, dass privatwirtschaftlichen Kooperationen aus der Sicht des öffentlichen Sektors auch Grenzen gesetzt sind.
- Nennen Sie mögliche Entscheidungskriterien bei der Rechtsformwahl.

Literatur

Brede, H. (2005). *Grundzüge der Öffentlichen Betriebswirtschaftslehre* (2. Aufl.). München.

Eichhorn, P., & Schulz, N. (2005). Das Kommunalunternehmen AöR als attraktive Option. *Z öffentl gemeinwirtsch Unternehm, 28*(2), 187–191.

Gourmelon, A., Mroß, M., & Seidel, S. (2011). *Management im öffentlichen Sektor. Organisationen steuern-Strukturen schaffen-Prozesse gestalten.* Heidelberg.

Hellermann, J. (2007). Handlungsformen und Handlungsinstrumentarien wirtschaftlicher Betätigung. In W. Hoppe & M. Uechtritz (Hrsg.), *Handbuch kommunale Unternehmen* (2. Aufl., S. 130–202). Köln.

Katz, A. (2004). *Kommunale Wirtschaft. Öffentliche Unternehmen zwischen Gemeinwohl und Wettbewerb.* Stuttgart.

König, R., Maßbaum, A., & Sureth, C. (2011). *Besteuerung und Rechtsformwahl* (5. Aufl.). Berlin.

Littwin, F. (2008). Public Private Partnership aus Sicht der PPP-Taskforce NRW. In B. Meyer-Hofmann, F. Riemenschneider, & O. Weihrauch (Hrsg.), *Public private partnership* (2. Aufl., S. 1–31). Köln.

Meyer-Hofmann, B., Riemenschneider, F., & Weihrauch, O. (2008). *Public Private Partnership: Gestaltung von Leistungsbeschreibungen, Finanzierung, Ausschreibung und Verträgen in der Praxis.* München.

Vahs, D., & Schäfer-Kunz, J. (2005). *Einführung in die Betriebswirtschaftslehre* (4. Aufl.) Stuttgart.

Vogelsang, K., Lübking, U., & Ulbrich, I.-M. (2005). *Kommunale Selbstverwaltung* (3. Aufl.). Berlin.

Wissenschaftliche Beirat (2004). Public Privat Partnership, Positionspapier des Wissenschaftlichen Beirats der Gesellschaft für öffentliche Wirtschaft e.V. *Zeitschrift für öffentliche gemeinwirtschaftliche Unternehmen, 27*(4), 410–414.

Management

10

Mit kaum einem anderen Begriff lassen sich in Theorie und Praxis so viele unterschiedliche Perspektiven verbinden, wie mit dem des Managements. Überspitzt formuliert könnte man sagen: Kaum ein Substantiv, das sich nicht auch durch das Anhängsel „-management" in einen vermeintlichen Fachbegriff verwandeln ließe.

Im wirtschaftlichen Zusammenhängen findet sich eine Spannweite, die Management gerade zu mystisch glorifiziert, bis hin zur Darstellung als bloße Anhäufung von (Management-)Techniken. Im Rahmen dieser einführenden Darstellung wird auf klassische, möglichst handfeste Inhalte zum Themenkomplex des Managements abgestellt, wie sie sich insbesondere aus der etablierten Perspektive des Managementkreislaufes ergeben.

10.1 Begriff und Funktionen

Etymologisch kann der Ursprung des Managementbegriffs vor über zweitausend Jahren aus dem Lateinischen hergeleitet werden und zwar von „manu agere", was umgangssprachlich so viel heißt wie „mit den bloßen Händen steuern". In das Italienische fortgeschrieben, bedeutet „maneggiare" in etwa „etwas bewerkstelligen oder handhaben".

Wenn auch verfremdet, so spiegelt sich diese ursprüngliche Begriffsintention auch in dem Verständnis von Management wider, wie es heute international übergreifend gebräuchlich ist. Es ist üblich den Managementbegriff in zweierlei Hinsicht zu unterscheiden (Staehle 1992, S. 66 ff.):

- Management als Funktion
- Management als Institution

© Springer Fachmedien Wiesbaden 2015
M. Mroß, *Betriebswirtschaft im öffentlichen Sektor,*
DOI 10.1007/978-3-658-07121-9_10

Zum Erhalt und zur Steuerung einer Organisation (eines Unternehmens, einer Behörde) ist es notwendig, dass bestimmte (systembegründende bzw. systemerhaltene) Aufgaben übernommen und erfüllt werden. Dieses charakterisiert „Management" im funktionalen Sinne. Solche Aufgaben betreffen einerseits einmalige oder seltene Entscheidungen, die einhergehen mit der Gründung, der Standortwahl, der Fusion oder der Zusammenlegungen etc. von Organisationen. Andererseits sind damit auch Aufgaben ordnender, koordinierender Art gemeint, wie z. B. die Motivation und Führung von Mitarbeitern oder Aufgaben wie Planung, Organisation und Kontrolle. In der klassischen Managementlehre werden fünf Funktionen des Managements unterschieden, die – unabhängig von der Art der Organisation – bis heute Geltung beanspruchen können:

1. Planning (Planung)
2. Organizing (Organisation)
3. Staffing (Personaleinsatz)
4. Directing/Leading (Führung)
5. Controlling (Kontrolle)

Der Vollständigkeit halber sei auf eine frühere andere, auf Gulick und Urwick zurückgehende Variante dieser fünf Funktionen hingewiesen. Diese enthält die Funktionen: **P**lanning, **O**rganizing, **S**taffing, **D**irecting, **C**oordinating, **R**eporting und **B**udgeting, die sich anhand der Anfangsbuchstaben zu dem Wortspiel „POSDCORB" zusammenstellen lassen.

Im institutionellen Sinne umfasst das Management alle Instanzen einer Organisation, der die Kompetenz zur Steuerung, Koordination und Überwachung der untergeordneten (ausführenden) Stellen übertragen wurde. Im Falle von privatwirtschaftlichen Unternehmen geschieht diese Übertragung durch die Eigentümer des Unternehmens. Im Falle des öffentlichen Sektors vollzieht sich diese Übertragung mittelbar durch die Bevölkerung bzw. auch unmittelbar durch die jeweils regierende politische Mehrheit und deren beauftragte Einzelpersonen etwa in Form des Bürgermeisters als obersten Dienstherren der kommunalen Verwaltungsmitarbeiter. Management im institutionellen Sinne steht also für Institutionen, wie Unternehmer, „Manager", Organisationsführer, leitende Mitarbeiter soweit sie Management-Funktionen im oben beschriebenen Sinne wahrnehmen (vgl. ausführlicher Staehle 1992, S. 77 ff.).

Im Vergleich zu den anderen, elementaren Sachaufgaben (Beschaffung, Leistungserstellung, Absatz etc.), die in Betrieben jeder Art wahrzunehmen sind, sind Managementaufgaben als Querschnittsaufgaben zu begreifen. Sie betreffen sämtliche Sachfunktionen, in dem sie diese jeweils im Einzelnen als auch im Zusammenwirken strukturieren (vgl. Abb. 10.1).

Abbildung 10.1 macht deutlich, dass es sich bei der Managementlehre um eine „Teilfunktionenlehre" innerhalb oder eingebettet in der Betriebswirtschaftslehre handelt. Insbesondere in größeren oder Großorganisationen wie sie die öffentlichen Verwaltungen oftmals darstellen, ist stets eine Reihe von Mitarbeitern mit der Wahrnehmung von Ma-

Abb. 10.1 Manage-
mentfunktionen als
Querschnittfunktionen

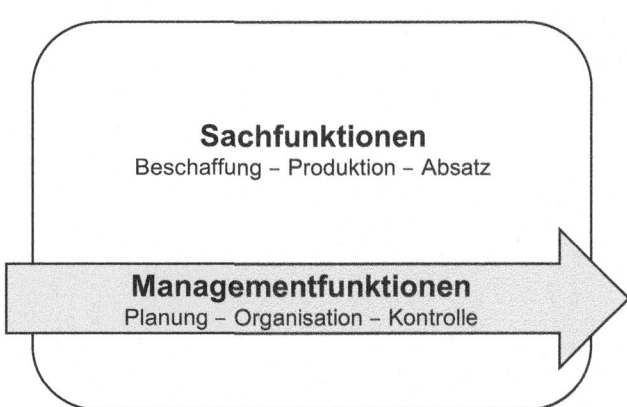

nagementfunktionen beauftragt. Es gilt daher zu beachten, dass der Unterscheidung von
Managementfunktionen und Ausführungsfunktionen vor allem ein analytischer Charakter
innewohnt. Ein Großteil von Stellen aller Hierarchieebenen ist sowohl mit Managementfunktionen als auch mit Ausführungsfunktionen ausgestattet. So wird ein Sachgebiets-
leiter (Bürgermeister) eher mehr (weniger) Aufgaben besitzen, die er selbst ausführt und
weniger (mehr) Aufgaben, die er an andere delegiert. Entscheidend ist daher stets das gra-
duelle Verhältnis von Management- und Ausführungsaufgaben. Dementsprechend wird
nach anglo-amerikanischen Vorbild unterschieden in:

- Top Management,
- Middle Management,
- Lower Management.

Während das „Lower Management" eine Vielzahl operativer Aufgaben noch selbst wahr-
nimmt, beschränkt sich das „Top Management" weitgehend auf strategische Vorgaben.
Dass diese Untergliederung – wenn auch in der Regel nicht ausdrücklich so bezeichnet –
ebenfalls in Organisationen des öffentlichen Sektors greift, wird erkennbar, wenn etwa mit
dem so genannten „Verwaltungsvorstand" auf kommunaler Ebene der engste Führungs-
kreis um den Oberbürgermeister unter den sonstigen Führungskräften eine Sonderrolle
zukommt.

10.2 Ebenen des Managements

Die hierarchiegeleitete Unterteilung von Top, Middle und Lower Management ist auch auf
den allgemeinen Ebenen des Managementhandelns erkennbar. Verbreitet ist hier die weitere Unterscheidung zwischen operativem und strategischem Management (vgl. Abb. 10.2).
    Auf der Ebene des strategischen Managements gilt es die oben eingeführten Funktio-
nen des Managements aus einer übergeordneten, grundsätzlichen und langfristigen Pers-

Abb. 10.2 Ebenen des
Managements

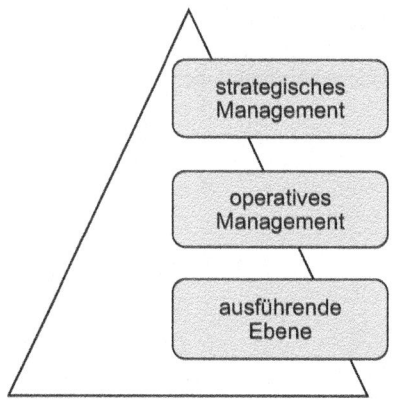

pektive heraus wahrzunehmen. Am Beispiel der Funktion „Planung" wird deutlich, dass strategische Planung den grundsätzlichen Handlungsrahmen abdeckt, indem die allgemeinen, langfristigen Ziele der Organisation abgesteckt werden. In privatwirtschaftlichen Unternehmen geht es z. B. darum festzulegen, auf welchen Märkten (nur Inland? International? etc.) das Unternehmen aktiv werden soll oder auf welche Weise der Wettbewerb bestritten werden soll.

Für den öffentlichen Sektor ließe sich etwa auf Bundesebene als strategisches Ziel vorgeben, dass langfristig die Staatsquote auf X % reduziert werden soll. Im kommunalen Bereich wäre es ein Aspekt der strategischen Planung die Personalkosten binnen zehn Jahren um X % senken zu wollen.

Die Aufgabe der operativen Planung und damit des operativen Managements liegt nun darin, unter Berücksichtigung der strategischen Vorgaben, eine konkrete Planung für das tagtägliche Handeln zu erarbeiten, i. d. R. also Teilziele zu formulieren, um das strategische Ziel zu erreichen. Operatives Management zielt folglich direkt auf die Steuerung der betrieblichen Prozesse (vgl. Abb. 10.3).

10.3 Managementkreislauf

Die Funktion der Planung ist bereits als erste Aufgabe in der Auflistung der Managementfunktionen genannt worden. Jeder Planung geht jedoch ablauflogisch zunächst das Setzen von Zielen voraus, auf die die entsprechende Planung hin ausgerichtet ist. Im Rahmen der Planung gilt es zu überdenken, was zur Zielerreichung unternommen werden soll. Führen mehrere Handlungsalternativen zur angestrebten Zielgröße, so ist zu entscheiden, welche Alternative zu realisieren ist. Schließlich erfolgt die Kontrolle, ob oder in welchem Umfang der angestrebte Erfolg bzw. das Ziel erreicht wurde. Dieser hier nur kurz angerissene Zyklus bildet den so genannten Managementkreislauf bzw. Managementzyklus (vgl. Abb. 10.4). Im Weiteren werden die einzelnen Stationen des Kreislaufes gesondert betrachtet.

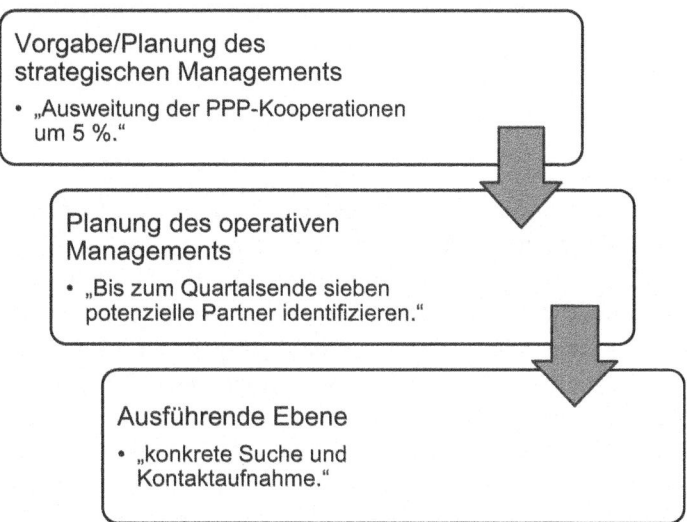

Abb. 10.3 Strategisches und operatives Management in einer Kommunalverwaltung – ein Beispiel

Abb. 10.4 Managementzyklus

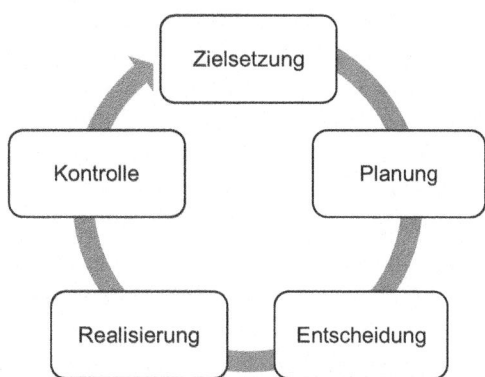

10.3.1 Zielsetzung

Das Ziel bzw. die Zielsetzung steht am Anfang des Managementzyklus. Insbesondere wenn mehrere Entscheidungsalternativen vorhanden sind, setzt die vernünftige Wahl einer konkreten Alternative zunächst voraus, dass hinlänglich Klarheit darüber besteht, was zu welchem Zwecke erreicht werden soll. Unter einem Ziel wird ein zukünftiger, als positiv erkannter Zustand verstanden, zu dessen Erreichung bestimmte Handlungen ergriffen werden bzw. Unterlassungen erfolgen müssen. Das bedeutet, der erstrebenswerte Zustand tritt nicht automatisch ein (Ebert 2001, S. 100). Für ein betriebswirtschaftliches Ziel wird gefordert, dass es operational definiert ist, was dann der Fall ist, wenn das Ziel im Hinblick auf

- Inhalt,
- Erfüllungsgrad und
- Zeitbezug

eindeutig formuliert ist.

So könnte ein operationales Ziel im öffentlichen Sektor darin bestehen, die Bearbeitungsdauer von Anträgen innerhalb von einem Jahr um 15 % zu verkürzen. Ein solches Ziel wäre hinsichtlich seines Inhaltes (Verkürzung der Bearbeitungsdauer), des Erfüllungsgrades (15 %) und des Zeitbezuges (ein Jahr) insofern hinreichend eindeutig formuliert, dass am Ende des Jahres im Rahmen der Managementfunktion „Kontrolle" ohne Schwierigkeiten überprüft werden kann, ob bzw. inwiefern das Ziel erreicht wurde.

Regelmäßig wird es dabei wünschenswert sein zu erfahren, inwieweit ein Ziel erfüllt wurde. Eine solche Messung der Zielerreichung erfolgt mithilfe des Zielerfüllungsgrades. Hierzu wird das tatsächlich erreichte Ergebnis zum geplanten Ergebnis in Beziehung (Zielerfüllungsgrad = erreichtes Ergebnis/geplantes Ergebnis × 100) gesetzt.

- Bestand zum Beispiel das eigentliche Ziel darin, die Bearbeitungsdauer um 500 h zu reduzieren und wird am Ende des Jahres festgestellt, dass tatsächlich eine Reduzierung von 380 h erfolgte, so entspricht dieses einem Zielerfüllungsgrad von 380/500 × 100 = 76 %.

Es wird in der Regel der Fall sein, dass Organisationen mehrere Ziele verfolgen und entsprechende Zielhierarchien bestehen. Als das Hauptziel einer öffentlichen Verwaltung ließe sich etwa die Bereitstellung von öffentlichen Gütern formulieren. Die anderen Ziele der Verwaltung wären diesbezüglich als Teilziele zu charakterisieren, die sich daraus ableiten. Des Weiteren existieren Zielformulierungen, die bei genauerer Betrachtung dazu dienen andere, höherrangige Oberziele zu erreichen. Ziele, denen eine Mittel-zum-Zweck Position zufällt sind als Unterziele zu bezeichnen.

- Als Beispiel ließe sich festhalten, dass das Ziel der Verringerung der Bearbeitungsdauer (Unterziel) dazu beitragen soll, die Dienstleistungsqualität (Unterziel) zu erhöhen, was wiederum dazu dient, die Kunden- bzw. Bürgerzufriedenheit (Oberziel) zu steigern.

Während die beiden vorgenannten Zielbeziehungen auf eine Hierarchie zwischen den einzelnen Zielen abstellen, betonen weitere Zielbeziehungen andersgelagerte Ebenen:

- Im Fall der Zielkonkurrenz führt eine Steigerung des Erfüllungsgrades des einen Zieles ZA zwangsläufig zu einer Verringerung des Erfüllungsgrades eines anderen Zieles ZB oder umgekehrt. So läuft beispielsweise das Ziel der Haushaltskonsolidierung unter sonst gleichen Verhältnissen konträr zum Ziel einer breiten Angebotspalette öffentlicher Dienstleistungen.

- Harmonischer verhält es sich dagegen im Fall der Zielkomplementarität. Diese Konstellation liegt vor, wenn Handlungen, die den Erfüllungsgrad des Ziels ZA erhöhen immer auch zu einer Erhöhung des Erfüllungsgrades von Ziel ZB führen oder umgekehrt.
- Denkbar ist schließlich auch, dass Ziele weder einen positiven noch einen negativen Einfluss aufeinander ausüben. Diese Art der Zielbeziehung wird als Zielindifferenz bezeichnet.

Die vorangegangenen Ausführungen zu möglichen Zielbeziehungen ließen bislang unberücksichtigt, von welcher Person die Entscheidung über das jeweilige Ziel erfolgt bzw. wer die Entscheidung über Fragen der Zielhierarchie zu entscheiden hat. Diese Frage kann jedoch für ein realistisches Bild der gegebenen Zielkonzeption einer Organisation auch im öffentlichen Sektor nicht ignoriert werden.

Auch im öffentlichen Sektor sind Menschen, also Individuen tätig, die eigene, persönliche Ziele verfolgen. Die persönlichen Ziele von Organisationsmitgliedern werden als Individualziele bezeichnet. Oftmals liegen solche Individualziele im Streben nach (höherem) Einkommen. Aber auch das Streben nach Macht und Einfluss oder Prestige und Anerkennung stellen denkbare persönliche Ziele dar. Wenn an solchen persönlichen Zielsetzungen auch allgemein nichts auszusetzen ist, so gilt es aus Sicht der Unternehmung bzw. der öffentlichen Verwaltung zu berücksichtigen, dass Individualziele nicht konform gehen müsse mit den Zielen der Organisation, dass sie zu deren Zielen sogar mitunter in einem ausgeprägten Widerspruch stehen können – aber nicht müssen.

Die mit der jeweiligen Organisation verbundenen Personen, Personengruppen („stakeholder"), z. B. Führungskräfte und Mitarbeiter sowie Politiker versuchen zum einen in oder durch die Organisation ihre Individualziele direkt zu verwirklichen, zum anderen versuchen sie auch die Bildung der Organisationsziele in ihrem Sinne zu beeinflussen, um auf diesem (mittelbaren) Wege ihren Individualzielen näher zu kommen. Es liegt auf der Hand, dass Einzelpersonen je nach Status, Position, Stellung, Rolle etc. höchst unterschiedliche Einwirkungsmöglichkeiten besitzen. So besitzen ein Dezernent oder ein Ratsmitglied freilich andere Einflussmöglichkeiten als ein Sachbearbeiter eines Amtes und ein Staatssekretär verfügt über mehr Einflussmöglichkeiten als ein Referatsleiter des Ministeriums.

Insgesamt existiert gerade in öffentlichen Verwaltungen eine nicht unbeträchtliche Anzahl von Personen, die an der Feststellung der Ziele der Verwaltung mitwirken können bzw. aufgrund rechtlicher Regelungen auch mitwirken müssen und dabei auch ihre Individualziele verfolgen. Es ist vor diesem Hintergrund wahrscheinlich, dass die Vielzahl von Individualzielen nicht alle miteinander vereinbart werden können, so dass zwischen den Beteiligten Zielkonflikte entstehen.

Von einem Zielkonflikt soll dann die Rede sein, wenn mehr als ein Entscheidungsträger involviert ist und Handlungen, die zur Zielerfüllung der Ziele eines oder mehrerer Entscheidungsträgers führen, zugleich die Zielerfüllung von anderen Entscheidungsträgern schmälert. Abbildung 10.5 verdeutlicht einen theoriegeleiteten Zugang zu Konstellationen von Zielen des Individuums und Zielen der Organisation.

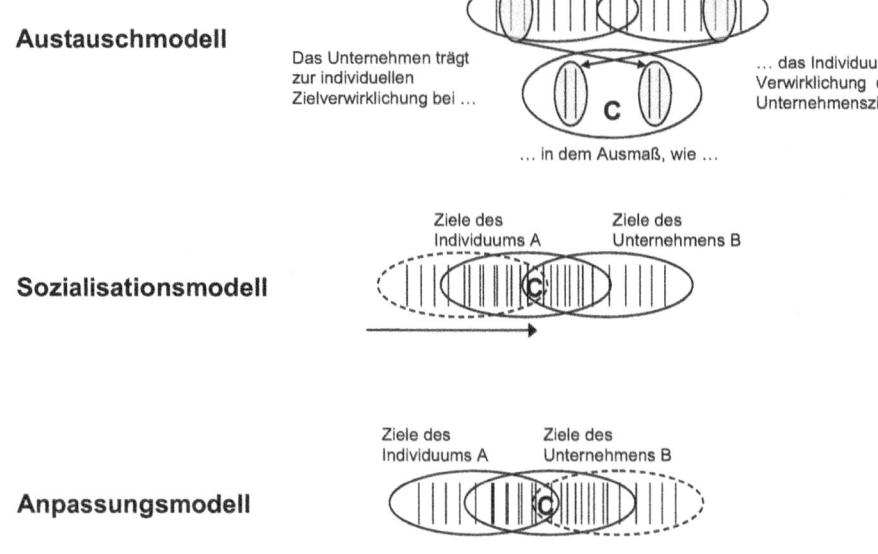

Austauschmodell

Das Unternehmen trägt
zur individuellen
Zielverwirklichung bei ...

... das Individuum zur
Verwirklichung der
Unternehmensziele beiträgt .

... in dem Ausmaß, wie ...

Ziele des
Individuums A

Ziele des
Unternehmens B

Sozialisationsmodell

Ziele des
Individuums A

Ziele des
Unternehmens B

Anpassungsmodell

Abb. 10.5 Zielbildungsprozesse. (Quelle: Macharzina und Wolf 2010)

- Im Austauschmodell liegt dabei annahmegemäß zwischen dem Einzelnen und der Organisation eine Art von (expliziten oder unausgesprochenem) „Vertrag" zugrunde, indem die Anreize, die die Organisation und Einzelnen bietet genau so geregelt sind, wie die Beiträge in Form von Zeit und Anstrengung, die der Einzelne als Gegenleistung in die Organisation einbringt.
- Im Sozialisationsmodell vollzieht sich annahmegemäß die Integration der Ziele in der Form, dass der Einzelne durch soziales Lernen (Sozialisation) bei Kollegen und/oder Führungspositionen seine Ziele denen der Organisation anpasst.
- Dem Anpassungsmodell zufolge soll sich die Übernahme von Zielen in der Weise vollziehen, dass sich Organisation und Einzelne einander annähern, jedoch letztlich eine Dominanz der Individualziele resultiert.

Wenn auch starke Berührungspunkte zwischen Managementlehre und Betriebswirtschaftslehre offenkundig sind, so sind diese beiden Bereiche – wie oben bereits angesprochen – keineswegs als Synonyme zu begreifen. Die Unterschiede treten jedoch in privaten, gewinnorientierten Unternehmen oftmals weniger deutlich zu Tage. Insbesondere aufgrund der Gewinnerzielungsabsicht greifen dort beide Bereiche zielkonform ineinander. Im öffentlichen Bereich gilt es zusätzlich zur ökonomischen Dimension die legalistisch-rechtliche Dimension zu beachten, ohne die kein Handeln von Verwaltungen oder öffentlichen Unternehmen möglich ist. Es erscheint daher allzu vereinfacht, die rechtliche Dimension für die Öffentliche Betriebswirtschaftslehre in den „Datenkranz" zu verlegen und als Randgröße anzusehen. Deutlich treten die Unterschiede im Hinblick auf die organisatorischen Zielgrößen hervor. Die Gesamtheit der Ziele von Unternehmen und Ver-

Formalziele (Erfolgsziele)		
Produktivität	Wirtschaftlichkeit	Rentabilität, Gewinn

Sachziele			
Leistungsziele	Finanzziele	Führungs- und Organisationsziele	Soziale und ökologische Ziele

Abb. 10.6 Formal- und Sachziele in Organisationen

waltungsbetrieben bezeichnet deren Zielkonzeption, wobei sich wiederum Formal- von Sachzielen unterscheiden lassen (vgl. Abb. 10.6).

- Leistungs- und Finanzziele bilden als das (wirtschaftliche) Sachziel den Gegenstandsbereich des Wirtschaftens. Sachziele geben in dieser Hinsicht über das „Was?" Auskunft. Ein denkbares Sachziel aus dem Bereich des öffentlichen Sektors kann z. B. in der „Ausweitung der Angebote der Jugendhilfe um 5 % im nächsten Jahr" gesehen werden.
- Erfolgsziele hingegen bezeichnen als das (wirtschaftliche) Formalziel den Umfang der angestrebten Wirtschaftlichkeit bei der Verfolgung der Sachziele. Formalziele sagen dementsprechend etwas über das „Wie?" So gesehen stellt das bereits beschriebene Ökonomische Prinzip das grundlegende Formalziel dar, wovon sich konkretere ökonomische Formalziele wie z. B. die Produktivität, Wirtschaftlichkeit oder Rentabilitätsgrößen ableiten lassen.

Formalziele im öffentlichen Sektor können für das Beispiel der Jugendhilfe etwa darin bestehen, den Grundsatz der Wirtschaftlichkeit zu beachten oder bestimmte Qualitätsstandards einzuhalten. Zwischen Sach- und Formalzielen besteht zunächst einmal keine Über- oder Unterordnung. Für Privatunternehmen wird jedoch dem Erreichen der Formalziele eine höhere Priorität beigemessen werden können als den Sachzielen. So wird es letztlich für Privatunternehmen weniger darum gehen ein bestimmtes Produkt, z. B. PKW, herzustellen, als darum eine angemessene Rendite des eingesetzten Kapitals zu erwirtschaften. Es besteht in diesem Fall eine Formalzieldominanz, auf die bezogen die Aktivitäten des Managements auszurichten sind.

Inwiefern für den öffentlichen Bereich dagegen eine Sachzieldominanz oder eine gleiche Beachtung der Zielbereiche angenommen werden kann, ist fraglich. Allein der Hinweis darauf, dass bei jeder Sachzielerbringung stets das allgemeine Wirtschaftlichkeitsprinzip/Ökonomisches Prinzip eingehalten muss, kann – weil im Grunde nichtssagend – nicht als Beleg für eine Gleichberechtigung von Formal- und Sachzielen im öffentlichen Sektor gelten.

Während private, gewinnorientierte Unternehmen von Formalzielen, wie der Gewinnerzielung geprägt sind, stehen für öffentliche Verwaltungen (und in abgeschwächter Form auch für öffentliche Unternehmen) die Sachziele im Vordergrund. Für die öffentliche Verwaltung wird hier deshalb von einer Sachzieldominanz ausgegangen, da insbesondere für den Bereich der Pflichtaufgaben im Zweifel das gesetzte Formalziel hinter das Sachziel zurücktreten muss. Management im öffentlichen Sektor ist des Weiteren determiniert von demokratisch-politischen Größen und Zielen und stark beeinflusst durch Recht, Gesetzgebung und auch Rechtsprechung. Hinzutreten gesellschaftliche Interessen und Anforderungen, denen das Management des öffentlichen Sektors, zum Teil gelenkt durch die Politik, gerecht werden muss.

10.3.2   Planung im Managementprozess

10.3.2.1 Begriff und Verständnis

Es ist bereits darauf hingewiesen worden, dass in der Regel mehrere Handlungsmöglichkeiten existieren, um ein Ziel zu erreichen, so dass eine entsprechende Auswahl notwendig ist. Der Prozess der Suche, der Bewertung und schließlich der Entscheidung für eine Handlungsmöglichkeit, charakterisiert das Wesen der Planung. Gewöhnlich wird Planung daher definiert als gedankliche Vorwegnahme zukünftigen Geschehens (vgl. z. B. auch Hahn 1994, S. 43).

Wie für alle anderen Teilfunktionen des Managementkreislaufs ergeben sich für die Planung entsprechende Berührungspunkte für alle betrieblichen Sachfunktionen, so dass sich entsprechende Planungsaktivitäten ergeben für:

* Beschaffungsplanung
* Lagerplanung
* Produktionsplanung
* Absatzplanung
* etc.

In dem Bestreben der Planung die Aktivitäten auf die Zukunft hin zu gestalten, ist der Versuch erkennbar, der Zukunft ein Stückweit ihre Ungenauigkeit zu nehmen, d. h. sie quasi aktiv mit auszugestalten und nicht nur passiv akzeptieren zu müssen.

▶ „In der Hand der Unternehmensführung [oder Verwaltungsleitung] kann sie dazu beitragen, die Wahrscheinlichkeit, den richtigen Weg zur Zielerreichung zu finden, zu erhöhen und damit gleichzeitig das Risiko, auf Abwegen zu landen, zu mindern." (Ebert 2001, S. 103).

Trotz positiver Grundausrichtung ist jedoch allen Planungen gemeinsam, dass sie sich mit unterschiedlichen Graden von Unsicherheit auseinandersetzen müssen. Jede in die Zukunft gerichtete Aktivität muss diese Wagnisse naturgemäß in sich tragen. So ist es beispielsweise leicht nachvollziehbar, dass etwa die öffentliche Haushalts- bzw. Budgetplanung, die auf Daten der Steuerprognose zurückgreift, nicht davor gefeit ist, aufgrund von unerwarteten Steuerausfällen im schlimmsten Fall ad absurdum geführt zu werden und sich diese Planung im Nachhinein als fehlerhaft erweist. Planung soll als „Zielsicherungsfunktion" im Allgemeinen die folgenden Funktionen erfüllen (Ebert 2001, S. 103):

- Offenlegungsfunktion: Planung soll dabei helfen, die schwer zu überblickende, komplexe Aufgabenvielfalt systematisch erfassbar zu machen und somit dabei helfen, den Blick für die eigentlichen, wichtigen Herausforderungen zu schärfen. Gelingt dieses, so mindert die Planung die Wahrscheinlichkeit aufgrund von übersehenden oder falsch eingeschätzten Zusammenhängen Fehlentscheidungen zu treffen.
- Steuerungsfunktion: Planung ist im Wesentlichen eine Führungsaufgabe. Mithilfe von Planung sollen Führungskräfte unterschiedlicher Hierarchieebenen in die Lage versetzt werden, Abläufe möglichst zielgenau zu lenken.
- Kontrollfunktion: Ohne Kontrolle ist jede Planung sinnentleert. Planvorstellungen und Planvorgaben dienen als angestrebte Soll-Größe, an der nach Ablauf des Planungszeitraumes schließlich die erreichte Ist-Größe gemessen wird.

Im Rahmen der Planerstellung wird systematisch die konkrete Umsetzung des Planes bereits mit zu berücksichtigen sein. Vor diesen Hintergrund lassen sich an einen Plan bestimmte Mindestanforderungen stellen, was seine Bestandteile anbetrifft (vgl. Wild 1982, S. 49 ff.):

- Ziele: Ziele stehen für die Soll-Werte, die am Ende des Planungsraumes vorliegen sollen. Auf diese Soll-Werte bezieht sich später die Kontrolle, indem diesen Werten die Ist-Werte gegenüber gestellt werden. Um diese Kontrollfunktion sinnvoll durchführen zu können, muss der Plan als Zielgrößen aufweisen, was, bis wann, in welchem Ausmaß, ggf. in welcher Anzahl und/oder Qualität erreicht werden soll.
- Problemstellung: Der Plan und damit die konkrete Zielvorstellung ist zu begründen bzw. auch zu rechtfertigen. Aus welchen Gründen wird die gegenwärtige Situation als nicht zufriedenstellend eingeschätzt? In diesem Zusammenhang ist darzulegen, worauf die Diskrepanz zwischen den aktuellen Ist-Werten und den gewünschten Soll-Werten (vermutlich) zurückzuführen ist.
- Prämissen: Es ist festzuhalten, auf welchen Prämissen, also Annahmen, der Plan basiert. Diese Annahmen sind naturgemäß mit unterschiedlichen Graden an Unsicherheit ausgestattet.
- Maßnahmen: Je nach Art des Planes (strategisch oder operativ) ist festzuhalten auf welche Weise das Ziel erreicht werden soll.

- Ressourcen: Der Plan soll Aufschluss darüber geben, aufgrund welcher Ausstattung an finanziellen, sachlichen und personellen Ressourcen das Ziel erreicht werden soll.
- Fristen und Termine: Der Plan soll ausweisen, bis zu welchem Zeitpunkt das Ergebnis vorliegen soll. Des Weiteren können Teilziele terminiert werden und diesen entsprechend auch Ressourcen zugeteilt werden.
- Verantwortlichkeiten: Es ist festzulegen, welche konkreten Mitarbeiter und/oder Organisationseinheiten für die Erreichung von (Teil-) Zielen verantwortlich sind.
- Ergebnisse: Der Plan soll bezeichnen, welche Resultate mit Erfüllung des Planes vorliegen sollen.

Um diese Bestandteile eines Planes inhaltlich näher zu verdeutlichen, sind diese in Tab. 10.1 auf ein Beispiel aus dem öffentlichen Sektor übertragen worden.

Tab. 10.1 Bestandteile eines Plans – Beispiele

Bestandteile des Planes	Beispiel
Ziel	Erhöhung des Gewerbesteueraufkommens innerhalb von drei Jahren um 15 %
Problemstellung	Stagnation des Gewerbesteueraufkommens
	Freistehende Geschäftsräume bzw. Gewerbeflächen
	Verlagerung der Kaufkraft in umliegende Großstädte
Prämissen	Entwicklung der Einwohnerzahl
	Entwicklung der lokalen Arbeitsmarktsituation
	Entwicklung der Gesamtkonjunktur
Maßnahmen	Stadtmarketing (Neukonzeption)
	Neukonzeption der Wirtschaftsförderung
	Beauftragung eines externen Gutachters
Ressourcen	1 Mio. € für Stadtmarketing-Kampagne
	90.000 € für befristete Zusatzstellen in der Wirtschaftsförderung
	50.000 € für das externe Gutachten
Fristen und Termine	Frühestmöglicher Beginn des optimierten Stadtmarketings, spätestens am 1. August. Laufzeit 1,5 Jahre
	Besetzung der neuen Stelle spätestens am 1. Juli
	Vorlage des Gutachtens am 31. Mai
Verantwortlichkeiten	Referatsleitung Stadtentwicklung verantwortet die Marketing-Kampagne
	Leiter des Personalamtes verantwortet Stellenbesetzung zum 1. Juli
	Bürgermeister verantwortet Vorlage des Gutachtens bis zum 31. Mai
Ergebnisse	Anstieg des Gewerbesteueraufkommens nach drei Jahren um 15 %
	Erhöhung des Gewerbesteueraufkommens trotz gesamtwirtschaftlicher Flaute
	Erhöhung der Lebensqualität in der Stadt um 10 % (laut regelmäßiger Umfrage)

Angesichts der grundlegenden und wichtigen Rolle, die der Planung im Rahmen des Managementkreislaufes zuzubilligen ist, ist es kaum verwunderlich, dass sich im Laufe der Zeit äußerst differenzierte Betrachtungen dieser Funktion herausbildeten. Spezifische Erscheinungsformen der Planung wurden zum Gegenstand

jeweils eigener wissenschaftlicher und praxisorientierter Betrachtungen. Wichtigsten Systematisierungen der Funktion „Planung" werden im Weiteren vorgestellt (vgl. im Weiteren folgend Vahs und Schäfer-Kunz 2005, S. 170 ff.):

- starre und flexible Planung
- strategische, taktische und operative Planung
- retrograde, progressive und zirkuläre Planung
- rollierende Planung und Blockplanung

Starre und flexible Planung
Von starrer Planung soll dann die Rede sein, wenn bereits zum Planungszeitpunkt festgelegt wird, was innerhalb des gesamten Planungszeitraumes geschehen soll. Grundlage einer starren Planung könnten bestimmte Szenarien sein, mit deren Hilfe und unter Berücksichtigung von Wahrscheinlichkeiten von Situationsbedingungen eine fest geplante Folge von Aktivitäten bestimmt wird. Das Risiko einer starren Planung liegt darin, dass sich Entwicklungen ergeben können, die das Szenario nicht vorhergesagt hat. Starre Planung wird daher für privatwirtschaftliche Unternehmen aufgrund von sich oft verändernden Wettbewerbsverhältnissen eher ungeeignet sein. Öffentliche Verwaltungen sind tendenziell weniger dynamischen Umwelten ausgesetzt als private Unternehmen, so dass sich diese Problematik etwas reduziert, ohne freilich gänzlich beseitigt zu werden.

Im Zuge der flexiblen Planung wird nur insoweit vorausgeplant, wie dies zum Planungszeitpunkt unvermeidbar erscheint. Für weitergehende Zeiträume erfolgen keine verbindlichen Festlegungen, so dass Teilpläne für einzelne Planungs(teil)zeiträume dann erstellt werden können, wenn die Informationslage weniger vage ist.

Strategische, taktische und operative Planung
Die strategische Planung ist eine langfristige Planung, die regelmäßig einen Zeitraum von fünf bis zehn Jahren abdeckt. Wegweisend ist hier die Frage „Tun wir die richtigen Dinge?", also grundsätzliche Fragestellungen, die typischerweise bei der obersten Hierarchiestufe angesiedelt sind. Die Tatsache, dass die strategische Planung sehr weit in die Zukunft reicht, führt dazu, dass diese Art der Planung mit einem hohen Maß an Risiko und Ungewissheit einhergeht. Der lange Planungszeitraum lässt die Umweltgegebenheiten als äußerst komplex erscheinen. Während strategische Planung insbesondere für privatwirtschaftliche Großunternehmen heute eine Selbstverständlichkeit darstellt, steckt diese für die öffentliche Verwaltung allenfalls noch in den Kinderschuhen. (vgl. dazu im Überblick Eichhorn 2001 sowie ausführlich Gourmelon et al. 2011, S. 413 ff.)

Die Aufgabe der taktischen Planung besteht darin, die noch sehr allgemein gehaltenen Vorgaben der strategischen Planung auf einzelne Organisationsbereiche herunter zu brechen. Als solche stellt die taktische Planung eine mittelfristige Planung dar, die einen Zeitraum von einem bis zu vier Jahren umfasst.

Die operative Planung ist eine kurzfristige Planung, die einen Zeitraum von etwa einem Jahr abdeckt. Die operative Planung zielt auf die konkrete Handlungsebene, so dass die Planungsinhalte i. d. R. sehr konkret und detailliert sind. Handlungsleitend ist hier dementsprechend und im Gegensatz zur strategischen Planung die Fragestellung „Tun wir die Dinge richtig?".

Retrograde, progressive und zirkuläre Planung
Die retrograde Planung dürfte am ehesten einem intuitiven Verständnis von Planung entsprechen, indem davon ausgegangen wird, dass die Planungsinhalte von der oberen auf die unteren Hierarchieebenen übertragen werden. Man spricht hier auch von „top-down"-Planung, da die unteren Planungsebenen ihre Teilpläne jeweils den oberen anzupassen haben und selbst wenig in den Planungsprozess integriert sind.

Ein der retrograden Planung entgegengesetztes Verfahren stellt die progressive Planung dar. Untere Führungsebenen stellen in diesem Fall jeweils für ihren Verantwortungsbereich Teilpläne auf und reichen diese an die oberen Führungsebenen weiter. Die Aufgabe der oberen und obersten Führungsebenen besteht nun darin, diese Teilpläne zu einem in sich schlüssigen Gesamtplan zusammenzuführen. Entsprechend wird diese Art der Planung auch als „bottom-up"-Planung bezeichnet.

Die zirkuläre Planung, die auch als „Gegenstrom-Verfahren" bezeichnet wird, verbindet die Prinzipien der retrograden und der progressiven Planung miteinander. Auf der obersten Hierarchieebene wird ein vorläufiger Rahmenplan aufgestellt, von dem dann vorläufige Teilpläne für die nächste Hierarchiestufe abgeleitet werden. Diese Teilpläne werden dann im Sinne des „bottom-up"-Gedankens von den unteren Hierarchieebenen präzisiert und in den Gesamtplan integriert. Durchläuft ein Planungsprozess diese Systematik ein oder mehrere Male, so entsteht im Ergebnis ein zunehmend realistisches Planungsergebnis.

Rollierende Planung und Blockplanung
Das Grundprinzip der rollierenden (gleitenden) Planung besteht darin, dass der ursprüngliche Gesamtplanungszeitplan – in Abb. 10.7 drei Monate – nach bestimmten Zeiträumen um eine weitere Teilperiode in die Zukunft fortgeschrieben wird. In Abb. 10.8 „rollt" in diesem Sinne der detaillierte Planungszeitraum von zunächst vier Wochen im Januar, jeweils um eine Woche fortgeschrieben durch den Gesamtplanungszeitraum. Sind schließlich im Monat März vier detaillierte Pläne erstellt, so erfolgt für den April und Mai eine Grobplanung etc. Der Vorteil dieser Methode liegt im Wesentlichen darin, dass die Zeitperioden, für die eine detaillierte Planung erfolgt, stets übersichtlich bleiben und somit die Unwägbarkeiten der Zukunft auf ein geringeres Maß reduziert werden, so man davon ausgeht, dass die nähere Zukunft mit weniger Unbekannten behaftet ist als die fernere.

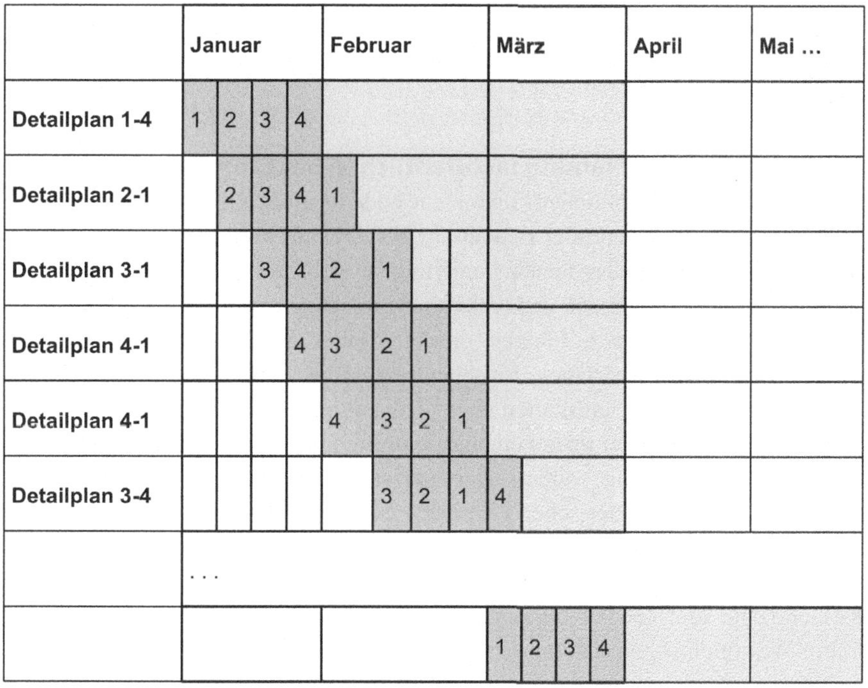

	Januar				Februar			März			April	Mai ...
Detailplan 1-4	1	2	3	4								
Detailplan 2-1		2	3	4	1							
Detailplan 3-1			3	4	2		1					
Detailplan 4-1				4	3		2	1				
Detailplan 4-1					4		3	2	1			
Detailplan 3-4						3	2	1	4			
	. . .											
								1	2	3	4	

Abb. 10.7 Rollierende Planung. (Quelle: verändert nach Vahs und Schäfer-Kunz 2005, S. 176)

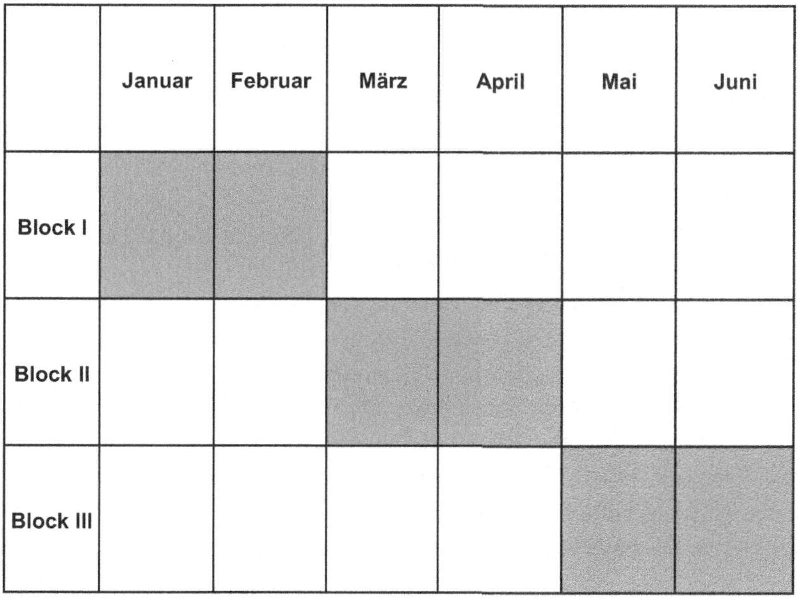

	Januar	Februar	März	April	Mai	Juni
Block I						
Block II						
Block III						

Abb. 10.8 Blockplanung

Bei der Blockplanung wird die Neuplanung dagegen am Ende der Gesamtplanungs-
periode vorgenommen. Im Beispiel von Abb. 10.8 erfolgte die Neuplanung für Block II
danach Ende Februar.

10.3.2.2   Aspekte der Planung im öffentlichen Sektor

Planung stellt für den öffentlichen Sektor ein bedeutsames Koordinations- bzw. Steuerungsinstrument dar. Von zentraler Bedeutung ist dabei auf kommunaler Ebene der Haushaltsplan. Mit Einführung des neuen Steuerungsmodells soll sich der Haushalt zu dem
zentralen Steuerungsinstrument des Verwaltungsmanagements entwickeln. Um diesen
Ambitionen gerecht werden zu können, muss der Haushalt Informationen enthalten, die
ein managementorientiertes Planen, Entscheidung und Kontrollieren ermöglicht, was mit
traditionellen (kameralen) Haushalten eher nicht möglich war (Bals 2004, S. 9 f.). Diesem Anspruch steht aus einer managementorientierten Betrachtung jedoch entgegen, dass
gerade die Haushaltsplanung – anders als bei privaten Unternehmen – rechtlich stark reg-
lementiert ist und die gestalterischen Freiräume eng sind. Planung im öffentlichen Sektor
konzentriert sich zu großen Teilen auf die Erstellung von Ressourcen – insbesondere Fi-
nanz- und Haushalsplänen.

Das Gesetz für ein Neues Kommunales Finanzmanagement (NKFG NRW) im Land
Nordrhein-Westfalen versteht unter dem Haushaltsplan

> die nach den Vorschriften der [Gemeindeordnung] und der [Gemeindehaushaltsverordnung]
> festgestellte, für die Wirtschaftsführung der Gemeinde maßgebliche, produktorientierte
> Zusammenstellung der im Haushaltsjahr zu erbringenden Leistungen und den hierfür ver-
> anschlagten Erträgen und Aufwendungen sowie Einzahlungen und Auszahlungen.… (Bern-
> hardt et al. 2005, S. 96 ff.)

In der Gemeindehaushaltsverordnung (§ 12 GemHVO NRW) wird dann im Weiteren kon-
kretisiert, dass die für die Aufgabenerfüllung der Gemeinde maßgeblichen Ziele im Rahmen des Haushaltsplanes produktorientiert festzulegen und anhand von Kennzahlen im
Einzelnen auszuweisen sind.

Bereits in der Begriffsabgrenzung wird über den Hinweis auf das Haushaltsjahr deutlich, dass es sich dabei um einen kurzfristigen Plan handelt.

Eine als mittelfristige Planung einzustufende Planungshandlung stellt dagegen die nach
§ 84 Gemeindeordnung NRW zu erstellende Ergebnis- und Finanzplanung dar. Schwarting (2006, S. 31) spricht hier allerdings von strategischer Finanzplanung. Diese umfasst
einen Zeitraum von fünf Jahren. Die Inhalte der fünfjährigen Ergebnis- und Finanzplanung sind nach § 6 GemHVO NRW in der Haushaltsplanung mit einzubeziehen, wobei
allerdings allein dem Haushaltsplan eine gewisse nach innen gerichtete Verbindlichkeit
beizumessen ist. Hinsichtlich inhaltlicher Ausführungen zum Ergebnis- und Finanzplan
kann auf die Ausführungen in Abschn. 7.5 hingewiesen werden.

> Daneben grenzt sich der kommunale Haushalt durch seine äußere und innere Binnenwirkung
> von anderen Planungen ab. Durch den normsetzenden Charakter der äußeren Binnenwirkung

des Haushaltes wird für den Bürger des Zuständigkeitsgebietes der Kommune der Realsteuerhebesatz für das Haushaltsjahr bestimmt. Ferner wird dem Bürger durch den Haushalt dokumentiert, mit welchen Leistungen und mit welchem Umfang an Leistungen er zu rechnen hat. Für die Verwaltung der Kommune ist durch die innere Binnenwirkung des Haushalts festgelegt, welche Aufgaben zur Erbringung der Leistungen wahrzunehmen sind und welche finanziellen Mittel hierfür zur Verfügung stehen. Die Vorgaben des Haushaltes sind für die Verwaltung bindend. (Rubel 2007, S. 180, Fußnoten weggelassen)

Dass, wie Rubel (2007, S. 180) treffend feststellt, weder der Haushaltsplan noch die Ergebnis- und Finanzplanung eine Drittwirkung entfalten, d. h. nur an die Verwaltung selbst gerichtet sind und Außenstehende daraus keinerlei einklagbaren Rechte ableiten können, ist aus der Sichtweise der Betriebswirtschafts- und Managementlehre unerheblich. Hierin unterscheidet sich der öffentliche Sektor nicht grundsätzlich von der Privatwirtschaft. Hier wie dort können Außenstehende nicht unter Anwendung von Rechtsmitteln verlangen, dass sich die jeweilige Organisation an ihre eigenen Pläne hält. Hier wie dort sind Pläne ein Instrument – also ein Hilfsmittel – der Führung bzw. des Managements.

Eine gewisse strategische Planungskomponente lässt sich aus der eigentlich eher mittelfristig angelegten Finanzplanung ableiten (vgl. folgend Rubel 2007, S. 184 f.). Die über die Haushaltsplanung hinausgehende Finanzplanung kann als die in Geldeinheiten ausgedrückte Dokumentation künftiger, d. h. über die Haushaltsplanung hinausgehende, Vorhaben interpretiert werden. Mit solchen Festlegungen verbinden sich oftmals strategische Fragen nach der künftigen Struktur der Verwaltung, wenn es etwa darum geht, Fragen des In- oder Outsourcing bereits in der Finanzplanung implizit mitzudenken. In der sich dann anschließenden operativen Planung muss – diesen vorangegangenen (strategischen) Vorplanungen entsprechend reagiert – werden. So hat z. B. im Falle einer Insourcing-Entscheidung aus der strategischen Planung die operative Planung zu gewährleisten, dass die dann intern vorhandenen Ressourcen auch entsprechend genutzt werden.

Alles in allem muss für den Entwicklungsstand der strategischen Planung im öffentlichen Sektor nach wie vor ein Mangel konstatiert werden. Entsprechend kommt auch die KGSt in einem Resümee nach zehn Jahren Neues Steuerungsmodell insgesamt zu der Einschätzung, dass strategisches Management für Kommunen in Deutschland (immer noch) ein neues Thema darstellt. Für andere Bereiche des öffentlichen Sektors ist eine vergleichbare Einschätzung vorzunehmen.

Verschiedene Ausprägungen der Planerstellung finden sich auch im Zuge des Aufstellungsprozesses des kommunalen Haushaltes wieder. Allgemein erfolgt die Planung des Haushaltes einer Gemeinde durch Initiative des oberen bzw. obersten Managements („top-down-impuls") und setzt sich danach im Sinne des Gegenstromverfahrens fort (Rubel 2007, S. 186 ff.; Bals 2004, S. 35 ff.).

Seitens der Verwaltungsleitung wird der (finanzielle) Rahmen festgelegt, innerhalb dessen dann „bottom-up"-Elemente einfließen. Das heißt, die Verwaltungsleitung erstellt auf der Grundlage von qualifizierten Schätzungen hinsichtlich der Einnahmen und Aufwendungen des kommenden Jahres einen so genannten Eckwertebeschluss. Der Eckwertebeschluss setzt den allgemeinen Rahmen, innerhalb dessen dann z. B. Fachausschüsse mit den Fachbereichen konkretere Kontrakte („Kontraktmanagement") schließen.

> Der Eckwertebeschluss ist ein wichtiges Beispiel dafür, wie für die Politik bessere Rahmenbedingungen für eine Konzentration auf strategische Fragen geschaffen werden können und was mit top-down-Perspektive gemeint ist: Ziele müssen am Anfang gesetzt werden, Politik muss von oben gemacht werden. Genau das will der Eckwertebeschluss. Politik darf nicht von unten präjudiziert werden. (Bals 2004, S. 49)

Bei dem Eckwertebeschluss handelt es sich folglich um eine Art Grobentwurf der Ressourcenverteilung, der jedem Fachbereich ein Budget, d. h. ein Teilhaushalt zuweist.

An dieser Vorgabe kann nun die finanzielle Planung der einzelnen Teilhaushalte der Fachbereiche anknüpfen, indem innerhalb dieses Budgets je Fachbereich spezifische Strukturierungen und weitergehende Aufteilungen vorgenommen werden können. Diese weitere Aufteilung erfolgt im Sinne der „bottom-up"-Logik. Die Teil-Budget-Verantwortlichen erstellen sodann für ihr Teil-Budget einen Plan, wie die Mittel verwendet werden sollen. Griffig formuliert, lässt sich zusammenfassend sagen (Bals 2004, S. 41):

- Die Weichenstellung erfolgt von oben nach unten (top down)
- Die Detailplanungen erfolgen von unten nach oben (bottom up)
- Insgesamt gilt demnach das Gegenstromverfahren (vgl. Abb. 10.9)

10.3.3 Entscheidung im Managementprozess

10.3.3.1 Begriff und Verständnis

Der Planungsprozess schließt im eigentlichen Sinne mit der Entscheidung für konkret umzusetzende Alternativen ab. In dieser Sichtweise lässt sich der Terminus „Entscheidung" definieren als die Auswahl von Handlungsalternativen, die einem Entscheidungsträger zur Zielerreichung zur Verfügung stehen. Den vorangegangenen Überlegungen zur Planung kommt damit im Hinblick auf die Entscheidung ein instrumenteller Charakter zu, indem die Planung die Entscheidung vorbereitet bzw. die Qualität der Entscheidung verbessern soll.

Abb. 10.9 Haushaltsaufstellung im Gegenstromverfahren. (Quelle: verändert nach Bals 2004, S. 42)

Budgetierungsprozess
Vorgabe von Ressourcenbudgets für die Fachbereiche

top down  *Gegenstromverfahren*  bottom up

Produktplanung und Kalkulation des Mittelbedarfs
Planungsprozess in den Organisationseinheiten

Arten von Entscheidungssituationen		
Entscheidungen unter Sicherheit	Entscheidungen unter Unsicherheit	
	Entscheidungen unter Risiko	Entscheidungen unter Ungewissheit

Abb. 10.10   Arten von Entscheidungssituationen

In Fortsetzung zu den Ausführungen zur Planung läuft die Funktion der Entscheidung im Falle des öffentlichen Sektors darauf hinaus, dass der kommunale Haushaltsplan in der Haushaltssatzung festgesetzt wird und damit Verbindlichkeit erhält. Als Entscheidungsträger fungiert in diesem Falle der Rat der Gemeinde, der diese Entscheidung als Pflichtaufgabe zu treffen hat.

10.3.3.2   Arten von Entscheidungssituationen

In der Betriebswirtschaftslehre ist es üblich Entscheidungen nach dem Grad an Vorhersehbarkeit des Ergebnisses bzw. der Auswirkungen zu unterscheiden. Ein Entscheidungsträger muss gewöhnlich eine Vielzahl von Informationen berücksichtigen, um sachgerecht entscheiden zu können. Dabei hat er sich mindestens mit den folgenden Fragen auseinander zu setzen (vgl. Abb. 10.10):

- Welche Gegebenheiten beeinflussen die Entscheidung überhaupt?
- Auf welche dieser Gegebenheiten kann mit welcher Intensität Einfluss genommen werden?
- Welche Entwicklungen werden die erkannten Gegebenheiten/Sachverhalte vermutlich nehmen und wirken sich diese auf den Grad der Zielerfüllung aus?

Je nach der konkreten Ausprägung dieser Entscheidungsfragen können verschiedene Arten von Entscheidungssituationen unterschieden werden (Laux 1982):

- Sind alle Informationen über sämtliche für die Entscheidung relevanten Größen gegeben, liegt Sicherheit (Entscheidungen unter Sicherheit) vor, d. h. der Entscheidungsträger verfügt bezogen auf die konkrete Entscheidung über vollständige Information.
- Entscheidungen von einem gewissen Grad an Komplexität können in der Regel nicht auf der Grundlage von vollständiger Information getroffen werden. Insbesondere wirtschaftliche Entscheidungen, was letztlich auch die Festsetzung der Haushaltssatzung darstellt, werden stets getroffen werden, ohne dass vollständige Information vorliegt. Entscheidungen, die unter unvollständiger Information getroffen werden, werden als Entscheidungen unter Unsicherheit bezeichnet.

- Ist der Entscheidungsträger in der Lage gewisse Einschätzungen vorzunehmen, mit welcher Wahrscheinlichkeit bestimmte Gegebenheiten vermutlich eintreten werden, dann erfolgt die Entscheidung unter Risiko. Der Entscheidungsträger weiß in diesem Fall also nicht mit Sicherheit, welche Entwicklungen eintreten werden, jedoch kann er einschätzen, dass der Eintritt bestimmter Entwicklungen wahrscheinlicher ist als andere.
- Kann der Entscheidungsträger auch keine Wahrscheinlichkeiten für den Eintritt von bestimmten Entwicklungen oder Situationen angeben, dann erfolgt die Entscheidung unter Ungewissheit.

Innerhalb der betriebswirtschaftlichen Entscheidungstheorie existieren eine Reihe von Verfahren, die darauf abzielen die verschiedenen Arten von Entscheidungssituation einer mathematischen Lösung zuzuführen. Auf diese sei im Rahmen dieser Einführung hingewiesen (z. B. Laux 1982; Schildbach 1999).

Es lassen sich Zusammenhänge zwischen den verschiedenen Arten von Entscheidungssituationen und den Arten von Plänen erkennen. Regelmäßig wird davon auszugehen sein, dass – wenn überhaupt – Entscheidungen unter Sicherheit getroffen werden können, es sich tendenziell um kurzfristige Entscheidungen handelt. Je weiter die Planung in der Zukunft liegt, desto unsicherer sind die Entwicklungen naturgemäß vorhersehbar. In diesem Sinne ist strategische Planung unsicherer als taktische oder gar operative Planung. Erkennbar wird an dieser Stelle ein Konflikt, der darin besteht, dass kurzfristige Entscheidungen ggf. unter Sicherheit oder zumindest doch mit gut abgesicherten Wahrscheinlichkeiten getroffen werden können, jedoch die verbleibende Reaktionszeit definitionsgemäß kurz ist. Entsprechend umgekehrt verhält es sich im Falle der strategischen Planung, wenn die verbleibende Reaktionszeit zwar noch lang ist, jedoch keine oder nur vage Einschätzungen über die kommenden Entwicklungen vorliegen. Die oben beschriebene rollierende Planung kann als ein Ansatz interpretiert werden, dieses Dilemma ein Stückweit abzumildern.

10.3.3.3   Nutzwertanalyse

Mit der Nutzwertanalyse soll ein in der Praxis verbreitetes Instrument der Entscheidungsunterstützung in Grundzügen vorgestellt werden. Die Nutzwertanalyse eignet sich insbesondere für solche Entscheidungsfragen, deren Determinanten sich einer vollständigen quantitativen Erfassung entziehen. Zu denken sei hier etwa an Personalentscheidungen, wenn es darum geht, zwischen mehreren prinzipiell geeigneten Bewerbern den „richtigen" auszuwählen: Die Bewerber A, B, D, E mögen alle vier für die Stellenbesetzung in Fragen kommen. Jeder von ihnen weist jedoch gegenüber den anderen spezifische Vor- oder Nachteile auf. So könnte A über die qualifizierteste Berufserfahrung verfügen, C die besten Zeugnisse aufweisen etc.

In einem ersten Schritt geht es darum, die möglichen Entscheidungsalternativen wenn möglich zu reduzieren, in dem bestimmte Ausschlusskriterien („K.O.-Kriterien") formuliert werden. So könnten die Bewerber C und D aus dem weiteren Entscheidungsprozess herausfallen, da sie das Kriterium „erste Führungserfahrungen im Umfang von mindes-

Tab. 10.2 Nutzwerttabelle

		Bewerber A		Bewerber B	
Kriterium	Gewicht %	Ausprägung	Teilnutzwert	Ausprägung	Teilnutzwert
Qualität der Berufserfahrung	*50*	*4*	*200*	*3*	*150*
Zeugnisnoten	*20*	*3*	*60*	*2*	*40*
Soziale Kompetenz	*30*	*2*	*60*	*3*	*90*
	100		*320*		*280*

tens drei Jahren" nicht erfüllen. Im Weiteren gilt es, die Entscheidungskriterien zu formulieren und zu gewichten. Im Ergebnis stellt sich die Übersicht aus Tab. 10.2 ein.

Als Entscheidungskriterien werden festgelegt: Die Qualität der Berufserfahrung, die Zeugnisnoten und soziale Kompetenz. Auf diese Kriterien gilt es seitens des Entscheidungsträgers seine Präferenzen (100 %) zu verteilen. Im Beispiel wurde entschieden, dass die Qualität der Berufserfahrung (50 %) so bedeutsam für die Entscheidung ist, wie die beiden übrigen Kriterien zusammen.

In einem nächsten Schritt werden die Entscheidungsalternativen darauf geprüft, in welcher Weise sie den formulierten Kriterien entsprechen. Für eine praktikable Handhabung empfiehlt sich häufig eine Skalierung von 0 bis 5, wobei 0 für keine Ausprägung des Kriteriums, 1 für eine sehr geringe und 5 für eine sehr hohe Ausprägung des Kriteriums steht. In dem Beispiel erfüllt Bewerber A das Kriterium „Qualität der Berufserfahrung" in hohem Maße und erhält daher die Ausprägung 4 zugeordnet. Als Teilnutzwert des Kriteriums „Qualität der Berufserfahrung" folgt für Bewerber A daraus der Wert 200 (50 × 4). Die Summe aller Teilnutzwerte ergibt den Gesamtnutzwert. Im Falle des Bewerbers A den Wert von 320.

Die Nutzwertanalyse ist an dieser Stelle beendet und weist als Entscheidungsvorschlag die Alternative mit dem höchsten Gesamtnutzwert – hier Bewerber A – aus. In der Regel empfiehlt es sich zur Absicherung des Ergebnisses von der besten Alternative einen Mindestabstand zur nächstbesten zu verlangen. Dies kann z. B. in der Form erfolgen, dass die Alternative A mindestens 20 % mehr Gesamtnutzwert aufweisen muss als Alternative B (Eindeutigkeit). Ferner sollte als weitere Absicherung ein bestimmtes Mindestniveau festgelegt werden, in dem auch die beste Alternative in jedem Fall beispielsweise 85 % des insgesamt möglichen Nutzens aufweisen muss. Diese Schranke wirkt präventiv vor der in der Entscheidungspraxis durchaus relevanten Gefahr, lediglich aus mehreren „schlechten" Alternativen die „Beste" zu wählen.

10.3.4 Kontrolle im Managementprozess

10.3.4.1 Begriff und Verständnis

Die Managementfunktion „Kontrolle" rundet den Managementkreislauf ab. Im Wesentlichen besteht die Aufgabe der Kontrolle darin, die realisierten Ergebnisse mit den vormals geplanten Ergebnissen zu vergleichen und daraus auf den Zielerfüllungsgrad zu schließen.

Über die Frage, inwiefern die angestrebten Ziele erreicht wurden, liefert Kontrolle Information über die Effizienz des Handelns (vgl. Thommen und Achleitner 2006, S. 892 ff.). Definitionsgemäß steht die Kontrolle am Ende des Managementkreislaufes, der daraufhin wieder in einen neuen Zyklus der Zielformulierung mündet. Hier dienen die Kontrolle bzw. die Ergebnisse der Kontrolle somit als Informationsgrundlage für die Planungsaktivitäten des neuen Zyklus, indem Abweichungen zwischen Planungs-Soll und Kontroll-Ist analysiert werden und die Erkenntnisse in die neue Planung einfließen.

Innerhalb der Betriebswirtschaftslehre wird der Begriff der Kontrolle oftmals unterschieden von verwandten Termini wie Prüfung, Revision, Überwachung oder auch „governance". Im Rahmen dieser Einführung ist es nicht notwendig auf diese Unterteilung einzugehen, so dass hier ausschließlich der Begriff der Kontrolle Verwendung findet.

Allgemein betrachtet, geht es bei Kontrolle um die Gegenüberstellung von mindestens zwei Daten. Im einfachsten Fall erfolgt eine Soll-Ist-Betrachtung, erweitert als Vergleich und Analyse der ggf. festgestellten Abweichungen bzw. deren Ursachen sowie im weitesten Sinne noch zusätzlich um den korrigierenden Eingriff nach Abweichungsfeststellung und -analyse (Mag 1999, S. 55 ff.). Wie im Abschn. 10.4 noch anzusprechen ist, wird Kontrolle in der letztgenannten Variante nahezu deckungsgleich mit dem so genannten „Controlling".

10.3.4.2   Kontrollarten

Aufgrund der Verschiedenartigkeit der Erscheinungsarten von Kontrolle erscheint es ratsam, den Terminus zu klassifizieren (Mag 1999, S. 56 f.; vgl. Abb. 10.11):

1. Prämissenkontrolle: Es gilt während der Planverwirklichung zu prüfen, ob bzw. inwiefern die in der Planung angenommenen Entwicklungen und Annahmen (finanzielle Entwicklungen, Marktstrukturen, Bevölkerungs(struktur)prognosen etc.) noch der sich zwischenzeitlich offenbarten Wirklichkeit entsprechen. Lassen sich bereits hier signifikante Abweichungen feststellen, so werden Abweichungen im finalen Soll-Ist-Ver-

Abb. 10.11 Vergleichsgrößen der Kontrolle. (Quelle: leicht verändert nach Mag 1999, S. 57)

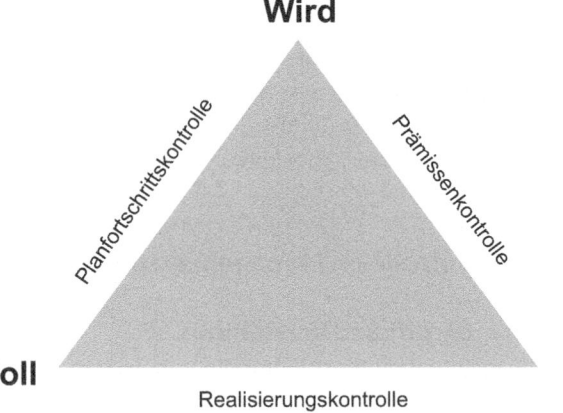

gleich leicht erklärbar. Das hauptsächliche Anliegen der Prämissenkontrolle lässt sich darin erkennen, dass falsche Pläne rechtzeitig verworfen werden können und der Weg dafür frei wird, die nachfolgenden Planungen zu optimieren.

2. Planfortschrittskontrolle: Können Pläne im Sinne von „Meilensteinen" in Teilpläne untergliedert werden, dann ermöglicht die Planfortschrittskontrolle die Begleitung der schrittweisen Planverwirklichung. Gerade bei komplexeren, langfristigen Projekten kommt dieser Kontrollart eine – im wahrsten Wortsinne – wegweisende Rolle zu, wenn es darum geht, ansonsten ggf. lange unerkannt gebliebene temporäre und/oder inhaltliche Planabweichungen aufzudecken.

3. Realisierungskontrolle: Eine konkrete Soll-Größe aus der Planungsphase wird hier der entsprechend realisierten Ist-Größe gegenübergestellt. Das heißt Soll-Mengen, Soll-Zeiten, Soll-Qualitäten etc. werden mit den jeweils tatsächlichen Werten im Rahmen einer Soll-Ist-Betrachtung abgeglichen.

10.3.4.3 Kontrollsubjekte und -objekte

Mit Hilfe von spezifischen Kontrollinstrumenten können Kontrollsubjekte an Kontrollobjekten entsprechende Kontrollhandlungen durchführen (vgl. Abb. 10.12).

Die abstrakt klingenden Begriffe Kontrollsubjekt und Kontrollobjekt signalisieren, dass beide Termini keineswegs zwingend auf Individuen abzielen müssen. Im konkreten Fall ist es auch denkbar, dass Kontrollsubjekt und -objekt ein und dieselbe Person oder Institution darstellen, wenn es sich beispielsweise bei der Kontrollhandlung um eine Form der Selbstkontrolle handelt. Im Weiteren wird jedoch davon ausgegangen, dass Kontrollsubjekt und Kontrollobjekt nicht identisch sind, so dass Fremdkontrolle vorliegt.

Als Kontrollsubjekte kommen sowohl Einzelpersonen (Singulare Kontrollträger, i. d. R der Vorgesetzte) als auch Personen-Mehrheiten (Plurale Kontrollträger, z. B. Kontroll- oder Prüfungskommissionen) bzw. auch organisatorische Einrichtungen in Form von Kontrollabteilungen, wie etwa eine interne Revisionsabteilung in Frage. Im öffentlichen Sektor finden sich z. B. eigens eingerichtete Kontrollbehörden mit der Aufgabe der Rechnungsprüfung, die bezogen auf finanzielle Aspekte die Rolle des Kontrollsubjektes ausfüllen. Gegenstand von Kontrolle, d. h. Kontrollsubjekt kann alles werden, was auch

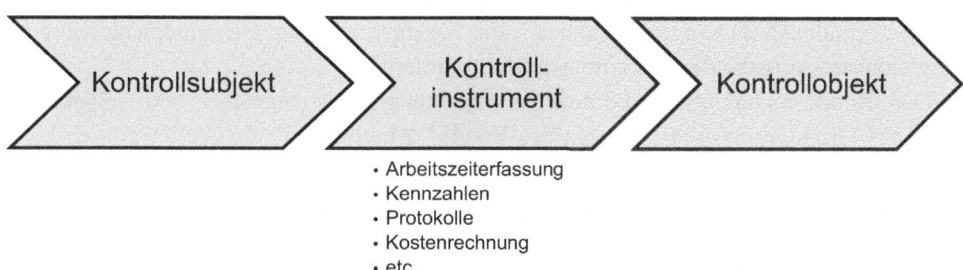

Abb. 10.12 Kontrollsubjekt, -instrument, -objekt

Gegenstand von Planung sein kann (Mag 1999, S. 60). Folgende Unterscheidungen sind denkbar:

- nach Faktoren, z. B.: Personal-, Anlagen- und Materialkontrollen
- nach Funktionen, z. B.: Beschaffungs-, Produktions- und Absatzkontrollen
- nach Phasen im Planungsprozess: Ziel-, Maßnahmen- und Ressourcenkontrollen

> Der Haushalt beschreibt einen Rahmen für das Verwaltungshandeln der Kommune. Neben dem Stadt- bzw. Gemeinderat hat auch die Öffentlichkeit die Möglichkeit, anhand des Haushaltes zu prüfen, inwieweit die Vorgaben des Haushalts sich mit der tatsächlichen Haushaltsführung decken. Durch die Aufnahme von Zielen und Kennzahlen in den kommunalen Haushalt soll zukünftig die Möglichkeit der Kontrolle noch weiter ausgebaut werden. Diese wird zusätzlich durch ein unterjähriges Berichtswesen gestärkt, indem sich neben rein finanziellen Abweichungen auch Verzögerungen im Vollzug von vorgesehenen Maßnahmen feststellen ließen. Schließlich wird nach Ende eines Haushaltsjahres ein Jahresabschluss erstellt, der die Grundlage für eine örtliche und überörtliche Rechnungsprüfung bildet. (Rubel 2007, S. 181 f.)

10.3.4.4 Aspekte der Kontrolle im öffentlichen Sektor

Im grundsätzlichen Sinne unterscheidet sich die Kontrollfunktion im öffentlichen Sektor nicht von der in der Privatwirtschaft, so dass auf die allgemeinen Ausführungen oben hingewiesen werden kann. Insbesondere für die Aufgabe des Vorgesetzten, die Handlungen und/oder Ergebnisse der operativen Arbeit zu kontrollieren, sind zwischen öffentlichem und privatem Sektor keine signifikanten Unterschiede erkennbar. In beiden Bereichen ist operative Kontrolle der unterstellten Mitarbeiter eine konstitutive Führungsfunktion. Besonderheiten können für den öffentlichen Sektor aber hinsichtlich der Kontrollsubjekte identifiziert werden.

Im Kapitel zur Planungsfunktion ist herausgearbeitet worden, dass sich Planung im öffentlichen Sektor regelmäßig stark auf die Planung der Haushalte konzentriert, d. h. im Kern auf finanzielle Aspekte ausgerichtet ist. Dieser Schwerpunktlegung entspricht daher weitgehend auch die funktionale Ausrichtung der Kontrolle.

Sowohl im Bereich der staatlichen Verwaltung, d. h. der Verwaltung des Bundes und der Bundesländer als auch auf kommunaler Ebene existieren eigens eingerichtete Kontrollbehörden. Für die staatliche Verwaltung nehmen der Bundesrechnungshof bzw. die Landesrechnungshöfe Kontrollaufgaben wahr. Für die Städte und Gemeinden obliegt eine vergleichbare Aufgabe den Rechnungsprüfungsämtern.

Der Bundesrechnungshof kontrolliert unabhängig, weisungsfrei und selbständig (Art. 114 Grundgesetz) die Finanzen des Bundes. Analoges gilt für die jeweiligen Landesrechnungshöfe. Beide Institutionen stellen für ihre internen Angelegenheiten oberste Behörden (oberste Bundes- bzw. Landesbehörden) dar. Für die Mitglieder gilt eine richterliche Unabhängigkeit, so dass diese ihre Kontrollaufgabe – die Prüfung/Kontrolle der Haushalts- und Wirtschaftsführung der jeweiligen Verwaltungen – formal unbeeinflusst ausüben können.

Kreisfreie Städte sowie große und mittlere kreisangehörige Städte haben z. B. nach § 102 GO/NRW ein Rechnungsprüfungsamt einzurichten. Die übrigen Gemeinden können dieses bei Bedarf und wirtschaftlicher Angemessenheit tun. Die operative Prüfungsarbeit erfolgt durch den Rechnungsprüfungsausschuss. Dabei handelt es sich um einen eigens für diese Kontrollaufgabe eingerichteten Ausschuss des Stadtrates (z. B. § 57, Abs. 2 GO/ NRW). Im Einzelnen prüft der Rechnungsprüfungsausschuss die Rechnungen mit allen Unterlagen daraufhin, ob (§ 101, Abs. 1 GO/NRW):

1. der Haushaltsplan eingehalten worden ist,
2. die einzelnen Rechnungsbeträge sachlich und rechnerisch vorschriftsmäßig begründet und belegt sind,
3. bei den Einnahmen und Ausgaben nach den geltenden Vorschriften verfahren worden ist,
4. die Vorschriften über Verwaltung und Nachweis des Vermögens und der Schulden eingehalten worden sind.

Auf kommunaler Ebene tritt als Besonderheit die Kontrolle durch Mittelbehörden (Bezirksregierungen) hinzu, denen die so genannte Kommunalaufsicht obliegt. Als Rechtsaufsicht kontrolliert die Kommunalaufsicht, ob sich die Gemeinden – unter Beachtung ihres Selbstverwaltungsrechtes – an Recht und Gesetz halten.

Ein grundlegendes Kontrollrecht ist in den Gemeinden darüber hinaus dem Rat der Stadt zugebilligt (z. B. § 55 GO/NRW). Danach ist der Rat durch den Bürgermeister über alle wichtigen Angelegenheiten der Gemeindeverwaltung zu unterrichten. Des Weiteren können Bezirksvorsteher und Ausschussvorsitzende vom Bürgermeister jederzeit Auskunft und Akteneinsicht über Angelegenheiten verlangen, die zum Aufgabenbereich ihrer Bezirksvertretung bzw. ihres Ausschusses gehören. In diesem Zusammenhang haben sie das Recht auf Akteneinsicht nach Maßgabe der Hauptsatzung.

Ferner überwacht der Rat auch die Durchführung seiner Beschlüsse und der Beschlüsse der Bezirksvertretungen und Ausschüsse sowie den Ablauf der Verwaltungsangelegenheiten. Zu diesem Zweck kann er vom Bürgermeister Einsicht in die Akten durch einen von ihm bestimmten Ausschuss oder einzelne von ihm beauftragte Mitglieder verlangen.

Diese letztgenannte Erscheinungsform der Kontrolle öffentlicher Aufgabenwahrnehmung kann im weiteren Sinne auch als „politische" Kontrolle durch gewählte Abgeordnete bezeichnet werden. Formen der in diesem Sinne politischen Kontrolle lassen sich auf Bundes- und Landesebene in echten Parlamenten durch die Abgeordneten z. B. in Form von speziell einzurichtenden Untersuchungsausschüssen, im Rahmen einer parlamentarischen „Aktuellen Stunde" oder durch das Fragerecht von Abgeordneten gegenüber der Regierung identifizieren.

Der öffentliche Sektor bedient sich insbesondere bei wirtschaftlichen Betätigungsfeldern auch privatrechtlichen Unternehmensformen, speziell der GmbH und der Aktiengesellschaft. Die diesen Rechtsformen zugehörigen Kontrollinstanzen (insbes. Aufsichtsrat) nehmen ihre Funktionen selbstverständlich auch für den Fall wahr, dass es sich um staatliche oder kommunale Unternehmen handelt. Als eher informelle Besonderheit ist gleichwohl darauf hinzuweisen, dass Positionen in Aufsichtsgremien hier häufig nach parteipolitischen Proportionen und Überlegungen oder auch als „Versorgungsposten" vergeben werden. Dieser Umstand muss nicht zwangsläufig zu einem suboptimalen Kontrollverhalten führen. Eine entsprechende Wahrscheinlichkeit dafür erscheint aber aufgrund von parteipolitischen Erwägungen und/oder fachlichen Defiziten nicht von der Hand zu weisen.

10.4   Planung und Kontrolle: Controlling

▶ Controlling (engl.: to control, d. h. steuern) umfasst in einem allgemein akzeptierten Begriffsverständnis mehr als die reine Kontrolle. Controlling beinhaltet zusätzlich auch eine Analyse der Abweichungen mit dem Ziel, Größen, die die Zielerreichung gefährden oder stören möglichst frühzeitig zu identifizieren und so dem Management ein gezieltes und zeitnahes Gegensteuern zu ermöglichen. Controlling wird heute als ein die Führungskraft unterstützendes Steuerungskonzept angesehen.

Mit der Controllingfunktion rücken die beiden Funktionen Planung und Kontrolle gewissermaßen enger zusammen (vgl. Abb. 10.13). Organisatorisch ist Controlling dabei gewöhnlich als so genannte Stabstelle verankert, d. h. eine Stelle, die einer Führungskraft beratend und unterstützend zugeordnet ist, ohne dabei ihrerseits anderen Stellen oder gar der Führungskraft gegenüber weisungsberechtigt zu sein. Steuerungsunterstützend wird die Controlling-Stelle etwa dann, wenn sie der Führungskraft Informationen darüber bereitstellt, ob bzw. inwiefern z. B. ein Organisationsbereich auf dem Wege ist seine Budgetvorgabe (Planung) einzuhalten oder zu überschreiten (Kontrolle). In dieser Hinsicht füllt Controlling gewissermaßen die Lücken zwischen Planung-Durchführung-Kontrolle. Mit Hilfe von Controlling soll so gesehen einerseits eine Abweichungsanalyse ermöglicht werden („Feed-back"-Perspektive). Andererseits soll Controlling auch eine „Feed-forward-Funktion einnehmen, indem durch die Informationen des Controlling entsprechende Korrekturen für die Zukunft ermöglicht werden sollen.

Abb. 10.13 Controlling als Verbindung von Planung und Kontrolle

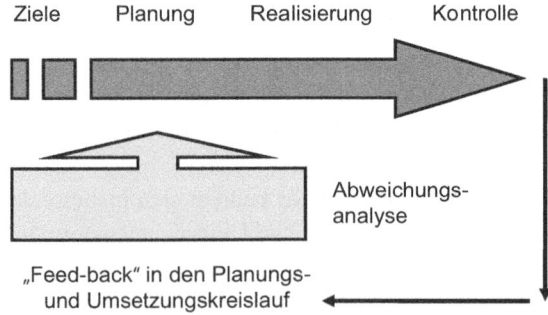

Indem das Controlling neben der rückwärtsgerichteten Kontrollsichtweise auch eine in die Zukunft gerichtete Steuerungsperspektive beinhaltet, lassen sich dem Controlling entsprechend spezifische Funktionen zuweisen, die je nachdem, ob das Controlling eher strategisch oder operativ ausgerichtet ist, eine unterschiedliche Ausrichtung aufweisen:

- Steuerungsfunktion: Controlling bzw. die Instrumente des Controllings tragen dazu bei, dass die Organisation oder das Management in der Lage ist, sich möglichst zeitnah und angemessen auf veränderte Rahmenbedingungen einzustellen.
- Koordinierungsfunktion: In stark arbeitsteilig tätigen Organisationen ist es erforderlich, dass die spezialisierten Teilbereiche letztlich im Wesentlichen gleichgerichtet vorgehen und dass die einzelnen Teilbereiche wieder zu einem funktionsfähigen Ganzen integriert werden. Controlling kann hierzu einen wichtigen Beitrag leisten, da im Controlling regelmäßig die Informationen aus allen Bereichen zusammenlaufen.
- Informationsfunktion: Damit das Management angesichts sich abzeichnender Entwicklungen in der Lage ist geeignete Vorkehrungen oder Entscheidungen zu treffen, muss eine entsprechende Datenlage zur Verfügung stehen. Das Controlling stellt diese Daten zur Verfügung und deckt insofern den Informationsbedarf des Managements.

Um diese Funktionen erfüllen zu können, kann Controlling auf verschiedene Instrumente zurückgreifen. Tabelle 10.3 bietet einen exemplarischen Überblick. Deutlich wird, dass Controlling grundsätzlich sowohl kurz- bis mittelfristig (operativ) als auch mittel- bis langfristig (strategisch) ausgerichtet sein kann. Es folgt somit den im Abschnitt „Planung" gesetzten Zeithorizonten.

- Das operative Controlling greift dabei ganz überwiegend auf Informationen des Rechnungswesens, insbesondere der Kosten- und Leistungsrechnung zurück. Für den öffentlichen Sektor setzt dieses eine Anwendung der kaufmännischen Buchführung voraus. Mit der Verwendung entsprechend zeitnaher Daten eignet es sich zur relativ direkten Steuerung, etwa im Rahmen von Soll-Ist-Vergleichen oder der Budgetkontrolle.
- Das strategische Controlling befasst sich mit der langfristigen Steuerung und kann daher nur auf vergleichsweise vage Einschätzungen, Prognosen und Informationen zurückgreifen. Die Einschätzungen zu Chancen und Risiken von möglichen Umfeldentwicklungen basieren damit – wenn auch zum Teil mit hohem methodischen Aufwand durchgeführt – letztlich auf Plausibilitätsüberlegungen mit entsprechendem Unsicherheitspotential.

Tab. 10.3 Strategische und operative Controlling-Instrumente – Beispiele

Strategische Instrumente, insbes	Operative Instrumente, insbes
Stärken-Schwächen-Analyse („SWOT")	Kennzahlensysteme
Szenario-Technik	Erfolgsrechnung
Portfolio-Technik	Beurteilungen von Qualitätsstandards
Umfeld-Analysen	Bestandsrechnungen

Wie zu Recht angemerkt wird, entziehen sich die meisten gemeinwohlorientierten Ziele des öffentlichen Sektors einer quantitativen Erfassung, was entsprechend problematische Konsequenzen für die Kontrolle mit sich bringt (Brede 2005, S. 184 f.). So läuft diese Schwierigkeit letztlich auf das bislang nicht gelöste Problem einer objektiven Wirksamkeitskontrolle politischer Ziele hinaus. Gerade im strategischen Bereich laufen die Controlling- oder Kontrollbemühungen – unabhängig davon, ob entsprechende Instrumente eingesetzt werden – daher vielfach ins Leere. Langfristige Ziele als Kernthema des strategischen Controllings können sich im öffentlichen Sektor durch veränderte politische Mehrheiten und wechselnde Prioritäten unverhofft ändern und dadurch ehemals prägende Planungsgrößen und -annahmen irrelevant werden. Kontroll- und Controllingschwerpunkte der Praxis des öffentlichen Sektors liegen daher bislang unverkennbar im operativen Bereich.

10.5   Qualitätsmanagement

Der weitaus überwiegende Teil der Organisationen des öffentlichen Sektors bewegt sich nicht in einem vom i. e. S. Wettbewerb getragenen Tätigkeitsumfeld. Dieses hat zur Folge, dass Marktmechanismen regelmäßig nicht dazu beitragen können, dass z. B. Preise beweglich bleiben oder aus Qualitätsmängeln und Unzufriedenheit der Abnehmer Nachfrageverluste resultieren. So genannte ‚Kunden‘ können im Regelfall nicht entscheiden, ob sie eine öffentliche Leistung in Anspruch nehmen wollen bzw. können den lokalen Anbieter der Leistung, z. B. eine Volkshochschule, nicht wechseln. In manchen Fällen besteht gar ein (gesetzlicher) Zwang zur Nachfrage nach öffentlichen Leistungen.

Moderne Organisationsphilosophien für den öffentlichen Sektor gehen ungeachtet fehlender echter ökonomischer Zwänge, dennoch von einer mindestens informellen Verpflichtung zur Kunden- bzw. Bürgerorientierung aus. In diesem Kontext ist das Qualitätsmanagement im öffentlichen Sektor zu verorten, wenn es darum geht, trotz der überwiegenden Monopolsituation, berechtigten Erwartungen von Kunden/Bürgern an die Qualität von durch öffentliche Organisationen bereitgestellte oder angebotene Güter (Dienstleistungen) gerecht zu werden.

10.5.1   Qualitätsbegriff und -verständnis im öffentlichen Sektor

Sprachhistorisch lässt sich der Begriff ‚Qualität‘ von dem lateinischen qualitas ableiten, was soviel wie Eigenschafft oder Beschaffenheit heißt. Der fachliche Kontext erklärt den Terminus beispielsweise als „… der Grad, in dem ein Satz inhärenter Merkmale Anforderungen erfüllt“ (Ebel 2003, S. 31). Qualität bezeichnet damit die realisierte Beschaffenheit einer Einheit bezüglich der Qualitätsanforderungen (ebenda). Die (Qualitäts-) Anforderungen können nach der DIN EN ISO 9000:2000 sowohl auf (z. B. gesetzlich) festgelegte als auch (z. B. von Kunden) vorausgesetzte Erfordernisse oder Erwartungen bezogen sein.

Umgangssprachlich wird der Qualitätsbegriff zumeist positiv verwendet, in dem etwa ein
‚Qualitäts-Produkt' inhaltlich stets für ein als positiv bewertetes Produkt steht.

Die Güte bzw. Qualität von Gütern und Dienstleistungen lässt sich in einen objek-
tiv messbaren und nur subjektiv bewertbaren Anteil differenzieren. Einer objektiven Erfassung zugänglich ist die Güte eines Produktes üblicherweise dann, wenn eine zuvor
definierte Norm erfüllt bzw. davon abgewichen wird. Aus der Sicht der öffentlichen Organisation erfüllt z. B. ein Verwaltungsbescheid dann eine Qualitätsanforderung, wenn er
rechtskonform erstellt wurde. Das kundenbezogene subjektive Qualitätsempfinden hängt
hingegen stark von den Einstellungen, Vorerfahrungen und Erwartungen der Kunden ab.
So könnte ein Bescheid für den Bürger als Kunden einer Verwaltung dann qualitativ gut
bewertet werden, wenn der Inhalt verständlich formuliert und inhaltlich nachvollziehbar
ist. „Gute Qualität zeigt sich gegenüber dem Bürger oder anderen internen und externen
Adressaten der öffentlichen Verwaltung beispielsweise, wenn

- sie für ein Anliegen nur einmal die Behörde aufsuchen müssen,
- Warte- und Bearbeitungszeiten angemessen sind,
- die Mitarbeiter höflich, freundlich und fachlich kompetent sind,
- sie individuell informiert und beraten werden,
- die Mitarbeiter leistungswillig sind,
- sich Form und Sprache am Empfänger orientieren,
- sie sich auf die Rechtmäßigkeit von Entscheidungen verlassen können,
- sie sich ernst genommen fühlen,
- sie sich bei einer unabhängigen Stelle beschweren können,
- auf ihre individuellen Bedürfnisse eingegangen wird,
- Leistungsversprechen eingehalten werden."

(Gourmelon et al. 2011, S. 348 und die dortige Literatur).

10.5.2 Dimensionen von Qualität

Der Qualitätsbegriff kann anhand von drei Facetten differenzierter betrachtet werden.
Verbreitet wird dazu auf das Modell von Donabedian (1980) zurückgegriffen, wonach
zwischen Struktur-, Prozess- und Ergebnisqualität unterschieden wird (vgl. auch Mroß
2014, S. 96):

- Die Frage nach der Struktur- oder Potentialqualität rückt die Rahmenbedingungen in
  den Mittpunkt. Die Qualität von einzelnen Arbeitsschritten und die Ergebnisse sind
  von der Güte und Beschaffenheit der Arbeitsmaterialien (Sachmittelausstattung), dem
  quantitativen und qualitativen Niveau an Personal (Personalstruktur, Personalschlüssel,
  Qualifikationsniveau) genauso abhängig, wie von der Größe und der Budgethöhe der
  Dienstleistungseinheit.

- Die Frage nach der Prozessqualität hingegen rückt die Art und Weise der Leistungser-stellung in den Fokus. Hier kommen Bestimmungsgrößen wie, Schnelligkeit, Verfüg-barkeit, Flexibilität etc. zum Tragen.
- Die Ergebnisqualität betrachtet schließlich die finalen Eigenschaften des Produktes. Die Ergebnisqualität wirft die Frage nach der Angemessenheit von Aufwand und Nut-zen einer Maßnahme auf und fragt in letzter Konsequenz auch nach einem nachweis-baren Nutzen oder der Wirkung. Für den öffentlichen Sektor sind hier etwa Größen wie Rechtmäßigkeit, Verhältnismäßigkeit oder die Anzahl von Widersprüchen von Belang.

10.5.3   Das Qualitätsmanagement-System „Common Assessment Framework (CAF)

Die oben beschriebenen Qualitätsdimensionen stehen im organisatorischen Kontext zu-nächst einmal als neutrale Größen, unabhängig davon, ob sich die konkrete Organisation mit der Qualitätsthematik befasst. Mit Hilfe von Qualitätsmanagement-Systemen wird in-dessen versucht, auf systematischem (d. h. vorher festgelegtem) Wege die Realisierungen dieser Dimensionen positiv zu beeinflussen.

Durch ein so genanntes Total Quality Management (TQM) werden alle Bereiche, Pro-zesse, Ergebnisse etc. einer Organisation einem systematischen Qualitätsdenken unter-worfen. Die betriebliche Praxis kennt dabei unterschiedliche Systeme, wovon insbesonde-re das Qualitätsmanagement nach der Normenfamilie der ISO 9000ff. bzw. nach DIN EN ISO einen gewissen Bekanntheitsgrad erlangt hat (vgl. Gourmelon et al. 2011). Gemein-sam ist den unterschiedlichen Systemen, dass sie regelmäßig auf der gemeinsamen Grund-logik des PDCA-Zyklus (syn. auch Deming-Zyklus) basieren. Ein Vorgehen nach PDCA (Plan, Do, Check, Act) bedeutet, dass sämtliche Handlungen in Organisationen zunächst sorgfältig geplant werden sollen und die Durchführung sodann einer systematischen, an den Planungszielen ausgerichteten, Prüfung unterzogen werden. Die so gewonnenen Rückmeldungen führen zu Informationen, die schließlich wiederum in eine neue Pla-nungsphase münden etc. Als Kreislaufmodell interpretiert führt ein solches Vorgehen zu einer permanenten Verbesserung der Qualität(-sdimensionen) der gesamten Organisation.

Common Assessment Framework (CAF)
Ein Qualitätsmanagement-System, das diesen Grundüberlegungen folgt und explizit für den öffentlichen Sektor konzipiert wurde, stellt das Common Assessment Framework (CAF) dar. Inhaltlich hervorgegangen ist das CAF im Wesentlichen aus dem Excellence Model der Europäischen Stiftung für Qualitätsmanagement (EFQM: European Foundation for Quality Management). Als TQM-Ansatz ist CAF explizit als ein Modell zur Anwen-dung für bzw. im öffentlichen Sektor konzipiert worden und in seinen Themenbereichen speziell auf die Rahmenbedingungen öffentlicher Verwaltungen zugeschnitten. Das CAF stellt das Resultat einer vergleichsweisen engen Kooperation von für die öffentliche Ver-waltung zuständigen EU-Ministerien dar, das in seiner ersten Fassung im Jahr 2000 vor-gelegt und 2002 modifiziert wurde (vgl. CAF 2006). Eine nochmals überarbeitete Fassung ist schließlich 2006 vorgelegt worden.

Das CAF ist konzipiert als ein Werkzeug der Selbstbewertung. Das heißt, dass die in den unterschiedlichen Themenfeldern durchzuführenden Bewertungen durch die Organisation selbst vorgenommen werden. Eine externe Überprüfung der Bewertung bzw. eine Zertifizierung vollzieht sich im eigentlichen Sinne nicht. Ein Korrektiv durch Außenstehende kann – sofern erwünscht – durch die freiwillige Teilnahme an Prozessen des Benchlearnings herbeigeführt werden. CAF ist in vollem Umfang frei zugänglich und kostenlos verfügbar, z. B. über die Internetseite des Bundesverwaltungsamtes. Dem eigentlichen Selbstverständnis nach verfolgt CAF vier Hauptziele (CAF 2006, S. 5):

1. Es soll die Einrichtungen der öffentlichen Verwaltung mit den Prinzipien des TQM vertraut machen und sie schrittweise, durch praktische Nutzung und das Verstehen der Selbstbewertung, von der Planungs- und Durchführungsphase an den gesamten PDCA-Zyklus (Plan-Do-Check-Act); … heranführen.
2. Es soll die Selbstbewertung von Einrichtungen der öffentlichen Verwaltung erleichtern, um eine Diagnose zu ermöglichen und Verbesserungsmaßnahmen zu erkennen.
3. Es soll als Bindeglied zwischen den verschiedenen in Nutzung befindlichen Qualitätsmanagement-Methoden dienen.
4. Es soll Leistungsvergleiche … zwischen Organisationen des öffentlichen Sektors unterstützen.

Aufbau und Anwendung des CAF
Die oben eingeführten Qualitätsdimensionen prägen auch den Aufbau des CAF. So differenziert das CAF nach den Themengruppen „Befähigern" (Struktur- und Prozessqualität) und „Ergebnissen" (Ergebnisqualität). Den beiden Themengruppen sind wiederum neun einzelne Themenfelder zugeordnet (Abb. 10.14).

Die Befähiger umfassen diejenigen Themenfelder (Führung, Personalmanagement, Strategie/Planung, Partnerschaften/Ressourcen und Prozesse), die eine Organisation als Tätigkeit bzw. als Art und Weise der Tätigkeit in die Lage versetzen, die angestrebten Ergebnisse zu erzielen. Die Gruppe der Ergebnisse hingegen umfasst die Themenfelder mitarbeiterbezogene, kunden- bürgerbezogene, gesellschaftsbezogene Ergebnisse sowie die wichtigsten Leistungsergebnisse der Organisation. Die einzelnen Themenfelder sind zum Teil über Verbindungen miteinander verknüpft und beeinflussen einander. Querverbindungen ergeben sich demnach sowohl innerhalb der beiden Themengruppen als auch zwischen den Themenfeldern aus der Gruppe der Befähiger hinsichtlich der Gruppe der Ergebnisse. Im letztgenannten Fall wird von einer Ursache- (Befähiger) und Wirkungs- (Ergebnisse) Beziehung ausgegangen.

Bewertung von Qualität im CAF
Die Bewertung der Kriterien erfolgt idealerweise in Zyklen und kumulativ, so dass der Betrieb in einen permanenten Verbesserungs- und Lernkreislauf eingebunden wird. Jedem Themenfeld ist eine Definition und eine knappe Skizzierung der Bedeutung des jeweiligen Themenfeldes zugeordnet. So wird etwa im Fall der Führungsqualität herausgestellt, dass die Führungskräfte im öffentlichen Sektor die Schnittstelle zwischen der Organisation und

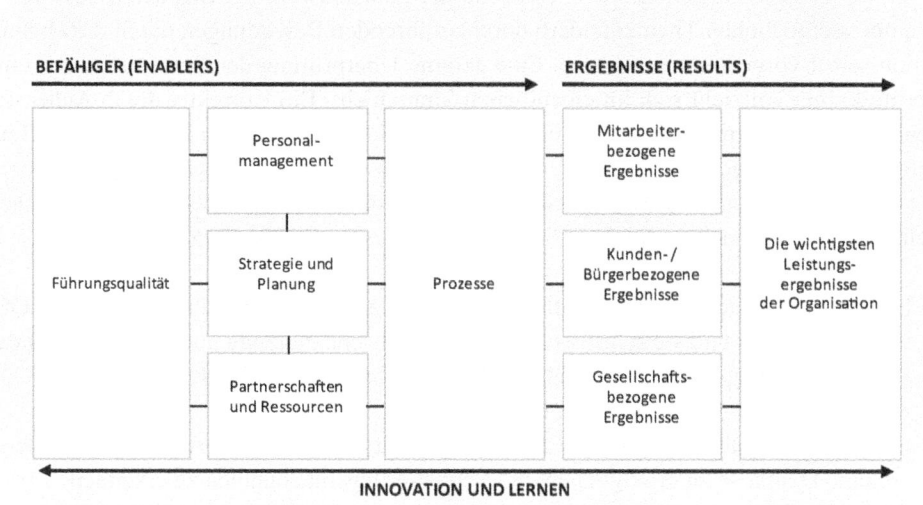

Abb. 10.14 Common Assessment Framework CAF (2006). (Quelle: CAF 2006)

der Politik bilden. Führungskräfte sollen danach die Richtung vorgeben, in welche die Organisation gehen soll, sie erarbeiten die Mission und Vision und bestimmen diejenigen Werthaltungen, die für den langfristigen Erfolg unabdingbar sind. Als Vorbild motivieren und unterstützen sie die Mitarbeiter (CAF 2006, S. 10). Im Weiteren werden den einzelnen Themenfeldern spezifische Kriterien zugeordnet. Anhand derer soll durch Beobachtung, Erfahrung etc. beurteilt werden, ob die Leitung i. S. d. CAF qualitativ hochwertige Führungsarbeit an den Tag legt. Im Falle der „Führungsqualität" werden beispielsweise vier Kriterien vorgegeben:

Was unternimmt die Leitung um

1. der Organisation eine Richtung vorzugeben: Entwicklung und Vermittlung einer Vision, einer Mission und von Werten;
1. ein Managementsystem für die Organisation zu entwickeln und umzusetzen
2. die Beschäftigten der Organisation zu motivieren und zu unterstützen und eine Vorbildfunktion auszuüben;
3. zu Politikern und anderen Interessensgruppen angemessene Beziehungen zu pflegen.

Das CAF ermöglicht eine weitgehend individualisierte Anwendung auf die konkreten Bestimmungsgrößen der einzelnen Organisation. Die einzelnen Themenfelder sowie die jeweils dazu gehörigen Kriterien, wie sie oben exemplarisch für die „Führungsqualität" dargestellt wurden, müssen allerdings zusammen mit dem Bewertungssystem beibehalten werden. Möglichkeiten das CAF auf die spezifischen Gegebenheiten der eigenen Organisation auszurichten bestehen somit darin, die Indikatoren, mit denen die konkreten

PHASE	EINFACHE BEWERTUNGSSSKALA FÜR BEFÄHIGERKRITERIEN	PUNKTE
	Wir sind in diesem Bereich nicht tätig. Wir verfügen über keinerlei oder nur sehr lückenhafte Informationen.	0 - 10
Planen	Wir haben einen Plan mit entsprechenden Aktivitäten.	11 - 30
Durchführen	Wir setzen diese Aktivitäten um.	31 – 50
Überprüfen	Wir überprüfen laufend / nachträglich, ob wir die richtigen Aktivitäten in geeigneter W eise geplant und umgesetzt haben.	51 -70
Weiterentwickeln	Auf der Grundlage unserer laufenden oder nachträglichen Überprüfungen nehmen wir bei Bedarf Anpassungen vor.	71 - 90
PDCA	Alles war wir tun, planen wir zuerst, setzen es um, nehmen regelmäßig Anpassungen vor und lernen von anderen. Alle unsere Aktivitäten unterliegen einem laufenden Verbesserungszyklus.	91 - 100

Abb. 10.15 Einfache Bewertungsskala nach CAF, neue Version – Befähiger. (Quelle: CAF 2006)

Ausprägungen der Kriterien gemessen werden, den Besonderheiten der jeweiligen Organisation anzupassen. Das CAF schlägt zu jedem Themenfeld jedoch eine Reihe von Indikatoren vor, anhand derer die Bewertung der Kriterien erfolgend kann (vgl. Abb. 10.15).

Die von der Organisation selbst durchzuführende Bewertung der Kriterien erfolgt nach dem PDCA-Zyklus. Sowohl für die Kriterien der „Befähiger" als auch für die der „Ergebnisse" gilt eine separate Skala. Die Bewertung kann dabei sowohl „einfach" als auch alternativ mit so genannter „Feinabstimmung" erfolgen. Die Organisation hat danach selbst festzustellen bzw. zu bewerten, in welcher Phase sich das jeweilige Kriterium befindet und dementsprechend eine Punktzahl zu vergeben. Die einzelnen PDCA-Phasen bauen kumulativ aufeinander auf, d. h. z. B. Punkte für die Phase „Durchführen" sollen erst dann vergeben werden, wenn die Phase „Planen" abgeschlossen wurde etc. Die Punktevergabe erfolgt innerhalb von Punktintervallen, innerhalb derer nach eigenem Ermessen und Niveauverständnis die Bewertung erfolgt. Eine strukturell ähnliche Bewertungsskala wird im Bereich der Ergebnisse herangezogen, wobei die Einteilung in die PDCA-Phasen in diesem Falle entfällt.

10.6 Aufgaben zur Reflexion und Vertiefung

Fragen

- Inwiefern lassen sich Managementfunktionen auch als Querschnittfunktionen bezeichnen?
- Unterscheiden und charakterisieren Sie verschiedene Ebenen des Managements.

- Beschreiben Sie inhaltlich den Managementzyklus.
- Verdeutlichen Sie anhand eines eigenen Beispiels den Unterschied zwischen Sach- und Formalzielen.
- Welche Mindestanforderungen lassen sich an die Formulierung eines Plans richten? Können Sie ein eigenes Beispiel entwerfen?
- Nennen Sie sinnvolle Einsatzmöglichkeiten für die rollierende Planung.
- Unterscheiden Sie Arten von Entscheidungssituationen. Können Sie jeweils Beispiele aus dem öffentlichen Sektor nennen?
- Erläutern Sie das grundsätzliche Vorgehen zur Durchführung einer Nutzwertanalyse.
- Finden Sie Beispiele, für die eine Nutzwertanalyse keine(!) sinnvolle Verfahrensweise darstellt.
- Unterscheiden Sie die Prämissen-, Planfortschritts- und Realisierungskontrolle. Welche Probleme sind denkbar, wenn eine oder mehrere dieser Kontrollarten nicht erfolgt?
- Skizzieren Sie die Relevanz von „Kontrolle" im öffentlichen Sektor.
- Verdeutlichen Sie sich die Besonderheit eines Qualitätsmanagements für öffentliche Organisationen anhand der Dimensionen des Qualitätsbegriffs.
- Rekapitulieren Sie Struktur und Logik des „CAF".

Literatur

Bals, H. (2004). *Neues kommunales Finanz- und Produktmanagement*. Heidelberg.

Bernhardt, H., Mutschler, K., & Stockel-Veltmann, Ch. (2005). *Kommunales Finanzmanagement NRW* (3. Aufl.). Witten.

Brede, H. (2005). *Grundzüge der Öffentlichen Betriebswirtschaftslehre* (2. Aufl.). München.

CAF. (2006). Common Assessment Framework CAF. Verbesserung der Organisation durch interne Qualitätsbewertung, Broschüre des Bundesverwaltungsamtes. Köln 2006.

Donabedian, A. (1980). *The definition of quality and approaches to its assessment* (1. Aufl.). Michigan.

Ebel, B. (2003). *Qualitätsmanagement* (2. Aufl.). Herne.

Ebert, G. (2001). Unternehmensführung. In U. von Bestmann (Hrsg.), *Kompendium der Betriebswirtschaftslehre* (10. Aufl., S. 77–157). München.

Eichhorn, P. (Hrsg.). (2001). *Strategisches Management für Kommunalverwaltungen*. Baden-Baden.

Gourmelon, A., Mroß, M., & Seidel, S. (2011). *Management im öffentlichen Sektor. Organisationen steuern-Strukturen schaffen-Prozesse gestalten*. Heidelberg.

Hahn, D. (1994). Organisation der Planung I. *Das Wirtschaftsstudium* 23. Jg. 1994, S. 43–48.

Laux, H. (1982). *Entscheidungstheorie, Grundlagen*. Berlin.

Macharzina, K., & Wolf, J. (2010) *Unternehmensführung* (7. Aufl.). Wiesbaden.

Mag, W. (1999). Planung und Kontrolle. In M. Bitz, K. Dellmann, M. Domsch, & F. W. Wagner (Hrsg.), *Vahlens Kompendium der Betriebswirtschaftslehre* (4. Aufl., S. 1–63). München.

Mroß, M. (2014). *Management in der Sozialwirtschaft*. Leipzig

Rubel, B. (2007). Organisatorische Gestaltung der Leistungsbeziehungen in Kommunalverwaltungen. Der Beitrag des New Public Management, Diss. Wiesbaden.

Schildbach, Th. (1999). Entscheidung. In M. Bitz, K. Dellmann, M. Domsch, & F. Wagner (Hrsg.), *Vahlens Kompendium der Betriebswirtschaftslehre* (Bd. 2, 4. Aufl., S. 65–105). München.

Schwarting, G. (2006). *Der kommunale Haushalt: Haushaltswirtschaft, Haushaltssteuerung, Kameralistik und Doppik* (3. Aufl.). Berlin.

Staehle, W. A. (1992). *Funktionen des Managements* (3. Aufl.). Bern.

Thommen, J.-P., & Achleitner, A.-K. (2006). *Allgemeine Betriebswirtschaftslehre* (5. Aufl.). Wiesbaden.

Vahs, D. und Schäfer-Kunz, J. *Einführung in die Betriebswirtschaftslehre* (4. Aufl.) Stuttgart.

Wild, J. (1982). *Grundlagen der Unternehmensplanung* (4. Aufl.). Hamburg.

Weiterführende Literatur

Budäus, D. (2006). Entwicklung und Perspektiven eines Public Management in Deutschland. In W. Jann, M. Röber, H. Wollmann (Hrsg.), *Public Management – Grundlagen, Wirkungen, Kritik. Festschrift für Christoph Reichard zum 65. Geburtstag* (S. 173–186). Berlin.

Hax, H. (1989). Finanzierung. In M. Bitz, K. Dellmann, M. Domsch, F. M. Wagner (Hrsg.), *Vahlens Kompendium der Betriebswirtschaftslehre* (Bd. 1, S. 175–233). Stuttgart.

Mroß, M. (2009). *Personale Arbeit in Nonprofit Organisationen. Grundlagen, Theorie, Ökonomik.* München.

Nieschlag, R., Dichtl, E., & Hörschgen, H. (2002). *Marketing* (19. Aufl.). Berlin.

Weber, W. (1993). *Einführung in die Betriebswirtschaftslehre* (5. Aufl.). Wiesbaden.

Zentes, J. (1989). Marketing. In M. Bitz, K. Dellmann, M. Domsch, F. M. Wagner (Hrsg.), *Vahlens Kompendium der Betriebswirtschaftslehre* (4. Aufl., Bd. 1, S. 329–409). Stuttgart.

© Springer Fachmedien Wiesbaden 2015
M. Mroß, *Betriebswirtschaft im öffentlichen Sektor,*
DOI 10.1007/978-3-658-07121-9

Sachverzeichnis

A

ABC-Analyse, 71
Kritik, 73
ABC-Tabelle, 72
Abnehmerkredit, 52
Absatz, 83
Aufgaben, 84
Ziele, 84
Abschreibung, 45
Aktiengesellschaft (AG), 47, 133
Aktiva, 56
Alleinbestimmung, 39
Amt, 136
Anleihe, 53
Anstalt
des öffentlichen Rechts, 138
einfache, 138
Arbeitgeberverbände, 16
Arbeitsteilung, 37
Aufgaben, öffentliche, 11
Ausschlussprinzip, 13, 14
Ausschreibungsverfahren, 79
Außenfinanzierung, 44, 46
Autonomieprinzip, 39

B

Bankkredit, 51
Bedürfnis, 12
Beiträge, 63
Beschaffung, 69
Beschaffungsbereich, Ziele, 70
Beschaffungsfunktion, 69
Beschäftigung, 34
Bestandskonten, 104
Bestellmenge, optimale, 73

Bestellpunkt-Verfahren, 76
Bestellrhythmus-Verfahren, 76
Betätigung, wirtschaftliche, 48
Beteiligungsfinanzierung, 46
Betrieb, 37
Betriebsmittel, 116
Betriebswirtschaftslehre, 6
öffentliche, 10, 14
Bilanz, 100
Buchführung
doppelte, 99
kameralistische, 99
kaufmännische, 24
Buchhaltungssysteme, 98
Budgetierung, 19
Bundesrechnungshof, 174

C

Cash-Flow, 60
Controlling, 23, 176
Cross-border-leasing, 144

D

Deckungsgrad, 57
Dezentralisierung, 19
Dezernat, 136
Dienstleistungen, 123
Distribution, 94
Distributionspolitik, 91
Doppik, 24, 109

E

Eckwertebeschluss, 167
Effektivität, 32
Effizienz, 32

© Springer Fachmedien Wiesbaden 2015
M. Mroß, *Betriebswirtschaft im öffentlichen Sektor,*
DOI 10.1007/978-3-658-07121-9

The manufacturer's authorised representative in the EU is Springer
Nature Customer Service Centre GmbH, Europaplatz 3, 69115 Heidelberg,
Germany. If you have any concerns regarding our products, please
contact ProductSafety@springernature.com

Printed and bound by CPI Group (UK) Ltd, Croydon, CR0 4YY
27/04/2026
02097641-0004